Wallensteins Rache an Bayern
Der Schwedenschreck
Veit Hösers Kriegstagebuch

RUPERT SIGL

Wallensteins Rache an Bayern
Der Schwedenschreck

Veit Hösers
Kriegstagebuch

MORSAK VERLAG GRAFENAU

© 1984

Verlag Morsak, Grafenau
Titelbild: Toni Ott

Gesamtherstellung:
Morsak Druckerei und Verlag oHG
8352 Grafenau

ISBN 3–87553–234–1

INHALT

Der Bericht des Abtes von Oberaltaich über seine Flucht durch Niederbayern und seine Verfolgung im Schwedenkrieg

VORWORT

Unter den vielen Städte- und Heimatchroniken aus dem Dreißigjährigen Kriege kommt der von Veit Höser, dem Abte von Oberaltaich, ein besonderer Rang zu. Sein Kriegstagebuch „Peregrinationis . . . periocha", dieser „kurze Bericht" ist wegen der Fülle des Details, der Schrecken, die er täglich auf seiner Flucht durch den Bayerischen Wald, ständig gejagt von den Schweden, auf seiner „Flucht in die Hölle", ins Hauptquartier der Feinde, und von Straubing nach Landshut erlebt, von unüberschätzbarem historischen und menschlichen Wert. Hösers Journal mit den täglichen Eintragungen wurde so und ganz ungewollt zur gründlichsten Darstellung der grauenvollsten Epoche, die unsere Heimat in ihrer Geschichte je durchstehen mußte. Höser ist Zeuge der Zeit für den Schwedenschreck, der eigentlich nichts anderes als die Rache Wallensteins an Bayern war.

Das Original, in einem ebenso herrlichen Latein wie gestochen scharfer Schrift geschrieben, befindet sich seit der Säkularisation in der Bayerischen Staatsbibliothek, im Cod. lat. mon. (clm) 1326, unter dem Bibliothekstitel „Viti Hoeseri Abbatis Hist. Miscella" und ist der dritte Band des von Höser als „Monomonastikon" betitelten Werkes, von dem der erste wohl der Klosteraufhebung zum Opfer fiel. Dessen „Fortsetzung" findet sich im clm 1325 unter dem Titel „Viti Hoeseri Abbatis Oberaltacensis Manuscribta Historica, Vol. I. Continens Annales Oberaltacenses ab anno 1614 usque ad an. 1630". Monomonastikon dürften wir etwa im Deutschen als „Einer und sein Kloster" nennen, „weil nur *einer* der Autor und *ein* Kloster beschrieben wird", wie er selbst (p.6) erklärt. Der Titel „Annalen" trifft sachlich wohl zu, zumal Höser Jahr für Jahr seine Eintragungen unter den drei Rubriken „Architectonica, Ascetica und Generalia", über seine eigene Bautätigkeit, über das Klosterleben und über allgemeine Ereignisse, ausbreitet. Es ist ungemein erstaunlich, daß dieser große Bauabt, dem wir die neue einheitliche Klosteranlage ebenso wie das herrliche Münster verdanken, nebenbei so akribisch alles notieren kann, von der Zahl der

Mauerer und ihren Löhnen bis zur Zahl der Ziegelsteine usw.. Diese Genauigkeit machen sein Monomonastikon zu einer immer noch nicht ausgeschöpften Fundgrube für die Kunstgeschichte, Technik, Volkskunde, Sozial- und Wirtschaftsgeschichte und nicht bloß für die Klostergeschichte.

Dieser Humanist mit der Mitra, dessen ganze Dynamik bewußt aufbauend, positiv, kreativ ist, ist viel mehr noch im übertragenen Sinne Bau-Abt, weil er im engsten Anschluß an seinen Ordensvater und wie dieser in einer Zeit des allgemeinen Niederganges und der Sittenverwilderung die Klosterzucht nach altbenediktinischen Grundsätzen reformierte, wodurch Oberaltaich eine Schule der Prälaten wurde, die man als „Pfropfreiser" der Reform an andere Klöster holte. Höser konnte dank seiner persönlichen, charakterlichen Ausstrahlungskraft nicht bloß für die Bavaria Benedictina, diese benediktinische Geisteslandschaft eine Inkarnation des Geistes Benedikts werden, wie er selten so intensiv und umfassend ausgeprägt wurde. Wie der „Gesegnete" (-Benedictus) im Chaos der Völkerwanderung beim Untergange Roms die antike Kultur neu belebte und wie später in der Karolingischen Renaissance die Klöster zur Wiege und zu Grundpfeilern der mittelalterlichen Kultur wurden, so hat auch Höser sein Kloster zu einem Palladium der studia litteraria gemacht, sodaß noch der Aufklärer Pezzl den Ruf nicht verschweigen konnte, daß hier wie in St. Emmeram „die Gelehrten auf dem Miste wachsen" und daß Christoph v. Aretin bei der Vertreibung der Mönche feststellen mußte, in keiner Bibliothek, selbst bei den Chorherren in Polling, war die neueste Literatur so vollständig und so zweckmäßig ausgewählt wie in Oberaltaich, die z. T. in vier vierspännigen Klosterwagen nach München verfrachtet wurde, vieles aber an den Papiermacher nach dem Gewicht verkauft wurde.

Der Mann, der wirkliche Reformator der Reformationszeit und der Restauration, der als Historiker ein monumentales Werk für die Erkenntnis seiner Epoche schuf, ist ein Bäckerssohn, wie Kardinal Faulhaber, mit dem er auch viele Charakterzüge gemeinsam hat. 1577, „um Martini" in Kirchenlaibach geboren, trat er am Hl. Abend 1597 ins Kloster ein, wurde in jungen Jahren Prior und obwohl er sein Amt fünf Jahre lang „lobwürdig versehen", abgesetzt, eingesperrt, vertrieben, verbannt von seinem selbst reformbedürftigen Abte, Christophorus Glöckler, weil der Prior eben eine echte Reform durchsetzen wollte, was er aber erst als Abt konnte. Während des Dreißigjährigen Krieges, 1622-30 baute er die herrliche Renaissance-Basilika, die drei Jahre später von den Schweden als Roßstall verwendet wurde. Höser selbst mußte flüchten, weil er sich als Leiter der (Ober-) „Pfälzer Mission" zur Rekatholisierung seiner Heimat sich die Rache der Schweden und Kalvinisten zugezogen hatte. Sogar Treibjagden mit Hunden veranstalteten die Schweden nach dem verhaßten Prälaten, den sie „aufgespießt herumzeigen" wollten, cuspidatum agant, und für den sie ein Kopfgeld ausgesetzt hatten, das sich manche verdienen wollten. Doch Höser gelang es immer wieder, rechtzeitig aus seinen Verstecken und Höhlen zu fliehen. Als er ringsum von Schweden umgeben war, wagte Höser, als Apotheker verkleidet, die „Flucht in die Hölle", ins Straubinger Hauptquartier der Schweden. Von dort entfloh er als Viehtreiber verkleidet, nach Geiselhöring und Landshut.

Dies ist der äußere Rahmen seiner Flucht, jene Notzeiten, die in der Tat „dem bayerischen Volke bis heute im Gedächtnis geblieben sind" (Spindler, II, 400).Der verfolgte Prälat schildert aber nicht nur sein eigenes Schicksal, sondern die Folterungen und Martern, die das Volk erleiden mußte, die brutale Einäscherung von Kötzting, diesen Holokaust einer ganzen Stadt, obwohl Wallenstein nur zwei Tagesmärsche entfernt „auf der Bärenhaut", in Böhmen lag. Höser erkannte die Gründe für die Bestialitäten der Soldateska, die zum Selbstzweck geworden ist wie der Krieg, der sich selbst finanzieren und ernähren mußte, erkannte – und nennt schon am 5. Dezember 1633 – als die Hauptursache für diesen Schwedenschreck: „den teuflichen Haß und Neid Wallensteins auf den Bayernfürsten Maximilian", Wallensteins Rache für seine Absetzung als Generalissimo der Kaiserlichen auf dem Regensburger Kurfürstentag (1630). Als er dann notgedrungen wieder zum Generalcapo berufen worden war, hatte für ihn die Stunde der Rache geschlagen. Aldringen, den Schutzengel Bayerns, hatte der Friedländer nach Breisach abgefertigt, nachdem er Maximilian versprochen hatte, ihm bei einem Einfall der Schweden zu helfen. Nun sollte der Bayer „seinen Dreck alleene machen". Es gefiel Wallenstein, daß er nun den Bayern zeigen konnte, ob er gebraucht würde oder nicht. „So brachte es Wallenstein fertig, daß sein Verhalten ganz offensichtlich nach einem Einverständnis mit dem Feinde, einer richtigen Verschwörung riechen mußte", meint Höser. „Wer so etwas vermutet, der vermutet richtig". Wallenstein überließ Bayern den Schweden als Freiwild.

Nachdem Josef Ritter von Mußinan 1813 Hösers Kriegstagebuch in sehr freier Bearbeitung im Regestenstil unter dem Titel „Ueber das Schicksal Straubings und des baierischen Waldes während des dreyßig jährigen Krieges" herausgebracht und die Historie um einige Fehler bereichert hat, veröffentlichte 1882 Karl Stadlbauer, freires. Pfr. von Gündlkofen, eine gewaltig gekürzte Übersetzung in seiner Abhandlung „Die letzten Äbte des Klosters Oberalteich" mit einer schon grotesk zu nennenden falschen Übersetzung des Titels usw.... Das war der Hauptgrund, weshalb ich mich zur Übertragung dieser Geschichte des Volkes, wie sie Prof. Karl Bosl immer gefordert hat, entschloß. Um die unerläßliche Menge an Anmerkungen einzuschränken, stellte ich die Einleitung „Wallensteins Rache an Bayern – der Schwedenschreck" voran, die in den Detailangaben hauptsächlich auf den archivalischen Arbeiten von P. Wilhelm Fink beruht. Hier bleibt den Heimathistorikern noch eine große Kärrnerarbeit zu leisten.

Offen lassen möchte ich auch die Frage, wann Vitus Höser sein Kriegstagebuch, vor allem die Reinschrift niederschrieb, die uns im clm 1326 vorliegt. Meine Überzeugung ist, daß er diese in Landshut schrieb, worauf sich die Bemerkung in seinem Brief vom 24. Febr. 1634 beziehen dürfte: „. . und bin mit mir allein beschäftigt". Deuten die unzähligen Details und die genauen Daten auf tagebuchmäßige Eintragungen hin, so finden sich Stellen, die nur durch eine spätere Überarbeitung möglich wurden und dem Tagebuch mehr den Charakter von „Memoiren" geben.

Straubing, den 9. August 1984,
am 350. Todestag Hösers.

Wallensteins Rache an Bayern –
der Schwedenschreck

„Es schien, als ob die Schweden und Wallenstein wegen
des Ruins Bayerns sich verständigt hätten"
P. Wilhelm Fink.

Schien es bloß oder war es wirklich so? Lag nicht der Herzog
von Friedland, der Generalissimus der kaiserlichen Armee in Böhmen
mit 100000 Mann auf der Bärenhaut, bloß einen Tagesmarsch
von Kötzting entfernt, als die Schweden diese Stadt in
Brand steckten und den Bewohnern keine Möglichkeit zur Flucht
aus dem Glutofen ließen, sodaß am Tage nach diesem Holokaust
die Bewohner „wie gebratene Fische" auf den Straßen und in den
Häusern herumlagen? Auf der Bärenhaut, „ohne auch nur den
Versuch eines Angriffs unternommen zu haben", als Regensburg
vergeblich von ihm Hilfe erwartete und sich nicht bloß den Feinden,
sondern mehr noch ihrer Brutalität ergeben mußte? Als vielleicht
2000 Mann, wie Veit Höser meint, genügt hätten, um Regensburg,
Straubing und ganz Niederbayern vor ihnen zu schützen?
Selbst wiederholte Hilferufe des bayerischen Kurfürsten Maximilian,
dem er vorher Hilfe zugesagt hatte, ja nicht einmal die
dringenden Befehle seines Kaisers konnten Wallenstein aus seiner
Passivität aufschrecken und die „schlafende Armee" mobilisieren.
Noch deutlicher wurde dieser Verrat an Bayern durch die Scheinoperation,
als der Herzog von Friedland anfangs Dezember 1633
für ein paar Tage durch die Further Senke gegen Cham vorstieß,
aber „ohne auch nur das Kleinste ausgerichtet zu haben", sich wieder
ins Winterquartier zurückzog. Selbst der eifrige Förderer Wallensteins,
Fürst Eggenberg, der Ratgeber des Kaisers Ferdinand II.,
bekannte: „Dieser Rückzug ist das Schändlichste, Gefährlichste,
Unbedachteste, was der Herzog je getan hat" (Golo Mann, Wallenstein,
S.995). „Hier war System, die Blinden konnten es greifen",

fährt der Biograph fort, „hier war böse Lust am Ruin des Kurfürsten, späte Rache für ein ganz anderes Regensburg. Maximilian
wußte es längst".

„Dieser schwere Fehler" war nicht genug. „Wir haben verspüren
müssen, daß er unser noch dazu verspottet", stellte Maximilian
fest (Mann, S.859). In der Tat, Wallenstein spottete der Majestäten,
selbst – und gerade – wann er Hilfe versprach, weil er sie nicht
schickte. Darum war das Versprechen schon Hohn. Hohn auch seine Ausflüchte, die allzu diplomatischen Ausreden: Er müsse das
Königreich Böhmen beschützen, dessen Krone er sich offensichtlich selbst sichern wollte. Er wolle die Sachsen bedrängen, um Gustav Adolf zu zwingen, das Donaugebiet zu räumen. Fadenschei-
nige Ausflüchte, wo es ihm doch gefiel, daß die Schweden bayerische Lande als Winterquartier ausbeuteten, wo er seine Rache am
Kurfürsten genoß, der ihm so verhaßt war und dem er es vergönn-
te, wenn sein Land gnadenlos der grausamen schwedischen Soldateska preisgegeben war. „Gleichgültig gegen Maximilians Bitten,
taub gegen die wiederholten Befehle des Kaisers, blieb Wallenstein müßig in Böhmen stehen und überließ den Kurfürsten seinem Schicksal", wie es schon Schiller in seiner „Geschichte des 30-
jährigen Krieges" (S.214) formuliert hat.

Um bei uns ja keinen Zweifel an der Gewißheit seines Verrates
an Bayern auszulösen, sagte Wallenstein endlich dem siebten Eilboten des Kaisers schleunigste Hilfe zu und ließ dem Kurfürsten
die nahe Ankunft von 12000 Mann unter Gallas' Befehl melden,
verbietet aber diesem seinem General unter der Strafe des Strickes,
sich überhaupt auf den Weg zu machen. Die gleiche Taktik, Maximilian und sein gequältes, gefoltertes Volk mit Bluff und darum so
gefährlichen Versprechungen hinzuhalten, gleichzeitig aber mit
„ungleichen Ordonanzen", mit strengsten Instruktionen seine Generäle an ihren Standorten festzunageln, können als Zeugen Holk
und Aldringer bestätigen. Mit der nämlichen Todesdrohung fes-
selte er dem Aldringer, der nach Tillys Tode den Oberbefehl
über die Truppen der katholischen Liga übernommen hatte, seine
hilfsbereiten Hände: Er dürfe die Schweden nicht angreifen, sondern müsse sich „su la difesa", verteidigungsweise verhalten;

14

„nichts zu hazardieren und nichts zu wagen" (Mann, 823), er habe sich ausschließlich nach seinen Anordnungen zu richten, ohne sich „durch keinerlei Zumutungen bemeldetes (des genannten) Herrn Kurfürsten irre machen zu lassen".

Damals hatte Wallenstein seinen Kopf verspielt; denn er erkühnte sich zu einem verräterischen Doppelspiel, indem er seinen Kaiser und den Kurfürsten auf ihre Hilferufe hin an General Aldringer verwies, der von ihm uneingeschränkte Vollmacht erhalten habe, wie der Generalissimus log, sich herauslog und seine Generäle hineintauchte. Hätte man ihm nicht seinen Kopf vor die Füße legen sollen, zum mindesten nachdem er ihn selbst zum Pfande gesetzt hatte: Damals nämlich, als Bernhard von Weimar im November 1633 mit seinen 10 000 Mann Regensburg belagerte und einnahm, weil er prophezeit hatte, der Weimarer werde nicht Regensburg angreifen, sondern über Eger nach Böhmen ziehen; dieser wolle ihn mit seinem Hin- und Hervagieren an der Donau, durch solche „Diversionen" nur von Brandenburg ablenken, um dann in Wirklichkeit in Böhmen einzufallen. Er wolle „seinen Kopf zum Pfande setzen". Und das Pfand verfiel, als Regensburg fiel. Selbst sein großer Biograph Golo Mann (S.823) läßt die Möglichkeit offen, „das mag schon sein ...daß er Tilly nicht unterstützen *wollte* und den Ruin Bayerns mit heimlicher Wollust kommen sah".

Dieser Verrat an Bayern ist um so gravierender, als Maximilian „nur im Hinblick auf das Versprechen, daß er von Wallenstein reichlich unterstützt werden würde, wenn der Feind in sein Land komme, den General Aldringen zum Entsatze Breisachs aus Bayern hatte wegziehen lassen", wie Höpfl (S.27) mit Recht betont: Aber trotz dieses Versprechens hatte der Friedländer mit seiner Riesenarmee dem Feinde bei seinem Eindringen kein Halt geboten. Ohne jedes Kriegsvolk, ohne Waffen, ohnmächtig mußte Maximilian der Verwüstung seines Landes zusehen. Wallenstein hatte mit seiner Further Scheinoperation nur erreicht, daß der Weimarer auf seinem Zuge nach Österreich in Aholming umgekehrt war, daß die Lande des Kaisers geschützt waren. Mehr hatte er nicht erreichen wollen und deshalb war er von Furth – trotz entgegengesetzter Ansicht seines Kriegsrates – ins Winterquartier zurückgekehrt, ohne den Bayern die zugesagte Hilfe zu bringen.

Dieses Doppelspiel, den eklatanten Widerspruch zwischen seinen Versprechungen und den entgegengesetzten Ordonanzen an seine Generäle hat Maximilian in einer Beschwerdeschrift an den Kaiser angeprangert, in dem „Discurs yber des Fridlandts Actiones vnd gegeben(en) vngleiche ordonanzen*. Ao 1632 et 1633". Darin schildert der Kurfürst die Sachlage vom Einfall Gustav Adolfs bis zum erneuten Vordringen der Schweden unter Bernhard von Weimar und weist darauf hin, welche gewaltigen materiellen Opfer er der Armee Wallensteins gebracht und wie oft ihm Unterstützung versprochen aber nie zugekommen sei. Im Zusammenhang mit dem versprochenen Entsatz von Regensburg führt er die Mitteilung Wallensteins an, daß Oberst Strozzi Befehl habe, gegen die Schweden vorzugehen. Letzterer aber habe ihm (Maximilian) zu verstehen gegeben, daß er dazu vom kaiserlichen Generalissimus keinen Auftrag habe. Ja, Strozzi sei es nicht um einen Entsatz Regensburgs oder um eine Vertreibung der Schweden aus Bayern zu tun gewesen, sondern nur um Winterquartiere in den Landen des Kurfürsten. „Strozzi durfte keinesfalls über die Donau", berichtet G. Mann (S.989), es wäre denn, daß Bernhard sie überschreiten würde – was er im Moment, in dem dies geschrieben wurde, schon getan hatte.

Der Herzog von Friedland verweise immer auf Aldringen, fährt der Kurfürst in seiner Beschwerdeschrift fort. Er selbst habe Aldringen befohlen, in Württemberg Winterquartiere zu beziehen; Wallenstein jedoch habe ihn nach Bayern beordert und so sei dieses sein Land vom Feinde sowohl wie vom Freunde bedrückt. Als „ungleiche Ordonanzen" schließlich auch der Fall de Suys: Obwohl der Kaiser selbst Wallenstein den Befehl gegeben habe, dem Herzog von Weimar energischen Widerstand zu leisten, so sei dennoch nichts geschehen. Baron de Suys, der mit etlichen Regimentern in dem Lande ob der Enns stand, sei vom Kaiser der strikte Befehl zugekommen, gegen Bernhard zu ziehen. Dieser rückte auch bis Passau vor, aber da kam ihm von Wallenstein Ordre, sofort sich in die Winterquartiere zu begeben, was dieser auch getan habe. Zum Schluß geht Maximilian noch auf die Vertröstungen ein, man wolle mit dem Sukkurs nicht säumen, wenn der Winter vorüber sei. Die Erfahrung der letzten zwei Jahre und die Erwägung, daß kaiserliche Befehle nicht den nötigen Respekt fänden, ließen in ihm berechtigte Zweifel darüber aufsteigen; und damit könne er sich nicht zufrieden geben. Der Kaiser möge Mittel und Wege finden, daß die katholischen Stände des Reiches vor dem gänzlichen Ruin bewahrt blieben.

Diese Beschwerdeschrift kann man nicht eskamotieren mit der Behauptung, sie wäre ein Ausfluß der Gehässigkeit des bayerischen Kurfürsten gegenüber Wallenstein; egoistische Motive, nur das Wohlergehen seines Landes, ohne Rücksicht auf das große Ganze, wären die Triebfeder der Handlungsweise des Bayernfürsten gewesen. Außerdem hätte es Maximilian dem Friedländer nie verzeihen können, daß er durch ihn aus der führenden Stellung verdrängt worden sei. Noch weniger lassen sich die Klagen des gemarterten Volkes wegzaubern mit der Behauptung S. H. Steinbergs, daß alle Angaben über die grauenvollen Bevölkerungsverluste Deutschlands in diesem Kriege reine Propaganda seien, Niederbayern sei überhaupt kaum betroffen worden*. Das ist Mohrenwäsche. Aethiops non albescit, auch nicht – und zumal dann nicht – wenn man den Sturz Wallensteins auf die Rivalität Maximilians und sein Vorgehen beim Kaiserhofe zurückführt. Das Doppelspiel des Friedländers und sein Verhalten gegenüber den Bayern läßt sich *nicht* als „berechtigt anerkennen". Veit Hösers grauenvolles Kriegstagebuch erscheint uns heute, als hätte er es vor 350 Jahren schon gegen Steinberg geschrieben. Hier tritt das Volk als Kläger und Ankläger sowohl gegen Wallenstein wie gegen die Schweden an.

Der Vorwurf des Bayernfürsten, daß Wallenstein dem Weimarer in die Hände arbeitete, ist voll berechtigt. Maximilian hat gerade damit, daß er Aldringen zum Entsatz von Breisach* ziehen ließ, gezeigt, „daß er bei aller Selbstsucht seiner territorialen Politik in dem Augenblick, da die gemeinsame Sache auf dem Spiele stand, doch auch sein eigenes Land zu opfern vermochte", wie Ritter bei anderer Gelegenheit betont (III 534), was aber Wallenstein trotz seines Versprechens nicht über sich vermochte. Die Klagen des

Kurfürsten sind nur allzu verständlich, erwägt man, welche Opfer er für sich und sein Land dem kaiserlichen Heere gebracht hat und wenn man weiter ins Auge faßt, daß Wallenstein abgesehen von Steinau kein weiteres Unternehmen im Jahre 1633 ausführte. Wallenstein zog die ganze Zeit mit nutzlosen Unterhandlungen hin, Holk wird beauftragt, mit dem Heilbronner Bund zu verhandeln, der Heerführer dieses Bundes rückt nach Bayern, erringt Erfolg um Erfolg, ohne daß der Mann, der zum Schutze dieses Landes berufen schien, – und den Schutz zugesagt hatte – auch nur einen Finger rührt. Maximilian hat in energischem Vorgehen noch immer der Sache des Kaisers zum Siege verholfen, besonders auch mit seiner Forderung einer Änderung im Oberkommando. „Das nächste Kriegsjahr gab ihm vollkommen Recht. Als man mit aller Macht sich des eingedrungenen Gegners zu erwehren suchte, trieb man ihn nicht nur aus Bayern; er wurde vollkommen niedergerungen" (Höpfl, 28 f.). so erkannte auch Veit Höser in dem Verräter „die Wurzel und eigentliche Ursache dieses unermeßlichen Unheils".

In der Tat, das Beste, was der Generalissimus für Bayern tun konnte, war, zu sterben; denn nach seiner Ermordung war plötzlich ein energischer Kampf gegen die Schweden möglich. Mit seinem Tod schlägt das Pendel, als hätte er es mit der Hand festgehalten, wie er seinen Generälen die Hände gefesselt hatte, sofort in die entgegengesetzte Richtung aus: Am 20. März verjagt Piccolomini, der Wallensteins uneingeschränktes Vertrauen genossen hatte, die Schweden aus Cham. Am 21. März gaben die Schweden in Deggendorf Fersengeld. Am 1. April erzwang Aldringer mit Jean de Werth die Kapitulation der Schweden in Straubing. Am 26. Juli mußte sich Lars Kagge, der Kommandant von Regensburg ergeben. Am 6. September besiegte Piccolomini mit Gallas die Schweden bei Nördlingen. Ganz Süddeutschland war mit Bayern befreit. „Es schien (tatsächlich), als ob die Schweden und Wallenstein wegen des Ruins Bayerns sich verständigt hätten".*

Diese Abhängigkeit des Martyriums und der Befreiung des bayerischen Volks von Wallenstein und speziell dessen Verweigerung jeglicher Hilfe – „Es sei denn, das heißt und ist schon Hilfe, daß man sie verspricht, aber nicht schickt" – fand einen erschütternden und auch sprachlich meisterhaften Ausdruck in Hösers leidvollem Kriegstagebuch. Der verfolgte und sogar mit Hunden in den Wäldern gejagte Prälat von Oberaltaich hat an sich selbst und an seinen Leidensgenossen allen die unbeschreibliche Grausamkeit der „Weimarischen Feindzeiten" in Niederbayern, den kaum mehr zu überbietenden Terror, diese Eskalation des Terrors, erlebt und auch die Hintergründe dieser Unmenschlichkeiten ans Licht gebracht mit seiner Erkenntnis:

„Der Krieg muß sich selbst ernähren"

Die Schweden sind kommen,
Haben alles mitg'nommen,
Haben d' Fenster eing'schlagn,
Haben 's Blei davontragn,
Haben Kugeln draus 'gossen
Und d' Bauern erschossen.

„Die *Schweden* sind kommen!?" Hier stock ich schon. Gewiß, was hat der „Schneekönig", Gustav Adolf, „der Löwe aus dem Norden" hier in Niederbayern zu suchen? Wie kommen die Schweden in diesem 30 Jahre währenden Kriege, in „diesem formlos hinundherwogenden, irren europäischem Weltkriege" mit seinen „so vielen, so wirr durcheinander spielenden Nebenkriegstheatern" (Mann, S.834, 1161) hieher?
    Alle die unsagbaren Bestialitäten, wie sie uns Grimmelshausens autobiographische Romane und so viele Heimat- und Städtechroniken berichten, aber nicht so erschütternd und anschaulich im Detail und Alltag schildern wie Höser, wurden keineswegs nur von Schweden verübt, sondern von einer verrohten, beutegierigen internationalen Soldateska, wohl zumeist von deutschen Brüdern in diesem *größten deutschen Bruderkrieg**. Entlehnte doch der Schwedenkönig die Armeemassen, womit er sich Deutschland unterwürfig und ein protestantisches Kaiserreich errichten wollte,

von Deutschland selbst. Wenn auch die Kommandeure meist Schweden waren, müssen wir bedenken, daß die Offiziere genau so wie die bayerischen und kaiserlichen ihre Mannschaften nicht mehr in der Hand hatten. Zudem fehlte nach des Königs frühem Tode den Schweden eine einheitliche Führung. Der Soldat herrschte, weil er in dem langen Kriege seine Unentbehrlichkeit und Obermacht erkannt hatte und sogar seinen eigenen Offizieren allzuoft seine Obermacht fühlen ließ. Man mußte der Armee ihren Willen lassen, da man ihre berechtigten Soldforderungen nicht erfüllen konnte. Von der ausziehenden bayerischen Besatzung Regensburgs gingen sofort 1000 Mann zu den Schweden über*. Es waren eben Söldnerheere, die um Geld zwar angeworben, aber mehr um der Beute willen als des (meist ausstehenden) Soldes wegen dienten und als Mordbrenner, incendiarii, raubend und plündernd sich selbst bezahlt machten: Schweden und Deutsche, Dänen, Niederländer, Franzosen, Ungarn, Polen, Kroaten, Irländer, sogar schottische Berufskrieger; keine Armeen von Staaten, wie heute, sondern Privatarmeen*. Wie die Kommandeure mit der Drohung der Brandschatzung die Städte zur Zahlung der „Brandsteuer", der Ranzionssummen, zwangen, so erpreßten ihre Horden und Rotten die Zivilbevölkerung*, um verborgene, vergrabene Schätze, vermeintliche Schätze zu erzwingen! Erpreßten sie mit Sengen und Brennen, Mord und Folterungen und allem Infamen, was Unmenschen Menschen antun können. Das Kriegshandwerk lehrte sie stündlich, daß Menschenleben keinen Pfifferling galt.

Um keine falsche Vorstellung aufkommen zu lassen, erinnern wir an die niederbayerischen Bauern, die sich im Januar 1634 zusammenrotteten und kaiserliche Soldaten erschlugen oder an die 15000 oberbayerischen Bauern, die ihre Unterdrücker erschlugen. Sie klagten selbst den Kurfürsten als den „größten Feind" an. Und ebenso konnten sich die Angehörigen des Heilbronner Bundes, nicht Genüge tun in Beschwerden über die schwedische Soldateska, ja man drohte damit sogar, die Subventionen vollkommen einzustellen. Deshalb war man gezwungen, wie der schwedische Kanzler Axel Oxenstierna es formulierte*, „den Krieg sich durch den Krieg ernähren zu lassen" (Skrifter II, 7. S.73). Der Krieg mußte sich selbst am Leben erhalten, indem man den Söldnern durch die Finger schaute. So heißt es in dem Befehl, der zu Beginn des Jahres 1633 an die Armee Herzog Bernhards erging: „vnd zwar durch die Finger mit der Soldateska sehen, auf das(s) ihr etwas Contentio widerführe". So berichtet Bogislaff Philip von Chemnitz in seinem „Königlichen schwedischen in Teutschland geführten Kriegs Ander Theil" (Stockholm 1653. S.38. Vgl. Höpfl, S.5).

Was sich als Krieg um christliche Freiheit und deutsche Libertät ausgab – es haben von Anfang an ganz andere als religiöse Gründe dabei mitgespielt – hatte sich allzubald als europäischen Krieg mit rein politischen Zielen entpuppt. Das deutsche Volk war die Beute der Ländergier und des Eigennutzes der Fürsten, die Bistümer, Klöster, Kirchengüter „heimramschen" wollten, so wie der Weimarer die Hochstifte Würzburg und Bamberg kurzerhand als Herzogtum Franken übernahm. Der Krieg wurde auf deutschem Boden und dem Rücken des Volkes ausgetragen. Die Religion war nur mehr das erwünschte Deckmäntelchen und Deckmotiv. Wir finden immer wieder Protestanten in kaiserlichen und ligistischen Diensten und Katholiken in schwedischen. So erfuhr Höser, daß der schwedische Kapitän in Oberaltaich, der die herrliche, junge „Basilika" als Roßstall benutzte, den Abt an seine Pflichten erinnerte und von ihm den Klosterschatz erpressen wollte, ein „catholicus" war. Auch in Landshut war mit Horn ein Oberst Hebron, ein katholischer Schottländer, der am 15. Mai 1632 als Letzter die Stadt verließ.

Nicht bloß die Söldner wechselten die Fronten, selbst Feldherrn wie Arnim, Holk usw*. In Straubing befanden sich 1634 bei der Rückeroberung unter den 800 Mann schwedischer Besatzung 300 „Gepreßte", also ehedem kaiserliche oder bayerische Soldaten, wie wir sehen werden.

Infolge der Gewalttaten auf beiden Seiten gegen die Zivilbevölkerung gingen viele der verarmten, ausgeraubten, mißhandelten Bewohner hin, „die Zahl jener Mordbrenner zu vermehren und, was sie selbst erlitten hatten, ihren verschonten Mitbürgern schrecklich zu erstatten", wie Schiller so treffend sagt. „Kein Schutz gegen Unterdrückung, als selbst unterdrücken zu helfen" (S.282). Kaum ein anderes Faktum kann die Verzweiflung des Volkes besser offenbaren. Der Söldner, vom Oberfeldherrn bis zum letzten Troßbuben ist, um das Elend jener Weimarischen Feindzeiten in ein einziges Wort zu pressen, *der Soldat ist der Mensch, der alles darf*. Weil er alles ungestraft tun darf, wurde er zum brutalsten Despoten, ob er als Herzog oder Oberst die Kriegskontributionen, die Ranzionssummen in die Kriegskasse eintrieb oder als Dragoner herum-„gartelte", herumstreunte und die Bevölkerung auf dem Lande ausplünderte und drangsalierte – nach dem nämlichen Prinzip, der Krieg muß den Krieg ernähren, dem Kriminalgrundsatz, das Verbrechen muß sich lohnen. Kein Wunder, daß es soweit kam, daß man den Krieg nur fortsetzte, „um den Truppen Arbeit und Brot zu verschaffen, daß man fast bloß um den Vorteil der Winterquartiere stritt und, die Armee gut untergebracht zu haben, höher als eine gewonnene Hauptschlacht schätzte" (Schiller, 308). Das Winterquartier war, wie gerade der Fall Niederbayern verrät, nur die Fortsetzung des Krieges mit anderen Mitteln. Wenn die Reiter Horns, des „schwedischen Edelmanns", „des bloßen Räubers" in Taimering den Fässern im Wirtskeller den Boden einschlugen, daß das Bier kniehoch anschwoll, wenn die Feinde mit Vorliebe die Mühlen plünderten und auf alle mögliche Weise das Getreide verderbten, daß es ungenießbar wurde, wenn sie die Saat auf den Feldern oder die Schafherden niederritten, so geschah das nur, um der Zivilbevölkerung und der bayerischen Armee die Verproviantierung und die eigene Ernährung zu erschweren; denn je totaler die Vernichtung, um so mehr wurde das Feindesland geschwächt.*

Noch ein „Faktum" (!), das wie ein Bumerang sich auf Bayern auswirkte und den kleinen Mann, das Volk dazu verurteilte, Leid und Last des Krieges zu tragen, in einer *Kollektivschuld*: „O, ellendes betribtes Vatterland!" berichtet der Pfleger von Moosburg (über Gustav Adolfs Überfall auf die Stadt) an die Regierung: „Gräuliche Tyrraney! Der Tirkh hätte nicht schlimmer hausen können. So man Quartier (Pardon) fleht, so heißt es immer: Magdeburg,

Magdeburg!" Die Schweden und Protestanten wollten an den Altbayern die Zerstörung Magdeburgs (20. Mai 1631) rächen – „es seind über 20 000 Seelen daraufgegangen", berichtet Pappenheim. Die Einäscherung von „Unseres Herrgotts Kanzley", des Zentrums des protestantischen Widerstandes, wurde 200 Jahre lang ganz zu Unrecht Tilly in die Schuhe geschoben und der große Feldherr, wenn auch kein „Heiliger im Harnisch", so doch eine integre, von tiefer Religiosität geprägte Persönlichkeit, von der Propaganda der Feinde als ein neronischer Wüterich bezeichnet. Aber nicht Tilly, sondern der schwedische Befehlshaber der Stadt, Dietrich von Falkenberg, ist der Urheber der Brandstiftung gewesen. Treffend weist Kurt Pfister darauf hin, daß die Zerstörung Magdeburgs für Tilly selbst eine ähnliche Katastrophe bedeutete wie für Napoleon der Brand von Moskau*.

Die Einäscherung Kötztings durch Georg Christian Taupadel am 29. November 1633, dieses Holokaust einer ganzen Stadt und all ihrer Einwohner scheint eine ähnliche Racheaktion. Angesichts solcher Unmenschlichkeiten mußte der Kurfürst auf Wallensteins unabdingbare Pflicht zur Hilfe drängen. Er hat gewiß nicht „zu oft Wolf gerufen", wie ihm Golo Mann (S.865) zur Entschuldigung seines Helden vorhält. Wie berechtigt Maximilians Klagen waren, belegt ein rheinpfälzischer Chronist: „Die Mansfelder haben die armen unbewehrten Bauern haufenweise in die brennenden Häuser geworfen und diejenigen, die sich retten wollten, wie die Hunde niedergeschossen. Sie haben die Kirchen aufgebrochen, beraubt, die Altäre niedergerissen, das heilig hochwürdige Sakrament mit Füßen getreten, einander ihre blutrünstigen Schuhe mit dem heiligen Öl angestrichen und beschmiert. Sie haben die Taufsteine ausgeschüttet und sie auf schmutzige Weise entheiligt. Sie haben (was Höser mit völligem Stillschweigen übergeht!) alle Weibspersonen öffentlich geschändet und sie nach verübter Tat ins Feuer geworfen. Ja, was einem die Haare zu Berge stehen läßt und in der ganzen Christenheit aller Zeiten unerhört ist: sie haben mit Kindern von neun und zehn Jahren teuflische Unzucht getrieben und sie so lange unmenschlich rottenweise geschändet, bis sie unter ihren Händen gestorben sind. Wie denn zahlreiche junge und alte Weibsbilder drei Tage darnach in offenen Wagen, in alten verbrannten Scheunen, der Ehre beraubt und nackt, tot aufgefunden wurden; andere aber dermaßen mitgenommen, daß sie kaum atmen konnten und nach wenigen Tagen gleichfalls starben. Sind das nicht zum Himmel schreiende und Rache herausfordernde Laster"! (Pfister, 156 f.) Daß Maximilian nicht ohne Grund, wenn auch vergeblich „Wolf" schrie und die Leiden Bayerns richtig einschätzte, bestätigt uns Gustav Adolf höchstselbst: Er werde für die Verwüstung allen Landes zwischen Donau und Isar sorgen, „hoffen hierdurch dem Feinde seine nervus (das Geld, den nervus rerum), die er sonsten aus diesem Herzogtum hatte, zu entziehen ...und in seinen eigenen Landen mit deren Totalruin consumieren können". „Brennende Dörfer und Marktflecken und Klöster, Morde und Foltern, nach Plan. Daß er Bayern ruinieren wolle aus Gründen hoher Strategie, hat Gustav Adolf schwarz auf weiß geschrieben; dem französischen Gesandten ins Gesicht gesagt, er wolle im Lande sengen und brennen, damit der Kurfürst merke, was ein Feind sei" (Mann, 837 f.). Auch Golo Mann muß in seiner Objektivität einräumen, daß das, was die Schweden in Bayern trieben, alles bisher Erlebte scheußlich überbot" (S. 812).

Völlig vergebens hatte Maximilian dem für diese Unmenschlichkeiten *mit*verantwortlichen Generalissimo am 22. April 1632, wenige Wochen vor der Einnahme Münchens durch den Schneekönig geklagt: „Der Schwede haust in meinem Land ärger als der Türke mit Brennen und Niederhauen der Weiber wie der Kinder von fünf und sechs Jahren. Das hat er bislang in anderen Ländern nicht getan. Es ist daraus zu spüren, wie er gegen mich gesinnt ist". Allem Anschein nach hätte der Kurfürst lieber geschrieben, „wie ER gegen mich gesinnt ist"; denn auch Wallenstein konnte sich darauf seinen Reim dichten, wie er selbst gegen den Bayernfürsten und sein Land gesinnt war.

Veit Höser wird nicht müde, von Fall zu Fall, immer wieder das Motiv dieser Brutalitäten der Feinde zu nennen: Um versteckte, vergrabene und oft nur vermutete Schätze von Armen und Reichen, von Unschuldigen zu erpressen, Geständnisse und Hinweise auf solche zu erzwingen, wurde wahllos gefoltert, „geraitelt", d.h.

mit „Kopfzwingen" gemartert, wobei die Augen aus ihren Höhlen getrieben wurden, wie Frater Raphael Agricola mit dem Schwedentrunk getränkt und gedrängt, den Klosterschatz zu verraten. Selbst jene, denen sie schon alles geraubt hatten, folterten sie in ihren Ketten noch weiter, um unmögliche Lösegelder zu erpressen usw.. Es ist kein Zufall, daß die Geiseln von Landshut und München in ihrer Haft zu Augsburg fast alle ums Leben kamen. Menschenleben zählte nicht in diesem Kriege, der sich selbst finanzieren mußte.

„... denn sie kriegen nicht für die Religion"

„Unversehens wie ein Blitz aus blauem Himmel fällt Herzog Bernhard von Weimar in Nordbayern ein", beginnt Höser sein Tagebuch, obwohl die Schweden schon 1632 in Landshut und München waren und die beiden ersten Akte dieses Kriegstheaters schon vorüber waren, der Böhmisch-pfälzische Krieg (1618-23) und der „Niedersächsisch-dänische" (1624-29). Das vergangene Lutherjahr hat allen deutlich gezeigt, wie ihm seine Reformation allmählich entglitt, unhintertreiblich entwunden wurde, wie die religionspolitischen innerdeutschen Spannungen immer mehr zu weltlich-machtpolitischen Zwecken mißbraucht wurden, deutlich sichtbar bei der Aneignung geistlicher Fürstentümer und katholischen Kirchengutes. Selbst Bischöfe, bislang die besten Stützen des Kaisertums, fielen wie die der meisten norddeutschen Bistümer zum Protestantismus ab, um ihre Diözesen zum Eigenbesitz zu machen. Auch der Kölner Erzbischof Gebhard, der gegen seinen Eid den Glauben wechselte und die Gräfin Agnes von Mansfeld geheiratet hatte, wollte sein Bistum säkularisieren. Am verhängnisvollsten für Deutschland wurde der Abfall des Hochmeisters Albrecht von Preußen, der ebenso „gewissensfrei" seinen Eid brach, sich eine Frau nahm und das Ordensland in sein weltliches Herzogtum Preußen verwandelte*.
Der Zerstrittenheit der Protestanten untereinander ist es allein zu verdanken, daß aus den maßlosen wechselseitigen Polemiken

nicht schon früher der Funke des Krieges heraussprang, zumal Frankreich leidenschaftlich schürte und seine Sternstunde gekommen wußte: Es ging ja auch als lachender Dritter aus dem Kriege als Vormacht Europas hervor. Die Fronten kristallisierten sich nach dem „Donauwörther Ereignis", dem Überfall auf die Markus-Prozession und der Exekution der Reichsacht, als sich 1608 das (kalvinistische) Verteidigungsbündnis der „Union" und 1609 die katholische „Liga" bildeten. Diese unter der Führung des Herzogs Maximilian von Bayern, der im Münchner Vertrag den Oberbefehl über die Liga erhielt und den völligen Zusammenbruch des Katholizismus in Deutschland verhütete. „Um den Katholizismus im Reich zu retten, mußte Maximilian Habsburg retten. Aber er wollte nicht nur den Katholizismus retten, sondern auch Habsburg*; denn mit Habsburg rettete er zugleich das Reich; ihm war klar, daß niemand mehr dieses Reich zusammenhalten konnte als Habsburg" (Kraus, 238). Mit guten Gründen weist Andreas Kraus auf den Majestätsbrief als eine der wichtigsten Ursachen dieses Krieges hin; denn die Freigabe der Religion und freien Religions-übung auf den Besitzungen des Adels und in den landesfürst-lichen Städten in Ober- und Niederösterreich mußte unausbleib-lich Rückwirkungen auf Böhmen zeitigen. (S. 236 f.). Das Hinaus-werfen der drei kaiserlichen Kommissare aus den Fenstern zu Prag gab das Signal.

Der Krieg flammte auf, als die Protestanten Böhmens den kalvi-nistischen Führer der Union, den Pfalzgrafen und Kurfürsten von der Pfalz, Friedrich V. zum König ausriefen. Dieser „Winterkönig" wurde am 29. Okt. 1620 von Tilly, dem bayerischen Feldherrn und Generalleutnant der Liga am Weißen Berg vor Prag geschlagen. „Im Reich hat der Prager Sieg die Vormachtstellung der katholi-schen Partei bis zur Schlacht bei Breitenfeld 1631 bestimmt", be-tont D. Albrecht richtig, „aber die eigentlichen, die politischen Probleme waren damit noch nicht gelöst" (Spindler, 383).
Maximilian besetzte 1621 die Oberpfalz, deren Gläubige seit der Einführung der Reformation viermal ihr Bekenntnis hatten wechseln müssen und erhielt im August·im geheimen die Kurwür-

de für den im Januar geächteten Winterkönig. Öffentlich wurde Maximilian mit der pfälzischen Kurwürde 1623 belehnt. Die Oberpfalz behielt er als Pfand, bis er sie 1628 als Kriegsentschädigung ganz bekam. An der Rekatholisierung der Oberpfalz war Veit Höser, selbst ein gebürtiger Oberpfälzer, als Leiter der „Pfälzer Mission" beteiligt* worüber er in den Annalen (1627) p.340 ss., (1628) p. 370-78 berichtet, weshalb er sich die spezielle Rache der Protestanten und Schweden zuzog. Sie wollten nicht eher ruhen, erklärten sie, als bis sie ihn „aufgespießt herumführen" könnten.

Obwohl der Winterkönig verjagt und geächtet, die Union aufgelöst und der Pfälzisch-böhmische Krieg beendet war, kam es dennoch zu keinem Frieden, weil der Dänenkönig Christian IV., unterstützt von England und den Niederlanden die Wahrung der Rechte und Freiheiten der protestantischen Reichsstände übernahm. Von Johann Tserclaes von Tilly aber und dem Generalissimus der Kaiserlichen, Wallenstein, bei Lutter am Barrenberge mit seinen Verbündeten geschlagen (1626), mußte er sich zum Frieden von Lübeck bequemen (22. Mai 1629).

Kurz zuvor, am 6. März, hatte Kaiser Ferdinand, auf Betreiben des nunmehrigen Kurfürsten Maximilian und der enteigneten Orden, das politisch unkluge, rechtlich aber unanfechtbare *Restitutionsedikt** erlassen, durch das die Protestanten alle seit 1552 kassierten katholischen Kirchengüter, zwei Erzbistümer, 12 Bistümer und rund 900 Klöster und Stifter an die Katholiken zurückgeben, restituieren mußten und die Kalviner keine Religionsfreiheit mehr genossen. Das war der Todesstoß für die Entfremdung von Kirchengütern und die Interessen aller protestantisch gewordenen Landesherren, die sich infolge der Reformation Bistümer, Klöster und Stiftungen mit ihrer „kräftigen Arrondierungspolitik" (Kraus) unter den Nagel gerissen hatten. Getroffen ins Herz waren damit auch die Pläne des Schwedenkönigs, der sicher doch mehr für Schweden als für den Glauben kämpfte, nach der Kaiserkrone und der Errichtung eines mächtigen Schwedenreiches strebte; noch viel mehr haben die Feldherren, die nach seinem Tode den Krieg weiterführten, für den eigenen Gewinn und Vorteil als für den Glauben gekämpft. Das Eingreifen der Franzosen vollends hatte mit den Belangen des Glaubens überhaupt nichts zu tun, sondern war lediglich die Ausnützung der deutschen Uneinigkeit und Not zum Raub und zur Schwächung Deutschlands. Die raubenden Mordbrenner waren, nach dem Wort von Bischof Buchberger, „das Zerrbild von Kriegern, die einen heiligen Krieg führen" (S.55). Rühmte Schiller in seinem „Abfall der Niederlande" im Schlußsatz, „die Römer und Batavier kriegen menschlich, denn sie kriegen nicht für die Religion", so wurden der 3. und 4. Akt für Bayern und speziell für Ostbayern keineswegs ein menschlich-humaner Krieg, sondern der größte Schrecken, der je dieses unser Land heimsuchte und weite Strecken in eine Wüste verwandelte. Das war das eigentliche Ziel des um Deutschland so „verdienten" Löwen aus dem Norden. Die Niederlage des Dänenkönigs bot ihm den willkommenen Anlaß, sich nun der Rettung des evangelischen Glaubens anheischig zu machen- was er selbstredend in seinen Erlassen und Reden als das wirkliche Ziel seines Zuges nach Deutschland hinstellte. Nichts aber liegt näher, als in dem „Glaubenshelden" und „Retter Deutschlands" nur einen gewöhnlichen Eroberer zu sehen, genau so wie auch die meisten Fürsten, auf beiden Seiten, ihre wahren Ziele, den imperialistischen Länderegoismus, religiös zu tarnen wußten. Es gefiel den weltlichen Obrigkeiten ausnehmend, als Luther ihnen die Einführung der neuen Lehre als Staatsreligion in ihren Herrschaftsbereichen, ihnen die schrankenlose Gewalt über die (Gewissen der) Untertanen und die Unterordnung auch des gesamten Kirchenwesens unter ihre territoriale Obrigkeit als „Christlichen Auftrag" verkündete. Damit hatte der Reformator die Zügel und Ziele der kirchlichen Bewegung in die Hände der Fürsten verspielt, den „Summepiskopat", die oberste Kirchenleitung der Landesfürsten und das Territorialkirchentum geschaffen: „Cuius regio, eius et religio*".

Diese Aussicht auf den gewaltigen Zuwachs an Macht und Einfluß, der Erwerb und Besitz der vielen Kirchengüter, Bistümer, mehr als 900 Klöster, die Unterordnung des gesamten Kirchenwesens unter die Landesfürsten erklärt uns den gewaltigen Siegeslauf des Protestantismus und den leidenschaftlichen Kampf gegen Kaiser und Kirche – nicht des Glaubens wegen*, sondern des Besitzes wegen – erklärt den brutalen Fanatismus, der alles zerstörte und vernichtete, was er nicht mitnehmen konnte.

Wallensteins Rache

Der König aus Mitternacht kam und er kam für niemand gelegener als für den Generalissimus der Kaiserlichen. Hatten sie die gleiche Konstellation? Gustav Adolf begann seine Invasion 1630, am 4. Juli, nicht aus religiösen Beweggründen, nicht uneigennützig. Er bangte vielmehr um die Stellung Schwedens an der Ostsee: Er erkannte die Gefahr, daß durch das Restitutionsedikt die vielen Bistümer und Klöster wieder errichtet würden. Damit wäre die katholische Macht in Norddeutschland gewaltig gesteigert worden und die künftigen Prälaten die treuesten Stützen des Kaisers geworden. Gustav Adolf „befreite" Pommern und Mecklenburg und besiegte Tilly in der entscheidenden Schlacht von Breitenfeld, wo dessen spanische Taktik der Tercios (der festgefügten Blöcke) gegenüber der Artillerie und größeren Beweglichkeit der schwedischen Infanterie versagen mußte. „Seit Breitenfeld galt Gustav Adolf als der gefährlichste Kriegsmeister der Zeit" (Mann, 820). Der Sieger drang tiefer nach Deutschland vor und bezog in Franken fette Winterquartiere.

...und er kam für niemand gelegener als für Wallenstein! Im gleichen Sommer 1630, da der Löwe aus dem Norden in Usedom landete, schlugen die Kurfürsten in jenem „anderen Regensburg" ihre für Bayern so verhängnisvolle Schlacht, deren Bedeutung in dem historischen Moment liegt, in dem die Entscheidung gefällt wurde, in dem Zeitpunkt der Landung Gustav Adolfs auf deutschem Boden, wie Zeeden so treffend sagt: Sie schickten nämlich anfangs September den kaiserlichen Generalissimus in die Wüste, just als sie ihn am dringendsten gebraucht hätten. Die vier geistlichen „Würdebolde", die Kurfürsten von Bayern, Mainz, Köln und Trier – die zwei evangelischen von Brandenburg und Kursachsen ließen sich als Verbündete der Schweden durch Gesandte vertreten – bewiesen „die Inkonsequenz der mehresten Menschen, den Zweck zu begehren und die Mittel dazu zu hassen" (Schiller).* Sie klagten genau so wie die Angehörigen des Heilbronner Bundes, die sogar mit der Einstellung der Subventionen drohten, klagten wie schon vorher auf den Liga- und Kurfürstentagen zu Würzburg, Mühlhausen und Mergentheim über die Kontributionen und Aussaugungsmethoden, über die Ausschreitungen der kaiserlichen Armada, forderten eine sofortige Verringerung des Heeres, besonders der aufwendigen Regimentsstäbe und eine Neuordnung des Kontributionssystems. Während Tilly nämlich die Bevölkerung besetzter Gebiete lediglich für Quartier und Verpflegung aufkommen ließ (was schlimm genug war), forderte Wallenstein von Freund und Feind auch noch die Besoldung seiner Truppen, wodurch ohne große Belastung für ihn und den Kaiser eine bedeutende Heeresvermehrung in kurzer Zeit ermöglicht wurde, wie Dieter Albrecht betont (Spindler, S.392). Und „weil die Reichsstädte, die Stifter und Klöster, die Grafschaften und Fürstentümer nur dann zahlten, wenn militärische Macht am Orte sie dazu zwang,* so mußte ein wachsender Teil des Heeres zu eben diesem Zwecke gebraucht werden, auch da, wo der Krieg zur Zeit nicht war. Die Armee wuchs an sich selber. Ein Teil, der sich gar nicht schlug, diente der eigenen Erhaltung und der Erhaltung jener, die sich ein paar Monate im Jahr schlugen" (Mann, 425).

Diese Beschwerden der Kurfürsten waren der Anlaß, die Beseitigung des verhaßten Generalissimo zu fordern. Wie berechtigt und – gemein war dies! Golo Mann beziffert Wallensteins Hofstaat auf 240 000 Taler – und das in den Jahren 1629-30, als seine finanzielle Gesamtlage immer beängstigender wurde und sein Finanzier de Witte sich deswegen entleibte. Obendrein schlug er diese Ausgaben zu den militärischen, die der Kaiser zu erstatten hatte. Seine 600-köpfige Leibgarde trug versilberte Piken, silbergestickte Fahnen (Vgl. Mann, S.680 ff; 693, 698). Aber „gemein"? „Kaiser Ferdinand war mit einem Gefolge von über 3000 Personen (in Regensburg) angelangt"; ein Aufwand, über den sich die Bewohner mit Recht empörten, die meist protestantisch waren! „Daß er zur Bezahlung dieses Sommerstaates sich 600000 Taler von Wallenstein lieh, welche der listige Friedländer nur zu gern hergab, um seinen Herrn noch einmal mit goldenen Ketten zu fesseln, wurde behauptet und später von den scharfsinnigen Historikern geglaubt ... Er hatte im Moment die 60 000 Taler nicht, nach denen de Witte jammerte, um seinen Bankrott aufzuschieben; zehnmal mehr brachte er auf, mir nichts dir nichts, und versenkte sie in das kaiserliche Danaidenfaß" (G. Mann, 704; vgl. Gindely, Waldstein, II, 258).

Zu seiner Absetzung führte auch die Befürchtung der Kurfürsten über seine wachsende Machtstellung. Wallenstein hatte mehr als 50 Güter der geächteten Böhmen, der Anhänger des kalvinischen Winterkönigs, erworben, hatte 1627 das Herzogtum Sagan gekauft und zwei Jahre später die beiden Herzogtümer Mecklenburg als erbliches kaiserliches Lehen erhalten. Und wollte er nicht König von Böhmen werden?*

Der Kaiser fürchtete sich Todsünden, seinen Generalissimus zu entlassen; denn mit Wallensteins Sturz wurde er selbst entmachtet. Mit Recht betont Kraus (S.243), „hier ist die Wende des Krieges anzusetzen".

Wallenstein wurde, nachdem er 13 Jahre lang seinem Kaiser gedient hatte, abgesetzt, obgleich auch Tilly – notgedrungen – den Krieg mit dem uralten Kontributionssystem finanzierte und genau so wie die Schweden als tragende Säule nutzte und praktizierte; abgesetzt vor allem auf Drängen Maximilians wie dessen Bruders, des Erzbischofs Ferdinand von Köln. Dem 71-jährigen Tilly, dem Feldherrn der „Heiligen Liga", wurde auch das Oberkommando über die kaiserliche Armee übertragen.

Kaiser Ferdinand mußte aber bald die Entlassung bereuen, zumal nach Tillys Niederlage bei Leipzig-Breitenfeld im September 1631. Arnim, „der lutherische Kapuziner", einst in schwedischen Diensten, dann Wallensteins Feldmarschall, als welcher er 1629 den Schwedenkönig auf der Stuhmer Heide geschlagen, hatte bei Breitenfeld die sächsischen Reiter kommandiert, eroberte jetzt Prag. „Der Kaiser mit seinem ganzen Hause sollte schmerzlich empfinden, daß er einen Cavalier affrontiert habe". *Gustav Adolf arbeitete jetzt nur für Wallenstein.* „Das Schicksal selbst hatte sich zu seinem Rächer aufgestellt", wie schon Schiller (S.202) feststellte, „und eine ununterbrochene Reihe von Unglücksfällen, die seit dem Tage seiner Abdankung über Österreich hereinstürmten, dem Kaiser selbst das Geständnis entrissen, daß mit diesem Feldherrn sein rechter Arm ihm abgehauen worden sei".

Noch verhandelte Wallenstein mit den Schweden, da erschien des Kaisers Premierminister, Eggenberg, um den Friedländer wieder für das Generalat zu gewinnen. Der lehnte erst ab, erklärte sich aber schließlich doch zu einem dreimonatigen Oberbefehl bereit. Vergeblich – aber wie verhängnisvoll! – setzte Maximilian sein Veto dagegen. Der Friedländer versprach, in diesem Vierteljahr ein Heer von 40 000 Mann aus dem Boden zu stampfen und in einem halben Jahre – also rechnete er schon mit einem längeren Oberbefehl! – 100 000 auf die Beine zu stellen. Er bedingte sich mehr Befugnisse als bei seiner ersten Berufung, den uneingeschränkten Oberbefehl aus, auch das Recht, mit den Feinden über den Frieden – mit Wissen des Kaisers! – zu verhandeln. Die Ernennung zum „Generalkapo" erfolgte am 15. Dezember 1631. Auch Maximilian erklärte sein Einverständnis. Man rechnete damit, daß Wallensteins Ruf und Ansehen allein schon das Wunder eines Gideon wiederholen und die Dinge zum Guten wenden werde. Damit hatte für den Friedländer die Stunde seiner Rache* an Bayern und seinem Kurfürsten geschlagen.

In der Tat, „der Friedländer machte das Wetter überall". Er ist es, der den Schwedenschreck in Bayern *mit*bestimmte durch seine Passivität und Verzögerungstaktik. Wenn Maximilian, sagte er sich, seine Absetzung betrieb, sich gegen seine Wiederberufung – wenn auch vergeblich – sträubte, dann wollte der Bayer doch damit beweisen, daß er ohne ihn, den „Unentbehrlichen" auskomme, wie es Höser interpretiert. Soll der Bayer also seinen „Dreck alleene machen". Höser sieht den Beweis für die Rache Wallensteins in der Further Scheinoperation und speziell in der Abberufung der Kroaten Isolanis „zur ganz ungehörigen Zeit" ins Winterquartier, als es ein leichtes war, die Schweden aus dem Bayerischen Walde und Niederbayern zu vertreiben (4. Dez. 1633).

Wallenstein selbst entschuldigte den Kaiser, verzieh ihm seine Absetzung, weil Maximilian am Kurfürstentag in jenem „anderen Regensburg" das Wort geführt hatte, wo „des Kurfürsten von Bayern spiritus des Kaisers seinen dominiert hat", wie er selbst sagte, als ihm die Absetzung offiziell mitgeteilt wurde (Mann, 717). Diese tödliche Beleidigung des ungemein ehrgeizigen und machtgierigen Emporkömmlings, der um seine Unentbehrlichkeit nur zu gut wußte, mußte das bayerische Volk grausamst büßen. Hösers Journal-Berichte schildern die Wirklichkeit so genau, daß sich seine Feder immer wieder sträubt, all das Gräßliche der Erinnerung einzuprägen, das zum Himmel schrie, „feriebat aethera clamor".

Wir finden zwar nirgends ein geschriebenes oder gesprochenes Wort Wallensteins als Beweis, daß er deswegen als der Sündenbock aus der Wüste zurückkehrte ins Generalat, *um* nun seiner Rache an Maximilian und Bayern zu frönen, aber eine Unzahl von Beweisen für seinen Haß gegen Bayern und seine Rache am Kurfürsten. Graf Kinsky, durch Heirat mit Wallenstein verschwägert, nannte seinen Haß gegen Maximilian „die stärkste Leidenschaft" des Herzogs. War dieser schon vor dem „Regensburger Affront" dem Bayernfürsten wenig günstig gesinnt, so begegnete er ihm daraufhin mit kaum verhehltem Haß: „Schmeißen will er ihn und hingehen, sein Geld holen, da er wohl weiß, wo er seinen Schatz hingeflüchtet hat; ist ihm ohnedies über alle Maßen spinnefeind", wie Kinsky am 4. Juni 1633 im Dresdener Gespräch zum schwedischen Kanzler Oxenstierna sagte. „Der Bayernfürst hat das Spiel angefangen. Ich will ihm keine Assistenz leisten" – und das Wort hat er wahrlich durch seine Inaktivität bewiesen – „Ich wollte, daß die Herren sein ganzes Land dermaßen ruiniert hätten, daß weder Henne noch Hahn noch irgendein Mensch darin mehr zu finden wäre".* Diese Äußerung gegenüber Arnim am 6. Juni ließ dieser sich ausdrücklich vom Herzog schriftlich bestätigen. „Der Bayer müßte Geld schwitzen und heimgesucht werden" ließ er bei den geheimen Friedensverhandlungen mit Sachsen verlauten. „Der Herzog von Friedland habe nicht vergessen des Affronts, so ihm vor drei Jahren widerfahren". Im Falle er sicher sein könne, daß er von den Schweden assistiert werde, „wolle er sich in Böhmen mit seiner Armee festsetzen und von dort nach Österreich und Steiermark avancieren. Euer Fürstl. Gnaden (Oxenstierna) sollten mit Holk auf den Herzog von Bayern losgehen und ihr Bestes tun, ihn zu ruinieren" verriet der Verräter Bayerns seinem einstigen General Arnim im August 1633, worüber dieser dem schwedischen Kanzler Oxenstierna Bericht erstattete usw. usw. „Niemand kann leugnen", folgert Kurt Pfister logisch, „daß hier offener Hochverrat angekündigt wird: nicht mehr vom Frieden, sondern vom Krieg gegen den Kaiser wird gesprochen" (Pfister, 228).

Das ist der eigentliche und wahre Hintergrund, warum Wallenstein den Kurfürsten mit Versprechungen hinhielt und die Befehle, die er seinen Generälen Aldringer, Gallas, Holk usw. im Sinne einer Unterstützung Bayerns gegeben hatte, mit Strickdrohungen widerrief.

So mußte sich die Kriegslage infolge der Passivität Wallensteins und seiner „schlafenden" Armee ständig verschlechtern. Damit sind die Anklagen Maximilians in seinem „Discurs über des Friedlands Actiones und gegebenen ungleichen Ordonanzen" nicht bloß voll berechtigt, genau so wie sein Haß, den er gegen den hegte, der nach seiner Meinung so viel Unheil über sein Land gebracht hatte (Höpfl, 15), sondern waren ein Gebot politischer und moralischer Klugheit. Der Kurfürst mußte an den Kaiser appellieren, wie wir oben (S.4) gesehen haben.

So tritt uns unausweichlich die Frage in den Weg: Wurde dieser blinde Haß Wallensteins, seine von Rache diktierte Taktik und Passivität, diese sich selbst verratende Strategie nicht dem Taktiker zur tödlichen Falle, zur eigentlichen Ursache für seinen Verrat an Kaiser und Reich – neben seinem mißverstandenen heroischen Ringen um einen allgemeinen Frieden? Mit zwingender Logik folgerte Maximilian: Man könne nicht das ganze Haus Österreich und damit auch die gesamte Christenheit nur deshalb zugrunde gehen lassen, um den Generalissimus nicht (ein zweites Mal) zu offendieren... Der Kaiser solle das Generalat seinem Sohne anvertrauen (Pfister, 231).

„Wallensteins Rache am bayerischen Kurfürsten" nennt Abt

Höser anfangs Dezember 1633 die wahre Wurzel und eigentliche Ursache für das Unheil, das über Bayern hereingebrochen war*.

Tillys Tod und Testament

Die militärischen Operationen des Jahres 1632 begannen bereits im Februar. Nachdem im Winter die Neutralitätsverhandlungen zwischen dem Schwedenkönig und dem bayerischen Kurfürsten gescheitert waren, fielen die Schweden in Franken, Schwaben und in das Herzogtum Bayern, (in Altbayern) ein. Mit Tillys letztem Sieg holten sich die Schweden ihre erste Niederlage auf bayerischem Boden, als er die von dem schwedischen General Horn besetzte Stadt Bamberg befreite. Er mußte sich aber, als diesem Gustav Adolf zu Hilfe kam, dennoch nach Ingolstadt zurückziehen, damit er nicht zwischen die Zange der Sachsen in Böhmen und den Schwedenkönig geriete, der sich im Oktober in Würzburg als Herzog von Franken hatte huldigen lassen. Die Feinde folgten ihm nach und nahmen am 6. April Donauwörth. Der kriegserfahrene Tilly sicherte die Lechlinie, damals die Grenze des altbayerischen Herzogtums, und bezog eine feste Stellung bei Rain, wo auch die Entscheidung fallen sollte. Am 13. April mußten die Augsburger, „die sich für sich, für sie selbsten gern gaben", dem König ihre Tore öffnen, wurden aber trotzdem in Kontribution genommen. Tilly, „der Gute Alte", der am 15. April den Schweden den Lechübergang verwehren wollte, erlitt beim Angriff eine tödliche Verwundung; ein Doppelhaken* zerschmetterte ihm einen Oberschenkel. Zu allem Unglück traf auch seinen Stellvertreter, Aldringer, eine Kugel am Kopfe, während Maximilian einen Hilferuf an Wallenstein schrieb. Bayern zitterte vor den Schweden. Der Friedländer versprach natürlich Hilfe, schickte aber nichts, auch nicht die versprochenen 5000 Reiter.* Maximilian zog sich nach Ingolstadt zurück. Der sterbende Tilly empfahl ihm noch, Regensburg zu besetzen, um Herr der Donau und mit Böhmen in Verbindung zu bleiben: „In Regensburg steht die Kaiserkrone mit dem bayerischen Kurhut auf dem Spiele" (Riezler, V, 411). Während Tilly mit dem Psalm „In te, Domine speravi, non confundar in aeternum" am 30. April verschied, begann gerade die Kanonade der Schweden.

„Tilly hat seinesgleichen nicht gehabt", klagte der Kurfürst. In der Tat, der auf Schloß Tilly im Brabant geborene Graf Johann Tserclaes Tilly hatte über zwei Jahrzehnte nicht bloß seinem Herrn in aller Treue gedient, sondern hatte das bayerische Heerwesen geleitet, eine moderne Armee aufgebaut und die volkstümlichen Landfahnen organisiert.* Er hielt stramme Manneszucht unter seinen Truppen und setzte im Kampfe rücksichtslos seine Persönlichkeit ein. Er wollte nach seinem Tode bei U.L. Frau von Altötting ruhen.

„Weil der Schwedt mit dem Ingolstettischen Statthalter namens Pharnspach,* der zu Regensburg hernach decaputiert worden, ein Verstandter und Conspiration gehabt", die genau so entdeckt wurde wie im folgenden Jahre der Verrat des Kommandanten Kratz von Scharffenstein,* ging die Rechnung des Königs von Anfang an nicht auf. Bei seinem Angriff gegen die Südfront der modernen Festung wurde ihm sein Leibpferd, ein Schimmel, unter dem Sattel weggeschossen. Seinem Begleiter, dem „Markgräfler" Markgrafen von Baden-Durlach legte eine Kugel den Kopf vor seine Füße. Obwohl nur drei bayerische Regimenter die Stadt verteidigten, erkannte Gustav Adolf die Nutzlosigkeit der Belagerung und stellte seine Angriffe ein. Es trieb ihn, nicht wie erwartet und befürchtet nach München, sondern nach Regensburg, um von dort aus die fette Donauebene hinabzugrasen und sich am blauen Band der Donau nach Wien, ins Herz der österreichischen Erblande führen zu lassen. „Es stinkt ihm das Maul nach der Donau und nach Österreich", schrieb damals Maximilian. Doch der Löwe aus dem Norden kam zu spät. Der Kurfürst war schon in der ersten Mainacht dorthin aufgebrochen, um Tillys Vermächtnis zu erfüllen.

Darauf zog der Schwedenkönig in der Nacht zum 4. Mai von Ingolstadt über Geisenfeld und Mainburg nach *Landshut.* Er wollte damit den Kurfürsten zur Preisgabe der alten Reichsstadt veranlassen. General Horn, den er über Vohburg und Abensberg nach

Regensburg geschickt hatte, wartete in seinem Hauptquartier zu Neustadt a. d. Donau vergeblich auf Maximilians Abzug. Er sollte dann das offene Land bis zur Isar planmäßig besetzen, verwüsten und brandschatzen. Er vereinigte sich mit dem König wieder in Mainburg. Die Appelle und Hilferufe des Kurfürsten an den Generalissimus wurden immer dringender. Der geringste Zeitverlust wäre verhängnisvoll. Er solle ihm nicht nur die versprochenen 5000 Reiter, „von denen bis zur Stunde noch nicht ein einziger eingetroffen ist", sondern noch weitere Hilfe eiligst senden, hatte er noch aus Ingolstadt gerufen. „Der Schwede hauset über die Maßen barbarisch, und vermelden die Seinigen, sie hätten Befehl, das Bayerland zu ruinieren", ein Wort, das auch Höser berichtet. Und der „vom Kaiser bestellte Gideon"? „Der Kurfürst möge sich ein wenig beruhigen, stillesitzen bei Regensburg und warten bis er käme", vertröstet ihn Wallenstein. „Er werde kommen, müsse aber zuerst noch mit Böhmen fertig sein. Einstweilen solle man die Leiden Bayerns nicht zu hoch anschlagen, das sei für die gemeinsame Sache, und später schon wieder gutzumachen" (Mann, 839). Also Hilfe, wenn ʼs Neujahr in Sommer fällt!

Das erste Opfer eines Krieges ist immer die Wahrheit: Die schwedischen Offiziere sollten in ihrer Kriegspropaganda* dem bayerischen Landvolk klar machen, daß ihr König als Befreier komme. Er sei ein junger, liebenswerter Fürst, unter dessen Szepter sie besser leben würden als unter der despotischen Regierung des Herzogs Max. Es würde eine allgemeine Verringerung der Steuern eintreten u. a. m.. Es waren jedoch nur wenige, die auf diesen Schwindel („Schalmeientöne" nennt es Höser) hereinfielen. Die Mehrzahl hörte und befolgte die Worte des Landesfürsten, der das Bauernvolk aufrief „zur Irer Errettung und der Irigen, auch allgemeiner Defension und Schützung des lieben Vatterlandes willig und bereit ihre Schuldigkeit zu tun". Dieses „Ufbot" entfesselte den Volkskrieg in Altbayern; denn die Bauern, die nach dem Zeugnis des Grafen Fr. Christoph Khevenhüller* in Bayern bisher in „Rosen und Violen" gesessen, rotteten sich zusammen und machten kleinere Abteilungen der Schweden unschädlich. So ließen die Bauern, vermutlich das Teisbacher Fahndl, 60 Schweden über die Klinge springen, als sie am Abend des 10. Mai das Kloster Niederviehbach plünderten und die Isarbrücke bei Dingolfing abbrechen wollten. Von Landshut aus, berichtete Staudenraus, bildeten die drei Scheidecker-Buam, Metzgerssöhne, mit rund 60 Mann Bürgern und Bauern Streifrotten in Richtung Rottenburg gegen herumstreunende Schweden. Auch während der Belagerung von Regensburg im folgenden Jahre, taten sich Bauern zusammen, als Reitertrupps in den Gäu einbrachen und Vieh und Getreide wegführten, und traten ihnen mit bewaffneter Hand entgegen. Sie wurden aber wie unzählige andere zerstreut.

Die kurfürstlichen Beamten bemühten sich, die befestigten Plätze, Schlösser, Märkte und Städte zu halten, was meist umsonst war; denn größere Unternehmungen waren unmöglich, da es an der „Bewegung" und an Offizieren fehlte. Diese Versuche bewirkten, daß der Krieg recht grausame Formen annahm. Die Feinde griffen zu Feuer und Schwert, um den Widerstand zu brechen. Sie konnten in ihren militärischen Operationen nicht gestört werden.

General Horn näherte sich am 4. Mai dem Tal der Großen Laaber. Der Pfleger von Rottenburg sandte am folgenden Tage einen Eilboten mit einem Brief nach Landshut, in dem er der Regierung von den Fortschritten der feindlichen Waffen berichtete und um schleunigsten Sukkurs bat. Er war anscheinend zum Widerstand entschlossen. In den nächsten Tagen, vielleicht schon in den nächsten Stunden erfüllte sich das Schicksal des Marktes und des Schlosses zu Rottenburg. Beide gingen in Flammen auf. Ein genauer Bericht konnte bis heute nicht gefunden werden, ist auch vielleicht nie verfaßt worden, da der Pfleger von den Schweden getötet wurde.

Zu dieser Zeit konnte man des Nachts vom Straubinger Stadtturm aus die Brandröten der brennenden Dörfer, sogar die riesige Feuersbrunst von Schierling,* das Zerstörungswerk der Reiter Horns sehen. Dem Wirt in Taimering ließen sie 500 Eimer Bier auslaufen (1 Biereimer= 68,48 Liter). In Pfatter brachte man den „Farm" (die Fähre) vor ihnen auf das nördliche Donauufer in Sicherheit. Die Schweden streiften bis Aholfing herunter. Die Bauern der gefährdeten Gegenden verließen Haus und Hof, strömten in hellen Scharen nach Straubing und fühlten sich erst wieder hinter den schützenden Festungsmauern sicher. Viele ihrer Namen finden sich dann im Ranzionsregister der Stadt.

Am 9. Mai überfielen 2000 Reiter Schierling. Dabei gingen 42 Häuser und 23 Scheunen in Rauch auf. Die Bewohner retteten nur das Gewand am Leibe. Die Reiter Horns hatten es vor allem auf Pferde und das Getreide abgesehen. Tatsächlich wurde es auch der niederbayerischen Regierung zu Straubing von Tag zu Tag schwerer, die von der militärischen Besatzung und dem Teisbacher „Fähnl" (Landwehr) täglich geforderten 1000 Laib Brot zu liefern. Sie stellte eigene Posten zum Schutze der Mühlen auf. Man gab sich vergeblich alle Mühe, die Bauern wieder heimzuschicken aus der Stadt.*

An dem nämlichen Tage, an dem Schierling in Flammen aufging, erschien Horn vor *Landshut.* Auf dem Zug zur Isar hatten seine Reiter das wichtige Schloß Kirchberg und die Pfarrhöfe zu Andermannsdorf und Inkofen in Brand gesteckt. Gustav Adolf näherte sich in langsamem Zuge bei Moosburg der Isar, das er am 7. Mai einnahm. Der Pfleger berichtete der Regierung, daß die Bürgerschaft zum Widerstand entschlossen war, die Tore verrammelte, aber die Feinde hätten die Mauern auf Leitern überstiegen und in den Straßen sofort mit der blanken Waffe auf die Bevölkerung einzuhauen begonnen, zur Rache für die Zerstörung von Magdeburg, wie wir oben gehört haben. Die Stadt verdankte ihre Rettung allein dem Umstande, daß der Schwedenkönig hier für die nächsten neun Tage sein Hauptquartier aufschlug. Von hier aus leitete er nun den Angriff auf Landshut.

„Himmel Landshut, tausend Landshut!"

Der Adel vom Land und das Volk floh, um sich zu retten, mit ihren Kostbarkeiten hieher in die Stadt, wie die Regierung, Stadträte „und andere reiche Bewohner der Stadt, zum Ärger der Übrigen" (Staudenraus, 53), um sich zu retten, aus der Stadt flohen. Am 3. Mai hatte die Regierung ein Schreiben an den Kurfürsten gerichtet und in bewegten Worten um die Entsendung einer ansehnlichen Truppenmacht gebeten. Sie wies darauf hin, daß in den letzten Tagen Geisenfeld, Wolnzach, Mainburg, Süßbach, Neuhausen, Weihmichl und Furth ausgeplündert und mehrenteils in Brand gesteckt worden seien. Noch erschütternder ist das Schreiben vom 7. Mai. Es berichtet, daß die Schweden ihre Streifen bereits bis an die Mauern der Stadt ausdehnten und daß innerhalb der letzten drei Tage zahlreiche Pfarrdörfer, Schlösser, Hofmarken, auch teils ansehnliche Märkte geplündert und angezündet wurden. Der Sukkurs, den der Kurfürst schickte, war ungenügend. Die städtische Besatzung dachte nicht an Widerstand; sie warf die Brücken ab und rettete sich nach Dingolfing. Die Regierung war nach Neuötting ausgewandert. Das kostbare Mobiliar in der Trausnitz und der Stadtresidenz (dem sog. „Neubau") wurde auf dem Wasserweg über Passau nach Burghausen geflüchtet. Es war höchste Zeit, denn am 7. Mai und am Samstagabend des 8. Mai forderten die Schweden noch ein zweites Mal im Namen des Königs die Stadt zur Übergabe auf, wenn die Bürger nicht „mit Mord, Raub und Brand aufs Äußerste verfolgt werden" wollten. Feldmarschall Horn verhieß königliche Sicherheit und Gnade. Jedermann sollte bei seinem Glauben, Hab und Gut belassen werden. Bei der zweiten Aufforderung drohte er, wenn die Tore nicht sofort geöffnet würden, würde nicht einmal ein Kind verschont, alles Volk zusammengehauen und die Stadt in Asche gelegt werden. Angesichts einer Armee von 8-9000 Mann gegenüber den fünf kaiserlichen Reiterschwadronen mit 1600 Mann, welche die Stadt als Sukkurs erhalten hatte, blieb dem Bürgermeister Spitzlberger keine Wahl. Mit einer Deputation des Adels, der Geistlichkeit und des Magistrats zog er dem Marschall entgegen und öffnete die Tore.

Am Montag, den 10. Mai kam der Schneekönig auf seinem Schimmel von Moosburg geritten. Die Vertreter der Stadt und Geistlichkeit warfen sich ihm zu Füßen und flehten ihn um Gnade an (Staudenraus, 60). Gustav Adolf, wegen des Volkskrieges in Altbayern übel gelaunt, fuhr barsch den Bürgermeister Hiernonymus Spitzlberger an, der ihm die Schlüssel der Stadt überreichte und um Schonung der wehrlosen Bevölkerung flehte. „Wenn Euer Herzog nit vom Krieg abläßt, werde ich Landshut und München verbrennen". Das Volk drängte sich in hellen Scharen heran und flehte unablässig den König um Erbarmen an. Der Löwe blieb grimmig und unnachgiebig, er finde keine Ursache, warum er die Stadt verschonen sollte. Sie sollten aufstehen und nur vor Gott knieen. Auf seinem Zug zum „Neubau", berichtet der Chronist, würdigte er sie „die ganze lange Stadt herab" keines Blickes.

Seine Generäle faßten sich erst ein Herz und legten für diesen Bürgerfleiß Fürsprache ein, als Gustav Adolf von der Trausnitz aus die Stadt überschaute und ihre Schönheit ihn zu dem Ausruf hinriß: „Himmel Landshut, tausend Landshut"!* Der Schneekönig verharrte in seinem eisigen Schweigen. Erst der Beredsamkeit des französischen „Ambassiators" (St. Ehtienne nennt ihn der Jesuit Andreas Brunner) gelang es, den König umzustimmen. Er forderte nun 100 000 Taler* Ranzion (Brandschatzung). Die Hälfte war sofort zu zahlen, die andere binnen Monatsfrist. Als die Bürgerschaft „in Abwesenheit der Reichen" nur 40000 Taler erlegen konnte, verlangte der König die Stellung von 6 Geiseln, die er nach Augsburg schickte, wo sie drei Jahre lang „in eisernen panden" eingeschlossen lagen, wenn sie nicht vorher schon verhungerten.

Von Landshut aus streiften die Reiter isarabwärts und über den Kröning in das Vilstal bis Eichendorf. Auch Vilsbiburg und Frontenhausen litten schwer unter den Überfällen der Soldateska. Als der Magistrat von Eggenfelden mit den Schweden wegen der Erhaltung ihres Marktes verhandelte, zündeten sie, weil ihre Forderungen nicht sofort angenommen wurden, kurzerhand einige

Bauernhöfe in nächster Nähe an. Die Nachrichten, welche die Kommandos nach Landshut brachten, überzeugten den König von der Aussichtslosigkeit und Unmöglichkeit, hier nach Österreich durchzustoßen, wo die Bauern im Lande ob der Enns, „unbelehrt durch Niederlagen und Strafgreuel", jetzt auf die Schweden bauend,* noch einmal rebellierten, obwohl die Bayern sie im Sommer 1620 mit ihrem Einmarsch niedergeworfen und Maximilian Oberösterreich nach dem Münchner Vertrag in seinen Besitz genommen hatte.

Um den Schweden den Vorstoß zu erschweren, hatte der Pfleger von Vilshofen den Hart, den Höhenzug links der Vils verhakken und verhauen lassen, damit er unpassierbar wurde. Als 1000 Kroaten zur bayerischen Armee vordringen wollten, mußten sie umkehren und den Weg auf dem linken Donauufer nehmen. Auch in Plattling waren die Brücken über die untere Isar abgerissen worden; eine Fähre hielt den Verkehr notdürftig aufrecht. Abt Johann IV. Lutz aus Rissmannsdorf, ein Sohn des Kanzlers bei der Regierung in Straubing, bemühte sich in Niederaltaich, die Landfahnen der Gegend militärisch zu organisieren, die unter dem Namen „die Hengersberger (Fähnl)" sich wiederholt auszeichneten; er richtete für sie in seinem Kloster ein Depot ein. Die Bevölkerung baute bei Vilshofen, oberhalb der St. Barbarakirche starke Schanzen.

In Ortenburg, wo Graf Joachim schon 1563 die Reformation eingeführt hatte und sein Nachfolger deswegen in den Verdacht kam, auf schwedischer Seite zu stehen, wurde die kleine reichsunmittelbare Herrschaft militärisch besetzt. Durch Verhaue, wie sie bei Höser der Abt von Gotteszell anlegte, wurde auch der Neuburger Forst gesichert. Besonders stark war die Innlinie in Schärding, Braunau und Burghausen ausgebaut und gesichert worden. Zu allem Überfluß verbreitete sich auch noch das Gerücht, daß Wallenstein, der nach den Verhandlungen in Göllersdorf am 13. April den Befehl in absolutissima forma übernommen hatte, mit seinem Stabe in Passau angekommen sei. Begreiflich, daß Gustav Adolf von weiteren Kämpfen in dieser Gegend abstand.

München lag näher

Am 15. Mai verließ Oberst Hebron, der Katholik, als letzter die Stadt Landshut, wo, kaum daß die Schweden abgezogen waren, zehn kaiserliche Schwadronen eintrafen. Gustav Adolf schickte seine Armada isaraufwärts, um die Hauptstadt zu besetzen. Auf dem Wege nach München fiel auch Freising* in schwedische Hände. Am 16. Mai erschienen die ersten Schweden vor München. Sie wurden aber zurückgeworfen. Da ließ der Löwe aus Norden der Bürgerschaft melden, er werde die Stadt in einen Schutthaufen verwandeln, wenn sie ihn nicht aufnehmen würden. Diese Drohung wirkte. Der König konnte am 17. Mai 1632 seinen Einzug halten. Am Gasteig überreichte ihm der Bürgermeister auf den Knien die Schlüssel der Stadttore. Auch hier setzte Gustav Adolf die Kontribution auf Fürsprache des französischen Gesandten, den Maximilian um Intervention gebeten hatte, herab; er forderte aber immerhin noch 300 000 Reichstaler, runde 90 Millionen in heutiger Währung. Als die Bürger aber nur 90 000 Taler aufbrachten, verlangte er sofort 42 Geiseln und schickte sie nach Augsburg, das ihm und der Krone Schweden den Treueid abgelegt hatte. Sein Herz tat einen Freudensprung, als er im Zeughaus die vergrabenen Kanonen fand und ihm die berühmten „dicken Berta" der damaligen Zeit, die „Zwölf Apostel" in die Hände fielen. „Der König bedauerte, die Residenz nicht auf Rädern nach Stockholm wegschaffen zu können", wohin manches kostbare Stück der Residenz sich ebenso verirrte, wie die beschlagnahmte Würzburger Bibliothek. Der aus Böhmen verjagte „Winterkönig", Exkurfürst Friedrich von der Pfalz, der an der Seite des Schneekönigs in München siegreich eingezogen war, hätte die Residenz Maximilians am liebsten in die Luft gesprengt. Gustav Adolf gab sich alle Mühe, durch Leutseligkeit die Sympathien der Münchner zu gewinnen, hielt auf strenge Manneszucht, ließ Geld unter die Bevölkerung werfen und stellte sich freundlich zu den Jesuiten: „Wenn ich katholisch wäre, hätte ich doch die Jesuiten am liebsten" äußerte er bei der Tafel.

Die Sympathien wurden aber nicht größer, zumal als sich die Soldaten in den Häusern der Adeligen und Reichen, die geflohen waren, Plünderungen erlaubten. Doch verhinderte die Macht, die der Löwe aus Mitternacht bei der Hand hatte, den Ausbruch offener Feindseligkeiten. Wohl deswegen gefiel es dem König so ausnehmend, den Münchnern seine Wehrmacht durch häufige „Exerzitien" vor Augen zu führen. Alles atmete auf, als die Schweden nach dreiwöchiger Besatzungszeit abmarschierten. Nur den Bräuern sagt man nach, daß sie betrübte Gesichter machten; denn „was die Soldaten eingekauft an Bier, Brot usw., haben sie fleißig bezahlt". Nur 10 Kreuzer kostete für die Soldaten die Feldmaß, die obendrein – im Gegensatz zur heutigen Oktoberfestmaß – „bei anderthalb Maß gehalten" war. Die Schweden brachten auch als tüchtige Verkaufsmanager große Mengen von Rindern, noch mehr Schweine und viele Rosse, Flachs und Garn, Zinnschüsseln und Kupfergeschirr und Meßkelche usw. in die Stadt, was die Einwohner spottbillig aufkaufen konnten, ohne der Hehlerei verdächtigt zu werden ...

Als Gustav Adolf die Gegend von Landshut verließ, befürchtete man schon täglich den Fall von Straubing. Die Regierung hatte sich bereits nach Deggendorf abgesetzt. Die Kassen waren nach dem Waldschloß Bärnstein bei Grafenau geflüchtet worden. Ihr Vertreter erbat dringend Hilfe; er berichtete, daß auf die Bürgerschaft kein Verlaß sei. Es fehle ihr an gutem Willen. Das Teisbacher Fähnlein sei zu wenig militärisch durchgebildet. Die Lage war hoffnungslos, Unterstützung nicht zu erwarten. Auf dem flachen Lande war besonders das Frauenvolk den Belästigungen der Soldateska ausgesetzt, „daß es mehr zu beweinen als zu beschreiben ist". Schlimm erging es den Kirchen und Klöstern, die als Brutstätten des Katholizismus galten, gewaltsam geöffnet und ausgeplündert wurden. Kelche, Monstranzen, Paramente und Glocken wurden weggenommen; was nicht brauchbar und in Geld zu verwandeln war, Bücher, Urkundsbriefe, wurde zerrissen, vernichtet, verderbt, den Pferden als Stroh eingestreut usw. Darum reichen allüberall unsere Urkunden, vor allem die Pfarrbücher, nur bis zum Ende des Dreißigjährigen Krieges zurück.

Die Schweden hatten es besonders auf Geld und Schätze abgesehen, die von den Leuten versteckt und vergraben worden waren. Die Menschen wurden hart geschlagen, ihnen das (Seiten-) Gewehr und die Büchse an die Brust gesetzt, damit sie ihr Geld hergaben oder das Versteck zeigten. Was nicht entfloh, Knechte, Dirnen, sogar Kinder mit neun und zehn Jahren, wurden weggeführt. Es war eine Not, „daß Gott erbarm". Die Lebensmittelversorgung wurde sogar in den Dörfern immer schwieriger, weil die Feinde immerfort nach Vieh und Getreide fahndeten. Ein Bericht des Straubinger Rentmeisters besagt, daß die Feinde schon an die 1000 Pferde fortgeführt hätten. Bei Pilsting gelang es ihnen, eine Proviantkolonne abzufangen. Sie schlugen die Bedeckung in die Flucht und nahmen das Getreide und die Pferde mit sich.

Die Not wurde noch gesteigert durch die Schwarz-Markt-Hyänen, die Getreide zusammenkauften und zurückhielten, mit der Not ihrer Mitmenschen spekulierten. Es liegt, nach meinem Lehrer P. W. Fink, ein Bericht aus einem Landgericht vor, das bisher vom Kriege nicht berührt worden war, daß die Bevölkerung sich der Ablieferung stark widersetzte; es wurde sogar militärische Exekution angedroht, wenn die Leute bei ihrem „meisterlosen und wenig gehorsamen Verhalten" verharrten. Auch sonst führt der Bericht* lebhafte Klage, daß die Leute „mit Lieb gar nichts oder noch weniger tun".

Maximilians „Canossa"-Gang

Die Gefahr ging noch einmal an Bayern vorüber; das Kriegsgewitter, das vom April an Bayern „im Totalruin konsumiert" hatte, verzog sich nach Westen und Norden. Unheilvolle Nachrichten riefen den Schwedenkönig nach Schwaben, wo die Bauern gegen die schwedischen Bedrücker die Waffen erhoben hatten. Nachdem nun Altbayern die Kriegsfurie übergenug hatte erleiden müssen, schlug Wallenstein endlich mit seiner „schlafenden Armee" los und eroberte am 26. Mai Prag zurück.

Kurfürst Maximilian marschierte von Regensburg nach Weiden, zu seinem „Canossa"-Gang. Zum ersten Male trifft er sich an einem ungenannten Orte* mit dem Generalissimus. Zwei Männer, vom Schicksal aneinander gekettet, getrennt vom Hasse durch des Schicksals Tücke und Zwangsgebot, aber zwei Diplomaten, die sich freundlich begegnen. Der Kurfürst soll die Kunst, zu simulieren, weit besser beherrscht haben als Wallenstein. Zwang ihn nicht die Not der Verzweiflung zu dieser Wallfahrt? Hatte Wallenstein durch Schadenfreude sein Mütchen ausgebrannt oder nur gekühlt? Maximilian vereinigt mit seinem bestgehaßten Feinde seine 10 000 Bayern, sodaß die beiden Armeen, nun 50 000 Mann stark, in Franken, in Gustav Adolfs Herzogtum einfallen konnten. Ihre Erfolge zwangen den Schneekönig, seine Macht nach Nürnberg zu werfen, um die Verbindung der beiden zu verhindern, die den Schweden den Rückzug abschneiden wollten oder wenigstens bedrohten. Viele Wochen lagen sich die Feinde in stark ausgebauten Stellungen bei der Alten Veste gegenüber.

In Bayern waren schwedische Abteilungen zurückgeblieben, hielten einzelne Plätze besetzt und unternahmen gelegentlich Streifzüge auf das flache Land. Sonst herrschte Ruhe. Die Bauern kehrten zurück, nahmen ihre Arbeit wieder auf und bestellten die Felder, obgleich sie nicht wußten, ob sie diese auch abernten dürfen.

Die schwierige Lage, vor allem die Verproviantierung, nötigte den Löwen aus Mitternacht zu einem Sturm auf die Schanzen

46

Wallensteins. In diesen Kämpfen zeichneten sich vor allem die bayerischen Regimenter aus. Aldringen verbringt an diesem Tage „rohe Wunder" (Mann,855). Die Truppen des Königs wurden mit schweren Verlusten zurückgeschlagen. „Es hat sich der König bei dieser Impresa (Unternehmen) gewaltig die Hörner abgestoßen", meldet Wallenstein stolz. Auf dem Schlachtfeld fiel auch der Ruf des „invictissimi", des Unbesiegbaren, als den er sich seit Breitenfeld gebärdete. Selbst sein Tod wäre demgegenüber noch ein Sieg gewesen. In Massen liefen seine Soldaten zu den Kaiserlichen und Bayern über. In drei Wochen verlor Gustav Adolf ein Drittel seines Heeres, etwa 15000 Mann, durch Desertion und Krankheit. „Der Ausgang des Nürnberger Sommers war für den König von Schweden ärger als eine Niederlage in offener Feldschlacht", urteilt Golo Mann (S.858 f.). Und wirklich „bar jeden kriegerischen Sinnes" zieht Gustav Adolf über Windsheim südlich nach Donauwörth und Rain am Lech.

Wallenstein aber läßt sich in seinem Marsche nach Sachsen nicht irre machen. Er will seinen Böhmen nicht noch einmal ein Winterquartier zumuten, vielmehr seine Armee von den Sachsen durchfuttern lassen über den Winter und dazu muß er diese erst niederwerfen. Seine Erfolge zwingen den „Löwen aus Mitternacht, den Kreuzfahrer, den Don Quichotte" ebenfalls nach Sachsen zu eilen. Nur seinen Feldherrn Banér läßt er bei Neuburg zurück. Von dort aus beunruhigten die Schweden immer wieder die Gegend zwischen Lech und Isar. Maximilian faßte mit seinen wenigen Truppen Stellung in der westlichen Holledau bei Geisenfeld und an der Ilm bei Pfaffenhofen. Ein Überfall auf das von den Feinden zäh verteidigte Aichach hatte vollen Erfolg. Damit wurde wiederum die Gegend Kriegsschauplatz, die bereits beim ersten Schwedeneinfall im Frühjahr 1632 schwer mitgenommen worden war. Der aus Diedenhofen stammende Johann von Aldringen, nach Tillys Tod ligistischer Oberbefehlshaber und seit 13. Oktober 32 Feldmarschall, kam den Bayern zu Hilfe. Er beteiligte sich tatkräftig an der Vertreibung der noch im Lande verbliebenen und sich unredlich nährenden Schweden. Der Winter aber machte schon bald den Kämpfen ein Ende. Die Bayern bezogen bei Dachau, der Aldringer in Schwaben Winterquartier.

„Morte citante citò", vom Tod zur Eile getrieben, möchte man Höser zitieren, wenn Gustav Adolf in 17 Tagen 630 Kilometer zurücklegte, um am 16. November in der Entscheidungsschlacht bei Lützen sich für Nürnberg zu revanchieren. Aber er fiel und „der Tod des Königs bedeutete das Ende der großen Pläne von einem protestantischen Kaisertum" (Kraus, 247). Die Bestürzung, die im ersten Augenblick die Schweden verwirrte, erleichterte die Lage in Bayern.

Aber das Kriegsgewitter brach von neuem los und verheerte jetzt auch jene Gegenden, die bisher vom Schwedenschreck verschont geblieben waren, den Gäuboden oder „Dungau" und den Bayerischen Wald. Über sie entlud sich ein noch schrecklicheres Rachegewitter, weil nun auch der Tod Gustav Adolfs gerächt werden mußte.

„Die Weimarischen Feindzeiten"

Prinz Bernhard von Sachsen-Weimar, der Nachfolger Gustav Adolfs im schwedischen Oberkommando nennt uns selbst in einem Brief (Nr.83) aus Straubing an den schwedischen Reichskanzler Oxenstierna in Frankfurt die drei Hauptgründe für seine Invasion in Bayern im Jahre 1633: Er habe es für das beste befunden, mit der Armee weiter in Bayern einzurücken, die *ganze Last* des Krieges da hineinzuwälzen und mitten nach Bayern zu verpflanzen, nicht nur um hierdurch den Krieg von den Landen seiner Freunde wegzuziehen und ihnen zur Erholung etwas Luft zu machen, sondern auch um dem Feind die ansehnlichen Mittel, die ihm aus Bayern zuwüchsen, zu entziehen und dafür der eigenen Seite zuzuwenden. Mit anderen Worten: 1. wollte er die Lande der Bundesgenossen schonen, die im Westen und Norden schon zu sehr mitgenommen worden waren. 2. hoffte er in den fruchtbaren, vom

Krieg bisher verschonten Gegenden an der Donau Vorräte und Geld zu finden, um so den Krieg sich selber ernähren zu lassen, was ja die Devise seines Adressaten war. Den 3. Hauptgrund, den auch Höser am 8. November in seinem Kriegstagebuch nennt: Der Weimaraner hatte es auf *Österreich* abgesehen. „Insbesondere", heißt es in dem Briefe weiter, wolle er das Land ob der Enns dem Feinde wegnehmen und diesem dadurch eine neue gegnerische Macht auf den Hals ziehen oder er wolle zum wenigsten seine eigene Armee aus dem Lande Oberösterreich in Eile verstärken und, was das Wichtigste sei, „so viel tausend bedrängter Christen aus der schweren Servitut und Gewissenszwang" reißen und ihnen die Tür zur (evangelischen) Konföderation öffnen.

Diese Pläne des Herzogs gründeten sich auf die Tatsache, daß die oberösterreichische, protestantische Bevölkerung trotz der vernichtenden Niederlage, die sie 1627 im österreichischen Bauernkrieg erlitten hatte, vielfach noch immer fest zur Sache der Reformation stand (Vgl. Leo Fink, S.23 f.). Auch Höser bestätigt am 27. November, daß die mit den Schweden verbündete und verschworene aufrührerische Bauernbrut (progenies) in Oberösterreich einzig den Einfall der Schweden wünschte, damit sie mit ihnen zusammen den Kaiser verjagen könnten.

Sicher war der Hauptgrund für diese Pläne der nervus rerum; denn „den Soldaten war schon monatelang der Sold versprochen, nie aber ausbezahlt worden. Infolgedessen drangen die einzelnen Regimenter, beim Kanzler auf Ausbezahlung ihres Soldes zu dringen" (Höpfl, S.8 f.). Ja, deswegen mußte sogar die für das Frühjahr geplante Belagerung von Regensburg zwangsweise verschoben werden. Deswegen zeigte das neue Jahr die beiden Parteien kriegsmüde, weil sowohl die Herren des Heilbronner Bundes wie der Liga nicht mehr die Kontributionen für die Truppen aufbringen konnten. Nur eine brutalere Kriegführung konnte den fehlenden, ausgebliebenen Sold durch Beute ersetzen. Auch Frankreich schürte die Kriegslust der Schweden und sandte Geld.

Das Frühjahr verlief in Altbayern in ständiger Aufregung. Überall zeigten sich streifende Scharen, kleinere schwedische Trupps, die sengend, plündernd und mordend das flache, ungeschützte Land durchzogen. Da und dort wurden die Bauern allein mit ihnen fertig. Aldringen kämpfte mit wechselnden Erfolgen in Schwaben. In Bayern verwüstete zunächst der Pfalzgraf Christian von Birkenfeld, ein Wittelsbacher in schwedischen Diensten, das Land zwischen Augsburg und Landshut. Er bedrohte sogar einmal München. Es gelang aber, ihn über Neuburg zurückzuwerfen. Wahre Wunder der Tapferkeit vollbrachte an der Altmühl der Oberst Jean de Werth mit seinen 1000 Mann. Maximilian hatte ihn zum Befehlshaber in der Oberpfalz gemacht.

Auf Befehl des Kanzlers Axel Oxenstierna im Januar 1633 (Chemnitz, II, 96 ff) sollten Herzog Bernhard und General Horn einen konzentrischen Angriff auf Bayern unternehmen. Es kann in der Tat „kaum einen Zweifel geben, daß das Jahr 1633 die Entscheidung hätte bringen müssen. Wallenstein hat sich aber das ganze Jahr hindurch geweigert, zum Kampf anzutreten" (Kraus, 247).

Es bleibt auch erstaunlich, warum Bernhard und Horn, die anfangs April bei Augsburg ihre Heere vereinigt hatten, nicht losschlugen, wo sie vereint schlagen konnten, zumal ganz Bayern den Schweden preisgegeben schien. Hatte doch der Herzog am 14. März an Oxenstierna geschrieben, er wollte schauen, „welchergestalt der Anschlag auf *Regensburg* zu effectuieren" sei (Skrifter, II, Afd. Bd.7, p.29; vgl. p.44). Obendrein hielt sich der Weimarer durch seine Spione genau informiert über alle Verhältnisse in Regensburg, über die Befestigung der Stadt, die Stärke der Besatzung (1600 Mann); denn M. Chemnitz, der kgl. schwedische Rat und Resident zu Nürnberg hielt sich in der Bischofsstadt auf und hat oft unter Lebensgefahr Briefe und Boten an Bernhard geschickt – jener Chemnitzius, der dann nach der Eroberung sogar Gräber öffnen ließ, um nach Schätzen zu wühlen (1.c.p. 96, Höpfl, 8; Buchberger, 55). Die Erklärung für die verschobene Belagerung von Regensburg ist die Soldfrage. Es schien Horn und dem Herzog nicht ratsam, wenn nicht rein unmöglich, mit einer rebellierenden Armee einen Angriff auf eine so starke Festung zu wagen, zumal es auch an Munition und Kriegsgerät fehlte.

Ein zweites Beispiel für die Spionage- und Agententätigkeit der

Schweden liefert der erwähnte Fall des Statthalters von Ingolstadt, Kratz von Scharffenstein, der von den Schweden bereits gewonnen worden war. Der Verrat dieses Quislings wurde aber von seinen Offizieren vereitelt und er zur Flucht ins schwedische Lager gezwungen, wo er uns bald wieder begegnen wird.

Aldringen eilte mit seinen 15000 Mann kaiserlich-ligistischen und bayerischen Truppen aus Schwaben herbei und sicherte München zunächst. Die Verteidigung der Landeshauptstadt übertrug er Jean de Werth, der hier die Wunden ausheilte, die er bei einem unglücklichen Gefecht bei Ornbau erlitten hatte. Der Aldringer selbst zog über Freising und Landshut nach Regensburg, um die Reichsstadt zu decken. Auf Befehl Wallensteins bezog er hinter der Naab eine befestigte Stellung.

Da sich in ihrer Räuberpraxis schwedische, bayerische und kaiserliche Soldateska gleichen wie ein Ei dem anderen, kam es den Weimaranern zupaß, daß sie wegen ihrer deutschsprechenden Söldner oft für „Kaiserliche" gehalten wurden. So konnten die Reibersdorfer nach dem nächtlichen Überfall der Schweden nicht sagen, ob sie von Freunden oder Feinden verjagt und ausgeplündert wurden. In Deggendorf gaben sich die Schweden am 24. November als kaiserliches Kriegsvolk aus, als sie Einlaß begehrten. Liegt nicht ein solcher Fall auch bei *Neufahrn* vor? Eine Täuschung oder Verwechslung? Waren es die Horden des Pfalzgrafen Christian von Birkenfeld? Kurzum, Mitte Juni erschienen dort, wie man bisher annahm* 1000 Schweden vor dem Schlosse an der Straße von Regensburg nach Landshut. Die Bauern der Umgebung hatten sich und ihre kostbarere Habe ins Schloß geflüchtet. Als das Militär sie zur Übergabe aufforderte, antwortete ihm das Feuer der eingeschlossenen Bauern. Mehrere Tage versuchten die Soldaten vergebens, das Schloß zu erstürmen. Endlich veranlaßte Mangel an Pulver und Proviant die wackeren Verteidiger, Verhandlungen mit den Belagerern einzuleiten. Der neue, (sic!) in diesen Tagen erst eingetroffene Pfarrer von Asenkofen, Jeremias Reimann, der sich bei seinen Pfarrkindern im Schlosse befand, erbot sich, als Unterhändler zu den Feinden hinauszugehen. Als sich aber die kleine Tür neben dem Schloßportal öffnete und der

Pfarrer ins Freie trat, streckte ihn ein Schuß nieder. Die Bestürzung, die der Tod des heldenmütigen Geistlichen auslöste, nutzten die Soldaten aus und rannten das Portal ein. Es folgte ein furchtbares Blutbad. Nachdem sie das Schloß vollständig ausgeplündert und angezündet hatten, zogen die Soldaten ab. Es war der 24. Juni 1633. Das Andenken an den Seelsorger, der sein Leben für seine Schäflein hingegeben hatte, lebte lange fort; noch nach einem Jahrhundert hat der bekannte Geograph Wening seinem Heldentode einen längeren Abschnitt in seinem Werk gewidmet. Es war aber nicht Pfarrer Fleischmann, sondern wie Lorenz Fischaleck nachgewiesen hat, Pfr. Reimann, denn Lorenz Fleischmann war im Mai gestorben*.

Die Lage wurde für Bayern noch bedrohlicher, als Wallenstein, angeblich im Auftrage des Kaisers, den Feldmarschall Johann von Aldringen mit seinen bayerischen und ligistischen Truppen ins Elsaß schickte, um dort mit den 10000 Italienern des Kardinalinfanten von Spanien u. des Herzogs de Feria die Festung Breisach zu befreien. Weil sich Wallenstein bei der zweiten Übernahme des Generalats ausbedungen hatte, daß niemand im Reiche kommandieren dürfe, der nicht ihm untergeben wäre, nutzten auch die Gegenvorstellungen Maximilians nichts. Der wurde nur mit Unterstützung vertröstet, falls die Schweden in Bayern einfallen sollten. Und Wallenstein tat, was er immer tat, wenn er nicht wollte. Kaum war Aldringen ins Schwäbische abgezogen, rückte der Herzog von Weimar in Bayern ein. Wieder ein klarer Beweis für den Schein, als hätte er sich mit den Schweden verständigt, um Bayern wehrlos den Schweden preiszugeben. Das Donautal war frei von Verteidigern und die Schweden waren so frei, diese ihre Chance zu nutzen und dem Kurfürsten zu zeigen, was ein Feind sei.

„In Regensburg steht die Kaiserkrone mit dem bayerischen Kurhut auf dem Spiele"

Maximilian erkannte, daß diesmal *Regensburg* das Hauptziel der schwedischen Bewegungen sein würde und er wußte noch mehr um die Schlüsselstellung, die strategische Bedeutung der Stadt, die Höpfl (S.14 f.) sehr klar darstellt: Der Kurfürst verstärkte darum die bayerische Besatzung von 1600 Mann auf 3000, um das Einfallstor nach Böhmen und das Tor nach Niederbayern und Österreich zu sichern, wozu sich die starken Befestigungsanlagen der Reichsstadt besonders eigneten. Er stellte auch auf dem Dreifaltigkeitsberg über Stadtamhof mehrere Batterien auf und ließ trotz des heftigen Widerstandes der Regensburger Ratsherren das dritte Joch aus der Steinernen Brücke herausnehmen. Als dann bei dem damit ausgelösten Depeschenkrieg mit Wien auch Kaiser Ferdinand sich dagegen aussprach, notierte Maximilian an den Rand des kaiserlichen Schreibens: „Wie mag man in Wien so kindisch und blind und die Regensburger so unverschambt sein! Wenn die Regensburger die Wahrheit so wenig als das Geld gespart hätten," (Es gab arge Schwierigkeiten wegen der Finanzierung der bayerischen Truppen!); „so wäre ein so kindisches Schreiben aus einer Kaiserlichen Kanzlei nit abgegangen sein".

Herzog Bernhard zog am 3. November mit 9000 Reitern und 50 Geschützen von Nordwesten heran. Die 1000 Mann, die der furchtlose Jean de Werth, der bayerische Kommandant der Oberpfalz, befehligte, konnten für die Schweden kein ernstliches Hindernis sein. Die Vorhut führte der schwedische Reiteroberst Georg Christian Taupadel, der dann Kötztings Holokaust verübte und wegen seiner Erpressungen im Lamer Winkel den Spitznamen „Raubbartl" erhielt. Nach schwerem Kampfe fielen den Schweden die Batterien auf dem Dreifaltigkeitsberge in die Hand. Der Weimarer ließ eine Brücke nach dem Oberen Wöhrd hinüber schlagen, wo er Batterien bauen wollte. Kaum aber hatten seine Soldaten den Wöhrd betreten, da ließ der tapfere Kommandant von Regensburg, Oberst Frhr. von Troibreze, den Platz durch das Feuer seiner Geschütze bestreichen. Die Schweden wichen in ihre Ausgangsstellung zurück. Ebenso wenig Erfolg hatte ein Angriff im Osten, wo die Feinde auf Schiffen den Strom überschritten hatten und gegen die Schanze am Ostentor Sturm liefen.

Oberst Troibreze, dem der Kurfürst den strikten Befehl hatte zukommen lassen, sich bis auf den letzten Mann zu verteidigen, wenn er nicht seinen Kopf verlieren wollte und die Protestanten aus der Stadt jagen sollte, wenn zwischen ihnen und den Belagerern ein Einverständnis bestehen sollte, warf sich persönlich dem Feind entgegen und trieb ihn zurück in den Fluß. Dagegen errangen die Schweden im Westen einen bedeutenden Erfolg, wo sie den Strom auf einer Pontonsbrücke überschritten hatten, als sie die Sternschanze am Prebrunner Tor in blutigem Kampfe erstürmten. Am 7. November wurde Regensburg vollkommen eingeschlossen. Der Führer der Truppen, die über Neustadt und Kelheim heranrückten, traf an der Südseite der Stadt ein. Hier errichteten die Schweden zahlreiche Batterien. Vergebens sah Oberst Troibreze nach Hilfe aus, die versprochen war, aber nicht kam. Ein Musketenschuß, der ihn beim Kampfe am Prebrunner Tor getroffen hatte, benahm ihm die Möglichkeit, dauernd unter seiner Besatzung zu verweilen und ihren sinkenden Mut anzupeitschen. Seine Stelle übernahm Oberstwachtmeister von Lichtenau, „so gar ein junger Cavalier von gantz keiner Kriegsexperientz und schlechter Autorität bei der Soldateska", wie der Chemnitzius (S.258 ff.) sogar zugeben muß. Lichtenau wird uns später auf einem „Abstellgleis", in Oberaltaich wieder begegnen. Die gerade in diesem Winter früh einsetzende Kälte trug das ihre dazu bei, daß der Widerstand allmählich erlahmte. Jean de Werth versuchte einen Entsatz, wurde aber zurückgeschlagen. Doch auch jetzt noch wies der Kommandant jede Verhandlung mit dem Feinde ab, obwohl die Stimmung der Bürgerschaft keineswegs günstig für die Verteidiger war; „die zumeist evangelische" Bürgerschaft, die das bayerische Joch abwerfen wollte, aber nicht konnte, drohte angesichts dieser Lage mit einer blutigen Revolte.

Erst als die Schweden am Prebrunner Tor eine Bresche geschossen hatten, leitete Troibreze auf Drängen der Geistlichen, um es nicht zum Äußersten kommen zu lassen und weil er von der Bürgerschaft keine Hilfe erwarten konnte, wie er selbst Wallenstein gegenüber klagte (Höpfl, 14), am 14. November zwischen 3 und 4 Uhr morgens, ohne Wissen der Bürgerschaft, Verhandlungen ein, die mit einem Akkord abgeschlossen wurden*.

Die Belagerung der Stadt hatte zehn Tage gedauert. Zeit genug für Wallenstein, die versprochene Hilfe in zwei-drei Tagesmärschen heranzuführen. Am 15. November zog Herzog Bernhard unter dem Jubel der Protestanten, mit einer Freude, „wie bei einer Hochzeit" heißt es, in die Reichsstadt ein. Der Kommandant „zu Bett in einer Kutsche" durfte mit seinem Häuflein abziehen nach Ingolstadt, 1500 Mann zu Fuß und 200 zu Roß. Von den bayerischen Soldaten gingen sofort 1000 zu den Schweden über.

Es war ein schwerer Schlag für Maximilian und sein Land, wie die Folgen zeigen, am schwersten für die Katholiken. Der Sieger beanspruchte den Dom für sein Bekenntnis, wo nunmehr lutherischer Gottesdienst stattfand. Er selbst titulierte sich als Bischof von Regensburg* und residierte auch im bischöflichen Palais. Von den Klöstern forderte er 200 000 Reichstaler – rund 45 Millionen DM –, eine Summe, die dann auf 150 000 Taler ermäßigt wurde. Dem Herzog eiferte die entmenschte Soldateska nach und verging sich an der Ehre, dem Besitztum und Leben der Katholiken. Der Bischof der Stadt, Albert von Törring, mußte allein 40 000 Reichstaler zahlen und wurde 14 Monate lang in Würzburg in strenger Haft gehalten und dann für ein Lösegeld von 30 000 Gulden entlassen (Gumpelzheimer, III, 1203 ff). An die 100 Geistliche wurden ausgewiesen und 30 höhere, Domkanoniker, Ordensobere als Geiseln interniert, „als gewinnversprechende Faustpfänder ganz der Willkür der Soldateska ausgeliefert". Abt Andreas Pichler von Prüfening „mußte zur allgemeinen Belustigung der Soldaten mit dem Propst Caspar von St. Mang und einem Dritten zu Stadtamhof um sein Leben laufen, ein makabres Schauspiel, in welchem der Verlierer durch den Strang sein Leben verwirkt haben sollte. Das Unglückslos traf zwar den Propst von St. Mang, der dann begnadigt wurde, doch starb Abt Andreas, von der Pest angesteckt, in der Gefangenschaft am 20. August 1634". (Riess, 33). Offenbar sah der Herzog von Weimar darin nichts Unbilliges, hatte er doch versprochen, daß „der clerisey nichts unbilliges widerfahren" solle. Die Abtei St. Emmeram wurde geplündert, das goldene Antipendium „in krasser Kunstbarbarei eingeschmolzen" und die Bibliothek kostbarer Schätze beraubt (Buchberger, 55; Staber, 135). Man rächte dabei auch an Bistum und Klöstern, die vorher unter der bayerischen Besatzung gar nichts, das Stadtvolk aber monatlich 40 000 Gulden für die Besatzung hatten aufbringen müssen; denn Maximilian liebte die „schwedischen Regensburger" wie er sie nannte, sehr wenig (Mann, 987).

Mit Regensburg, dessen Verteidigung bis zum Äußersten der sterbende Tilly dem Kurfürsten auf die Seele gebunden hatte und das Gustav Adolf hatte gewinnen wollen und nicht können, war nun das Bollwerk Bayerns, das Tor nach Niederbayern und Österreich geöffnet.

Straubing wehrte sich drei Tage lang

Schon während der Belagerung von Regensburg machten die Schweden Streifzüge bis Passau und Braunau und brachten reiche Beute, besonders Vieh mit heim, berichtet das Theatrum Europaeum (S.135). Am 2. November, also am 12. November des neuen Kalenders, fielen 5-600 Reiter in Plattling ein (Zacher, 70). Dies erklärt uns auch den Alarm am 6. November in Oberaltaich, obwohl doch die Schweden erst am 4. November die Vorwerke der Stadt erreicht und die ersten Kämpfe stattgefunden hatten.

Der eigentliche Vormarsch im Donautal wurde in zwei Kolonnen angetreten. Eine Abteilung brach auf dem Nordufer, im Winkel zwischen Donau und Regen, die Burgen und Schlösser Falkenstein, Brennberg, Donaustauf, Wiesent und Wörth. Hier zeichnete sich auf schwedischer Seite der Verräter von Ingolstadt, General

Kratz von Scharffenstein aus. Der Reiterführer Taupadel besetzte Cham. Die auf dem Südufer der Donau vorgehende Kolonne, die der Herzog Bernhard von Weimar persönlich befehligte, kam in der Nacht vom 19. zum 20. November vor Straubing an, nachdem schon während der Belagerung von Regensburg schwedische Abteilungen dorthin vorgestoßen waren, worüber Höser genau berichtet, der auch die endlosen Flüchtlingströme schildert.

Straubing hatte eine Besatzung von 600 Mann regulärer Truppen unter dem Befehl des Obersten Georg Rudolf von Haslang, eines gebürtigen Abensbergers. Seine Besatzung wurde verstärkt durch das Aufgebot der Bürgerschaft und einige „Fähnlein", Volkssturm sozusagen, wie das Teisbacher Fähnl und die drei Kompanien Hengersberger, die am 17. November über Oberaltaich nach Straubing marschierten, wie Höser am 17. November berichtet. Besonders zeichnete sich bei der Verteidigung der Apotheker Simon Höller aus, von dem die Sage geht*, daß er in diesen drei Tagen 36 Schweden erschossen habe.

Am Abend des dritten Tages erkannte Haslang, daß ein weiterer Widerstand nutzlos sei und das Unglück der Stadt nur vergrößern würde. Die Feinde hatten bereits Bresche geschossen und alles für den Sturm am folgenden Tage vorbereitet. Die Verhandlungen, die der Kapuzinerpater Thomas* im Alburger Pfarrhof mit dem Herzog von Weimar führte, hatten Erfolg. Der Übergabevertrag „im feldtläger vor Straubingen" ist mit dem 12. November alten Stils, also 22. November, datiert, wurde jedoch erst um 2 Uhr nachts am 23. November vom Grafen von Thurn und Vallesassina, dem Kommandeur des Schwarzen Regiments, schwedischerseits und durch Oberst Haslang für Bayern unterzeichnet, der nach fünf Stunden, „frue umb 7 uhre" mit seiner Garnison, „mit ober und untergewehr, sagk und pack" nach Braunau abziehen sollte. Nach diesem „accordo" (Solleder, S.794) wurden die Regierung, Geistliche und Bürger der Stadt „zue ihr furstl. gnaden discretion gestellet". Der Vertrag bezog sich nur auf das Militär. Was mit der Stadt akkordiert worden, nämlich, daß sie 75000 Gulden Brandschatzung oder Ranzion als Lösegeld zahlen mußte, geht aus der Quittung über die Zahlung des Lösegeldes hervor (Solleder, S.795 f.). Am 23. November zog Bernhard von Weimar in Straubing ein.

Die Besatzung ereilte aber ihr Schicksal noch beim Auszug: Der schwedische Kanzler Oxenstierna teilte dem Herzog mit, daß der kaiserliche Generalissimus Wallenstein in letzter Zeit an verschiedenen Orten Schlesiens und der Lausitz den schwedischen Besatzungen der von ihm eroberten Städte zwar freien Abzug zugesichert, jedoch sein Wort hinterher nicht gehalten, sondern Offiziere und Mannschaften gefangen mitgeführt oder ins eigene Heer eingereiht, ja sogar niedergemacht habe. Man solle daher dem Feind bei Gelegenheit mit gleicher Münze heimzahlen (Oxenstiernas Skrifter Nr.83; L. Fink S.30). So wurden auch die Offiziere der Straubinger Besatzung gefangen gesetzt und gelegentlich gegen gefangene Schweden ausgetauscht. So auch Oberst Haslang. Was mit der Mannschaft geschah, geht aus den Berichten nicht hervor. Wahrscheinlich wurden sie kurzerhand in die schwedischen Regimenter gesteckt; denn bei der Rückeroberung Straubings am 1. April 1634 durch die Bayern und Kaiserlichen, befanden sich unter der 800 Mann starken schwedischen Besatzung der Stadt nicht weniger als 300 „gepreßte",* also ehedem bayerische oder kaiserliche Soldaten (L. Fink, 31).

Wie es der Stadt und ihren Bewohnern erging, soll uns Veit Höser selbst berichten. Erwähnt sei nur, daß sich in dem Ranzionsregister der Stadt eine unglaublich große Zahl von Flüchtlingen, Bauern und Geistlichen findet, die Schutz und Sicherheit hinter den Festungsmauern der Neustadt gesucht hatten und nun ihr Geld und ihre Kostbarkeiten als Ranzion abliefern mußten. Die zuverlässigste Darstellung von „Straubings Schwedenzeit" bietet Leo Fink (S.19-60).

Angeblich Kaiserliche vor Deggendorf

„In dieser Stunde hatt mich Gott gesegnet, das ich Straubingen auch bekommen", schrieb Bernhard noch am Tage der Einnahme von Straubing an Oxenstierna in einem Siegestelegramm und versprach einen Bericht „durch eigene staffeten", der aber bis heute noch nicht angekommen ist, wenn er überhaupt je geschrieben wurde; denn in Straubing war seines Bleibens nicht lange. 1604 geboren, in der Zwischenzeit als Shakespeare das Glück dreimal eine „Metze" (strumpet), „ein falsches Weib", „eine arge Hure" (arrant whore) nannte, wußte auch der herzogliche Prinz, daß man sein Glück allzuschnell verspielen könne. Man müsse die Sternstunden nutzen; warf er doch dem Kurfürsten vor, der vor gar nicht langer Zeit das Waffenglück in seine Arme geschlossen hatte, aber als fauler Soldat seine Chance nicht zu nutzen gewußt hätte, wie er, nach Hösers Worten (25. Nov.) spottete. Es hing im Augenblick dieser Glücksträhne bei ihm alles von der Schnelligkeit ab, mit der er vorwärts, die Donau hinab stürmte.

Während des 23. Novembers hatten die Straubinger Zimmerer die Donaubrücke, bei der ein Joch abgetragen worden war, wiederherzustellen. Am Abend jagten neun Kampanien Reiter und Dragoner unter dem Befehl des Obersten Perkhover* und des Rittmeisters Schäringer über die Brücke, um *Deggendorf* zu überrumpeln. Nachdem sie in Oberaltaich, Bogen und Metten kurzen Aufenthalt gemacht, erschienen sie am Morgen des 24. November vor Deggendorf.

In der Stadt lag im Gegensatz zu Straubing kein reguläres Militär. Die Bürgerschaft war auf sich allein angewiesen. Sie hatte die Tore versperrt und die Mauern mit Wachtposten besetzt. Die beiden schwedischen Befehlshaber wollten sich, wie zwei Wochen vor der Belagerung von Straubing, durch eine List der Stadt bemächtigen. Sie gaben an, Kaiserliche, von der Armee des Generalleutnants Gallas zu sein. Die Deggendorfer trauten aber diesen Gästen aus Straubing nicht, ließen sie nicht ein, weil sie sich durch kein Patent-Beglaubigungsschreiben ausweisen konnten. Um nicht ungastlich zu sein und den Zorn der Soldateska zu beschwichtigen, servierten sie ihnen keine Deggendorfer Knödel,* sondern ein Viertelfaß Bier, Brot und Futter über die Schranken. Jetzt warfen die Schweden die Masken ab und forderten im Namen des Herzogs von Weimar die Übergabe der Stadt. Den Bürgern fuhr der Schrecken in die Glieder. Die Männer des Rates verloren aber über dem Ruf „Der Schwed ist da, der Schwed"! nicht die Besinnung. Sie begannen mit den Feinden zu handeln und zu feilschen und zogen die Verhandlungen über die Bedingungen des Akkordes absichtlich in die Länge; vielleicht war Jean de Werth in hilfreicher Nähe! Drei Stunden vergingen. Da verloren die Militärs die Geduld. Die einen begannen am Kramtor Leitern anzulegen, andere das Tor einzuhauen. Eine Salve der Wache warf die Angreifer nieder; der Feind zog sich zurück, indem er drei Tote liegen ließ.

Nun war es für den Rat der Stadt höchste Zeit, den Akkord abzuschließen. Die Summe, welche die Stadt als Brandschatzung zahlen sollte, war nur auf 2500 Gulden festgesetzt worden, runde 500 000 DM. Oberst Perkhover, dem sofort die Schlüssel der Stadt abgeliefert werden mußten, schwor „beim wahren Gotte, solch guet Regiment zu halten, daß niemand nichts layds geschehe, geschehen solle". Die Bürger mußten sämtliche Waffen, Rohre, Flinten abliefern. Die Schweden besetzten die Tore und lösten die bürgerlichen Wachen ab. Die neun Kampanien Dragoner und Reiter bezogen in den Bürgerhäusern Quartiere und begannen darin bald arg zu hausen. Die Offiziere hatten schon damals ihre Mannschaften nicht mehr in der Hand. Auch gaben sie selbst das denkbar schlechteste Beispiel, namentlich wenn es sich um das Aufstöbern und Rauben von Kostbarkeiten handelte.

Der erste Befehl Perkhovers zwang alle Zimmerleute in der Stadt und Umgebung die Donaubrücke wieder herzustellen; denn es waren fünf Joche abgetragen worden, um die Donau für einen sich nähernden Feind unpassierbar zu machen. Die Offiziere drängten. Mit Hilfe einer Schiffsbrücke, welche die Schweden heranführten, war das Werk bald getan. Es handelt sich nämlich für die Schweden darum, die Verbindung mit ihren bei *Plattling* stehenden Truppen herzustellen und nach Österreich vorzustoßen.

Jean de Werth, der Kommandant der Liga in der Oberpfalz hatte dort den Friedhof bei St. Jakob besetzt und wehrte mit allem Geschick und Mut den Übergang der Feinde über die Isar ab. Herzog Bernhard zog mit seiner ganzen Macht heran, konnte aber nichts ausrichten. Dabei wurde die heutige Stadt, die vom 20. bis 26. November drei Brände erlebte, bis auf die Magdalenenkirche, total eingeäschert (Zacher, 70 f.). Herzog Bernhard konnte nur an das Ufer heranreiten und zum anderen hinüberrufen: „Führt denn der Schwarze (Teufel) den Werth überallhin"! Seine Worte konnten natürlich noch weniger ausrichten als seine Kanonen. Darum warf er jetzt seine ganze Armada – zum Schein – nach Deggendorf.

Der Rat der Stadt wurde auf das Rathaus befohlen, wo ihm der Generalkommissar Oberst Sadeler eröffnete, daß die Stadt binnen fünf Tagen zu den bereits verlangten 2500 fl. noch weitere 20000 Gulden erlegen müsse. Widrigenfalls würde die schwerste Exekution über die Stadt verhängt werden. Es begann nun ein bitteres Bitten und Feilschen, um die Ranzionssumme, wie in Regensburg, herabzudrücken. Schließlich verdemütigte sich der Rat zu einem Fußfall vor dem Herzog und erreichte, daß die neue Forderung auf 10000 Reichstaler oder 15000 fl. herabgesetzt wurde, also insgesamt 17500 Gulden, 3500000 DM etwa. Der Druck, der auf die Bürger ausgeübt wurde, bewirkte, daß tatsächlich innert fünf Tagen 12340 fl. zusammengebracht wurden und dem Kommandanten des „Schwarzen Regiments", dem Obersten „herrn Johan Jacoben graffen von Thurn etc. Vallesazina" am 2. Dezember ausgehändigt werden konnten.

Daß der Herzog seine Heeresmacht am 25. November in Deggendorf zusammenzog, hatte seinen besonderen Grund, den er selbst in dem oben erwähnten Brief Nr. 83 an Oxenstierna nannte und den Maximilian kräftig bayerisch ausdrückte: „Es stinkt ihm das Maul nach Österreich"! (Pfister, 210), wo „die aufmüpfende Bauernbrut", nach Hösers Bericht vom 27. November, tatsächlich den Einfall der Schweden erwartete, um mit ihrer Hilfe den Kaiser zu vertreiben, was nun endlich die schlafende Armee Wallensteins aufweckte, wenn auch nur zu der Scheinoperation von Furth i. W. Nachdem der „Schwarze" mit Jean de Werth und der Osterhofener Landmiliz dem Herzog bei Plattling die Trauben zu hoch gehängt hatte, suchte der Prinz inzwischen einen geeigneten Platz, um seine Truppen donauabwärts über den Strom zu werfen und Jean de Werth in den Rücken zu fallen. Unterhalb der Isarmündung fand er, was er suchte. Seine Soldaten errichteten in den Wiesen Laufgräben und Schanzen, während die Artillerie auf den Höhen in ihrem Rücken Stellung nahm. Am 28. November hielten seine Kanonen das rechte Donauufer andauernd unter Feuer, sodaß die bayerischen Wachen von dem Strom zurückwichen. Diesen Augenblick benutzte der Herzog und setzte seine Truppen auf Kähnen über. Jean de Werth erkannte rechtzeitig die Gefahr eines Flanken- und Rückenangriffs, räumte seine Stellungen und zog sich ins Rottal zurück. Die Schweden gingen dann auch bei Plattling und Oberpöring über die Isar.

Für Niederaltaich war es eine Chance, daß die Schweden bei ihrem ersten Besuch, die Donau überschreiten mußten, um nach Österreich hinabzustoßen. Sie kamen aber noch zweimal, am 17. und 29. Januar 1634, um es gründlich auszuplündern und samt der Hofmark einzuäschern. Das Kloster ist „außer der Kirchen, Schlaff- und Bräuhaus, auch der Castnerey, sonsten aller Orthen samt denen Städlen und Kästn voller Getreid, nebst der Zerschmelzung des großen Geläuts durchgehends in die Aschen gelegt worden; so seynd auch damahlen alle Keller geplündert, aus drei Schwaigen alle Kloh-Vieh abgetrieben, alle vorhandene Mobilia weggenommen". Abt Johann Heinrich Lutz, der die Uferbefestigungen erbaut hatte, flüchtete den Kirchenschatz nach Burghausen und später nach Salzburg und schickte „bey vorgesehener Klemme und Abgang des Unterhalts" die jüngeren Mönche nach Österreich und Italien. *Hengersberg* zahlte damals 1000 fl Kontribution an Oberst Perkhover. Der Prälat selbst floh nach Passau, wo er aber im Mai schon starb. Den Hofmarksrichter der klostereigenen Herrschaft *Arnbruck* wollten die Schweden lebendigen Leibes in einem Backofen verbrennen, doch konnte er durch einen Auflauf der Leute im letzten Augenblick noch gerettet werden. Den Senior von Rinchnach, P. Vitalis Bärtl, ließen die Schweden in Straubing im Gefängis verhungern. Seinen Leichnam warfen sie den Hunden vor. Ein Denkmal besonderer Art hat sich bis heute in der Sakristei von Niederaltaich erhalten: „Der Winterkönig", ein prächtiger Ornat, gearbeitet aus Pferdedecken des Winterkönigs Friedrich von der Pfalz, die Maximilian dem Kloster geschenkt hat. (Stadtmüller, 212 f.).

Am 29. November verlegte der Herzog sein Hauptquartier in das Schloß zu *Aholming* und streiften seine Reiter vor *Osterhofen*, wo am folgenden Tage die ganze Armee eintraf. In der Vorstadt gingen 18 Häuser in Flammen auf. Die Stadt selbst und das Kloster wurden aufs „eisserste" ausgeplündert. Obwohl er schon seine Truppen gegen Vilshofen vorgeschickt hatte, um möglichst rasch den Vilsübergang in seine Hand zu bekommen, rückten die Schweden nur bis an die Vils vor, überschritten aber den Fluß nicht mehr. Der Herzog hatte sich zum Rückzug entschlossen. Was war geschehen?

Nicht bloß der Widerstand versteifte sich, je weiter die Weimaraner vorrückten. Der Kaiser hatte dem in Oberösterreich kommandierenden Oberst Strozzi den Befehl zukommen lassen, über den Inn zu marschieren. Sein Erscheinen gab Jean de Werth neuen Mut, daß auch er wieder in den Kampf eingriff. Er hatte die Bauern bewaffnet und bedrohte den Herzog ständig in der offenen Flanke und im Rücken.

Entscheidend für das Halt der Weimaraner waren die schlimmen Nachrichten, die aus Böhmen eintrafen. Wallenstein war durch die Further Senke endlich in Bayern eingerückt. Seine Vorhut unter Generalleutnant Gallas (der übrigens schon vor der Ermordung Wallensteins zum Oberbefehlshaber bestellt wurde) stand bereits vor Cham, das schwach verteidigt wurde. Hier hatte der Reiteroberst Taupadel, wie wir hörten, ein schreckliches Regiment geführt (Kötzting!), geraubt und alles geraubt, daß selbst Wallenstein beim Kriegsrat in Furth gestand, in diesem Gebirge gebe es nichts (mehr!) zum Leben. Entgegen den Vorschlägen seiner Obersten, ohne deren Rückendeckung, auf die es ihm angekommen war (Mann, 994 f.) befahl der den Rückmarsch nach Böhmen, „ohne auch nur das Kleinste ausgerichtet zu haben". Octavio Piccolomini, der beim Kriegsrat für den Angriff auf Cham und den Vorstoß an und über die Donau für das Wirksamste gehalten hatte, beurteilte diesen Rückzug in seinem Schreiben an Gallas richtig: „Dem Feind wird er ohne Zweifel Mut zu neuen Fortschritten machen". Vor Tische lautete der Tenor anders: Isolani sollte mit seinen gefürchteten Kroaten den Unteren und Wallenstein wollte den Oberen Wald von den Feinden säubern. Das erfuhr Höser am 3. Dezember in Regen von den Kroaten selbst. Es wurde schon der Proviant für die Hauptarmee des Friedländers im Bayerischen Walde vorbereitet. Dann aber kam der Blitz aus heiterem Himmel: Der einsame Entschluß Wallenstein befreite den Bayerwald nicht von den Schweden, sondern machte ihn für die Schweden frei.

Darüber, wie die Schweden seit dem Fall von Regensburg und Straubing im Bayerischen Walde überall, in jedem Flecken und abgelegensten Winkel, selbst in den dichtesten Wäldern hausten, brauchen wir kein Wort zu verlieren. Hösers Tagebuch liefert alle detaillierten genauen Angaben jeden Tag genug.

Herzog Bernhard hatte, als er von Deggendorf schied, den Rittmeister Johann Romanowiz, einen „Moskowiter" und den Oberstleutnant Mengl mit zwölf Kompanien Reitern und Fußvolk zurückgelassen. Romanowiz schickte dem Markte Regen einen Brandbrief. Er konnte aber seine Drohungen nicht mehr ausführen. Er war zu schwach, um den Kampf mit den vorgestoßenen Kroaten aufzunehmen. Zudem glich der Abzug der Weimaraner aus der Gegend von Vilshofen mehr einer Flucht als einem geordneten Rückzug. Jederzeit mußten sie gewärtig sein, daß entweder Jean de Werth oder die Kroaten Isolanis oder beide zusammen in ihre Flanken einbrechen würden. Nachdem am 2. Dezember die Herstellungsarbeiten an der Plattlinger Isarbrücke abgeschlossen waren, zog Bernhard von Weimar schon am nächsten Tage über sie und eilte nach Straubing. Am 3. Dezember verjagten die Kroaten, nach Hösers Bericht, die Schweden aus Deggendorf. Sie hatten zum Abschied 4000 fl gefordert. Da sie nicht sofort eine Zusage erhielten, verhafteten sie die drei Stadtkämmerer und den Stadtschreiber. Schließlich setzten sie die Summe auf 1000

Reichstaler (1500 fl) fest. In kurzer Zeit war das Geld bis auf 46½ fl beisammen. Gleichwohl wurden die Verhafteten nicht entlassen. Nur der älteste von den drei Stadtoberhäuptern, Peter Scheibl, durfte in Fischerdorf umkehren, da er Alters halber vor Schwäche nicht gehen konnte. Die übrigen drei wurden vom Fußvolk nach Straßkirchen, dann nach Straubing verschleppt.

Vor ihrem Abmarsch verbrannten die Schweden die Stadttürme mit den Toren und warfen bei ihrem Abzug nach Natternberg Stroh und Schwefel, Pech und Pulver auf die Donaubrücke, sodaß sie eingeäschert wurde. Auf der Waldseite trieben die Kroaten die Feinde in Richtung Straubing zurück, bis sie selbst buchstäblich „zurückgeblasen" werden mußten, als der unbegreifliche Befehl des Generalissimo zum Rückzug ins Böhmische und ins Winterquartier eintraf. Die Kroaten waren außer sich vor Ärger und Unmut, wo sie jetzt den Schweden so reiche Beute hätten abnehmen können; noch ärger aber traf die Enttäuschung das Volk, das endlich auf Befreiung hatte hoffen dürfen. Deggendorf wurde nach Wallensteins abgebrochener Scheinoperation erneut besetzt. Die Schweden hielten die Stadt drei Monate lang und wurden nur durch einen verlustreichen Überfall Jean de Werths in ihrem Besitze gestört.

Jean de Werth, der jetzt an die 4000 Mann befehligte, heftete sich an die Fersen des Herzoges von Weimar. In der stürmischen Winternacht vom 5. zum 6. Dezember überfiel er in *Geltolfing** bei Straubing, verstärkt durch Bauern, zwei schwedische Regimenter und haute sie in die Pfanne. Dabei ging das Dorf in Flammen auf. Herzog Bernhard eilte selbst schleunigst herbei, aber de Werth war im Schutze der Nacht schon entkommen. Die Schweden eilten an die Isar, um hier Werths Truppen abzufangen, aber sie kamen zu spät. Die Folge dieses Überfalls auf Geltolfing war, daß sich in der nächsten Zeit kein Schwede mehr außerhalb Straubings Mauern blicken ließ. Hatte nun der Herzog sein Kriegsglück verspielt? Allzuspät bereitet er den Marsch nach Cham vor. Seine Soldateska hielt sich jetzt mehr an die Waldseite. Da überraschte die Weimaraner die Nachricht, daß der Friedländer sich ins Winterquartier verkrochen hatte. Der Herzog sah nun von einem Zug

65

nach Osten ab. Am 11. Dezember verlegte er sein Hauptquartier nach Regensburg. Im Bayerischen Walde aber tobten die Feinde wie aufgestöberte Wespen, sagt Höser.

Bayern lebt auf, weil Wallenstein stirbt

Bartholomäus Richel, der bayerische Gesandte in Wien, der im August die Anklageschrift Maximilians gegen Wallenstein vorgelegt hatte („Man könne nicht das ganze Haus Österreich und damit auch die gesamte Christenheit nur deshalb zugrunde gehen lassen, um den Generalissimus nicht zu offendieren"!), berichtete am 31. Dezember 33 dem Kurfürsten, der Kaiser habe sich entschlossen, dem Friedland das Generalat zu nehmen. So waren zu Beginn des Jahre 1634 die Augen aller Welt auf Böhmen gerichtet, wo „der verratene Verräter" selbst die schlimmsten Folgen seiner Further Woche, der Scheinoperation vom 28. November bis zum 4. Dezember, befürchtete. Endlich brachte ein kaiserliches Dekret Klarheit in die verworrene Lage. Es ächtete den allmächtigen Generalissimus. In der Nacht vom 24. zum 25. Februar wurde er in Eger von Unterführern seiner Armee ermordet. Hauptakteure bei der Ermordung waren Matthias Gallas, schon vor des Friedländers Tod zum Oberstkommandierenden bestellt und dann als Belohnung mit der Wallensteinischen Herrschaft Friedland betraut – und Octavio Piccolomini, der das uneingeschränkte Vertrauen des Generalcapos genossen hatte. Der Tod des Herzogs von Friedland und Mecklenburg, „der bereits den Tag für seine Krönung zum böhmischen König festgesetzt hatte" (W. Fink) schuf eine ganz neue Lage.

Zwar sei Wallensteins Königstraum „gänzlich unbeweisbar, es finde sich kein einziges geschriebenes oder gesprochenes Wort, das sich auf die böhmische Krone beziehe", stellte G. Mann (S.763, 1050) fest, aber in der Politik erweist sich ein Verdacht, von vielen gehegt, oft stärker als eine Tatsache.

Beider Schicksale, das Wallensteins und das bayerische, kulminieren zur gleichen Zeit, aber mit umgekehrten Vorzeichen. Mit seinem letzten Wort „Quartier" (Pardon) findet Bayern endlich Pardon. Das Oberkommando über die Feldarmee erhielt offiziell der Thronfolger Ferdinand III., König von Ungarn. Praktisch führte den Oberbefehl der bewährte General Gallas an seiner Seite. Sofort begann der Frühjahrs- und Sommerfeldzug des Jahres 1634. Die Kaiserlichen rückten in breiter Front in die Oberpfalz ein, besetzten jetzt Cham, Waldmünchen, Neunburg und waren bereits im Anrücken auf Nabburg begriffen. Herzog Bernhard, der immer noch in Regensburg weilte, wünschte nicht in der Reichsstadt von den überlegenen kaiserlichen Streitkräften eingeschlossen zu werden. Er ließ unter dem Kommando des Obersten Lars Kagge* eine starke Besatzung zurück und bezog, um sich die Operationsfreiheit zu sichern, eine befestigte Feldstellung in der nördlichsten Oberpfalz.

Gleichzeitig mit dem energischen Vorrücken der einst „schlafenden Armee" Wallensteins in der Oberpfalz lebte auch die Gefechtstätigkeit an der unteren Isar wieder auf. Feldmarschall Johann von Aldringen, der den Sturz Wallensteins aus militärischen Gründen für notwendig erachtet hatte, erschien hier mit 10 000 Mann und verstärkte die Truppen de Werths. Das nächste Ziel der beiden Feldherrn war die Wiedereinnahme von *Deggendorf*. In der Stadt lag eine kleine schwedische Besatzung, die sich aber am 21. März davonmachte, als sie die Bewegungen der ligistischen und bayerischen Regimenter erkundigt hatte. Ein Hauptmann Stroppler übernahm das Kommando in der befreiten Stadt. Zur selben Zeit wurde auch das Schnedersche Regiment* in der Stadt einquartiert.

Die Freude der Befreiten war aber nicht sonderlich groß; denn die Befreier benahmen sich um kein Haar besser als die abgezogenen Schweden. Hatte nicht der Kurfürst dem Abte Höser geraten, er sollte die Schätze des Klosters vor seinen anrückenden Streitkräften in Sicherheit bringen mit der Begründung, daß diese nicht einmal durch die Drohung mit dem Stricke vor Gewalttaten sich zurückschrecken ließen?* Das Requirieren und Furagieren begann von neuem. Was die Schweden übriggelassen, sei es, daß es ihnen entgangen war oder daß sie es nicht der Mühe des Raubes wert hielten, das nahmen jetzt die Freunde. Der letzte Strohhalm, das letzte Samgetreide wurde der zurückgebliebenen Bevölkerung genommen. Auch sie hatten es besonders auf die Klöster abgesehen, die immer noch leer und einsam standen. Was nicht niet- und nagelfest war, wurde weggenommen, besonders Holz, Eisenzeug und Wägen. Die Gegend von Deggendorf war die Basis für die weiteren Operationen der Verbündeten geworden, die zunächst der Stadt *Straubing* galten.*

Der durch seine gewagten Bravourstücke bekannte Jean de Werth erhielt den Auftrag, den Platz gegen den Wald hin abzuriegeln. Er rückte auf dem Nordufer der Donau über Bogen und Oberaltaich vor und schloß die Gäubodenstadt von dieser Seite ein. General Aldringen zog mit der Hauptmacht über Plattling und Aiterhofen heran. Er lagerte sich in der Nähe des heutigen Bahnhofs. Seine Truppen schoben sich in Laufgräben gegen die Mauern der Stadt vor. In der Nacht zum 26. März brachten sie vor dem Steinertor 10 schwere Geschütze in Stellung. In der Stadt lagen zwei schwedische Regimenter, über die Oberst Perkhover das Kommando führte. Als dieser die Vorbereitungen zum Sturm sah und da er fürchtete, daß die Straubinger Bürger eines Tages mit Hilfe der bayerischen Truppen über die 800 Mann schwedische Besatzung herfallen würden (Theatrum Europ. S.141), gab er weiteren Widerstand auf und unterzeichnete die Kapitulation. Es wurde ihm freier Abzug gewährt, ein Aprilscherz!

Als nämlich die Schweden mit Sack und Pack und Seitengewehr zu Fuß nach Regensburg abziehen wollten, wurden sie zur Revanche für die gleichen Vorgänge im November 33, bei der Übergabe der Stadt an den Herzog, gefangen genommen und zum Eintritt in die kaiserliche Armee gepreßt. 300 Mann von den 800 der Besatzung traten sofort über, 300 folgten, nachdem sie mehrere Stunden in Gefangenschaft gewesen waren; der Rest, vor allem die Offiziere, wurden als Kriegsgefangene auf die Festung Schärding gebracht. Man wollte mit ihnen offensichtlich die bayerischen Gefangenen vom Vorjahre freipressen.

Über den Freudentag der befreiten Straubinger berichtet der protestantische Berichterstatter des Theatrum Europaeum, der Theologe Heinrich Oräus, der offenbar mit der Bevölkerung mitfühlt: „Also ist Herr General Graff Altringer mit beyden Obr. Rheinacher und Johann de Werth eingezogen, denen dann die gantze Bürgerschafft, welche des Schwedischen Jochs längst müde und überdrüssig und sich nach einer solchen Mutation und Erlösung gesehnet, mit grossen Freuden und Frolocken auffgewartet, ihnen in ihrem Einzug vor Freuden einen Fußfall gethan und iner schönen, langen glückwünschenden Procession unter unterschiedenem Himmel entgegenkommend sie eingeholet: auch das Bauernvolck mit Freuden ihre Wachten bestellet und sich des Tages, darauff sie lang gewartet, erfreuet". Jean de Werth,* der sich in den Wochen vor der Befreiung allenthalben durch seine Bravourstücke große Sympathien erworben hatte und beim Einzug als Führer der bayerischen Truppen als Retter der Stadt besonders geehrt worden zu sein scheint, legte sich nun hinter der Isar auf die Lauer, um durch gelungene Überfälle den Schweden heimzuleuchten. Der Aldringer reiste nach Wien, wo über den Fortgang der Operationen beraten wurde. Die Straubinger Stadt besetzten zwei kaiserliche Regimenter unter Oberst G. von Comargo, der einige Monate später vor Regensburg fiel, und Oberst Rupp.

Ein besonderes Heldenstückl hatte sich kurz vor der Befreiung Straubings die Besatzung von *Donaustauf* geleistet. Als Herzog Bernhard, wie Chemnitius berichtet (S.260), selbst die besten Sachen und darunter auch viele tausend Scheiben Salz aus dem kurfürstlichen Salzstadel nach Regensburg in Sicherheit bringen wollte,* wurde ein Transport von 60 Salzwagen bei Donaustauf überfallen und größtenteils mitsamt den Rossen ins Schloß gebracht (Chemnitius 334). Die Schweden hatten, als sie das Land nach dem Fall von Regensburg besetzten, das dortige Schloß übersehen. Die bayerische Burgbesatzung, etwa 80 Mann unter dem Kommando des Obristen Lorenz Nusse, hatte sich bisher nie besonders bemerkbar gemacht bis zu diesem Überfall. Als der Herzog davon erfuhr, schickte er mehrere Batterien mit dem Kommandanten Lars Kagge, der bei dem ersten Sturm am 17. Januar schwere Verluste erlitt und selbst verwundet wurde. Am 21. Januar handelte sich die Besatzung einen ehrenvollen Abzug nach Ingolstadt ein. Die Schweden hatten bei der Belagerung an die 300 Mann verloren. Mit der Sprengung der Burg endete die Rache für den Überfall auf den Salzzug (Fendl, 26 ff.).

Der Anfang zum völligen Ruin der Schweden

Mit dem Tode Wallensteins hatte sich die ganze militärische Lage ohne weiteres verändert. Hatte der Friedländer sein Ziel in Unterhandlungen zu erreichen versucht, so siegte jetzt die Politik des bayerischen Kurfürsten, dem der Kaiser schon am 19. Februar persönlich die Absetzung Wallensteins mitgeteilt hatte. Maximilians energisches Vorgehen drängte auf Rückeroberung *Regensburgs*. Nachdem der Kriegsrat in Wien die weiteren militärischen Operationen beschlossen hatte, kam auch ein Abkommen zwischen dem Kurfürsten und Kaiser zustande; denn Maximilian verlangte, daß in Augsburg und Regensburg die Garnison *nur* aus seinen Truppen gebildet werde. Nach längerem Hin und Her einigte man sich, daß die Bayern jeweils die Hälfte stellen, das Oberkommando aber dem Kurfürsten als Kriegsobersten zustehe. Außerdem sollten nach diesem Abkommen dem Kaiser zwei Drittel, Maximilian ein Drittel aller eroberten Geschütze und Gefangenen zufallen (Höpfl, 54). Am 18. Mai erhielt Aldringen eine kurfürstliche Ordre, sämtliche bayerischen Regimenter auf dem Sammelplatz der bayerischen Armee bei Landau zusammenzuziehen. Von dort rückte der Aldringer mit 7500 Mann gegen Regensburg. An die 40 000 Mann – sogar 60 000 Kaiserliche (nach dem Theatrum Europaeum, S. 284 ff) – sammelten sich nach dem Kriegsrat in Wien in Pilsen: 20 Regimenter zu Fuß, 18 zu Roß, ohne die Dragoner, Ungarn und Kroaten, um gegen Regensburg zu ziehen, was jetzt möglich war, nachdem Gott den „lapidem scandali" auf so wunderbare Weise aus dem Wege geräumt hatte, wie der Kaiser am 12. März an den Kurfürsten schrieb. Gallas hatte den Schweden die Städte der Oberpfalz abgenommen. Die Kaiserlichen besetzten den Dreifaltigkeitsberg. Jean de Werth pirschte sich vorsichtig an den Platz heran. Lars Kagge störte den Vormarsch seiner Gegner nicht. Auf der Südseite des Stromes wurde die Reichsstadt von kaiserlichen, bayerischen und ligistischen Truppen abgeriegelt. König Ferdinand schlug sein Hauptquartier in der Karthause zu Prüll auf. Zur Verbindung der beiden Abteilungen wurde unterhalb der Stadt eine Schiffsbrücke geschlagen, welche die Schweden durch andauerndes Artilleriefeuer vergebens zu zerstören suchten. Im Westen war die Einschließung noch unvollkommen. Hier ging eine Stafette an Herzog Bernhard in Neumarkt ab, um Hilfe für die Belagerten zu erbitten, die der Prinz auch in eigener Person mit beträchtlicher Verstärkung heranführte.

Aldringen bekam nun den *Auftrag*, den Schweden die Stadt Kelheim wegzunehmen, das von diesen zu einem festen Bollwerk ausgebaut worden war. Jean de Werth hatte sie schon längere Zeit umzingelt (Riezler, V, 480). Nach einem heftigen Bombardement zwang Aldringen am 26. Juni den General Rosa und sein Regiment zur Übergabe der Stadt. Er selbst setzte auf einer Schiffsbrücke seine Regimenter über. Die Brücke riß übrigens entzwei, als König Ferdinand mit seiner Begleitung sie passierte; ihre Teile konnten nur mühsam an das Ufer gebracht werden. Nun wurde Regensburg im Westen völlig abgeriegelt. Auch hier führte eine Brücke von einem Ufer zum anderen. Die Höhen von Winzer, Kager, bei Mariaort und Eilsbrunn wurden mit Artillerie und Fußvolk besetzt.

Am 31. Mai traf der Weimarer mit seiner Verstärkung in Regensburg ein und besetzte den Weinberg. Die Bayern hatten ihre schweren Geschütze auf dem Südufer, auf dem Galgenberg in Stellung gebracht und feuerten auf die Stadtmauern. Der Herzog mußte den Weinberg räumen und, da er fürchtete, daß er eingeschlossen werden könnte und daß der Proviant ausgehe (Chemnitz, II, 390), zog er am 4. Juni schon wieder ab nach Neumarkt. Er ließ in der Stadt 3000 Mann zurück.

Als die Stadtmauern schon mehrere Breschen aufwiesen, unternahm das Fußvolk den Sturm. Wo aber ihre Abteilungen eindrangen, warfen sich ihnen die Schweden entgegen. Es entstand ein furchtbarer Kampf, Mann gegen Mann, in dem die Schweden, die mit dem Mut der Verzweifelten kämpften, Sieger blieben. Zum ersten Mal werden hier „Handgrenadiere" genannt (Riezler, V, 480). Da die Munition allmählich zur Neige ging, wählten die Bayern ein anderes Mittel, um in die Stadt zu gelangen. Sie gruben unterirdische Gänge, Stollen, um durch sie die Stadtmauern zum Einsturz zu bringen. Diese Arbeit beanspruchte viel Zeit. Die größte Schwierigkeit bereitete den Stürmern jedoch die Verproviantierung; denn die Lebensmittel mußten aus Österreich herangeführt werden. Jeder Soldat bekam nur alle 4-5 Tage ein Kommißbrot, während es sich die unnützen Generäle und der große Hofstaat Ferdinands wohl sein ließen. Die Soldaten machten nicht bloß ihrem Ärger darüber Luft, daß sie nicht einmal das Notwendigste hatten und daß auch der Sold ausblieb; sie liefen haufenweise davon. Während der Belagerung sollen nicht weniger als 6000 Mann ausgerissen sein (Theatrum, III, 284 f., 311 ff., Höpfl 37).

Der Weimarer hatte inzwischen die Stadt Forchheim eingeschlossen und begann sie zu belagern. Als er aber von der Not hörte-er war ja kein Wallenstein –, in die Lars Kagge allmählich geriet, eilte er sofort an die Donau, um zusammen mit General Horn, dem Befehlshaber einer zweiten schwedischen Abteilung, die Stadt Regensburg zu entsetzen. Horn hatte am Bodensee gekämpft und war nach Augsburg zurückgekehrt, als er von den Fortschritten der Kaiserlichen in Bayern vernahm. Er war dann über den Lech gegangen und hatte gerade Aichach am 4. Juli im Sturm genommen und ein schreckliches Blutbad angerichtet, die Häuser bis auf die Mauern niedergebrannt.

Die Uneinigkeit der beiden Heerführer wurde zunächst die Chance für die Belagerer. Bernhard wollte Regensburg entsetzen, Horn im Gegensatz zu ihm an die Isar ziehen. Die Münchner zitterten schon, als Horn über Fürstenfeldbruck heranzog, daß sie wiederum von den Schweden heimgesucht würden. „Der Schwed" aber rückte pfeilgerade von Bruck über Dachau weiter;

sie überrumpelten dafür Freising und nahmen es ein, plünderten Moosburg, von wo sie den unerwarteten Angriff auf *Landshut* vorbereiteten, statt dem bedrängten Lars Kagge zu helfen.

„Für ewige Zeiten in den Landshuter Annalen gebrandmarkt"

„Seit Erbauung der Stadt hatten die Bürger kein solches Jahr erlebet wie dieses, und es ist kaum denkbar, daß ein solches Elend nochmals die gute schöne Stadt heimsuchen sollte, es müßten denn die Osmannen kommen", leitet der Landshuter Chronist Staudenraus (79) das tragischste Kapitel der Isarstadt ein. Der Prinz von Weimar und seit einem Jahr Herzog von Franken – Dieses hatte er nach Differenzen mit Horn und dem Kanzler Oxenstierna wegen des Oberbefehls über die schwedischen Truppen übernommen – Herzog Bernhard war es selbst, „der sich in diesem Jahre (1634) für ewige Zeiten in den Annalen der Stadt Landshut gebrandmarkt hat" (Staudenraus, 81).

Als Kurfürst Maximilian von den Absichten der Feinde erfuhr, forderte er vom Oberkommando, daß Aldringen der bedrängten Isarstadt zu Hilfe geschickt werde. Diesem kurfürstlichen Hilferuf stand nun kein Friedländer mehr im Wege. Als die Schweden vor den Mauern erschienen, entbot Bernhard zuerst „Gruß, Gunst und Gnade". Da die Schweden aber die rückständige Kontribution (seit ihrem Abzug) und eine hohe Brandschatzung forderten, erteilte der Befehlshaber eine abschlägige Antwort, zumal er die Hilfstruppen des Aldringers erwarten konnte. Dieser brauchte aber für seinen Marsch von Regensburg nach Landshut volle acht Tage!! Er erschien, als die Schweden bereits gewonnenes Spiel hatten. Der Herzog wählte sich die Trausnitz und das Stadtviertel bei St. Jodok, die sog. Freyung, als Angriffsziel. General Horn stand auf den Klausenhöhen und beherrschte mit seinen Batterien die Münchner Straße.

In der Dreihelmenstadt lag nur eine kleine Besatzung, die aber von der Bürgerschaft eifrig unterstützt wurde. In Erwartung Aldringers harrten die Verteidiger schon drei Tage ununterbrochen auf der Mauer aus, indes die Weimaraner sich ständig neu abwechselten. Der Mut der Verteidiger stieg, als die ersten Reiter Aldringens auf den Hängen von Ergolding sichtbar wurden. Der Feldherr schlug sein Lager bei St. Nikola auf und führte mehrere Kompanien zur Verstärkung der Abwehr in die Stadt. Es bleibt ein unbegreifliches Rätsel, daß er und warum er nicht mehr Militär in die Stadt warf. Dieser schwere Fehler rächte sich bitter und kostete auch den Feldmarschall das Leben. Er leitete nämlich persönlich die Verteidigung, begab sich auf die Trausnitz und besichtigte dort die Abwehrmaßnahmen. Auch in der Stadt erschien er überall auf den Mauern und Toren und erteilte die Befehle. Seine Batterien feuerten von der Ebene aus über die Isar, konnten aber den feindlichen Stellungen auf den rechten Isarhöhen keinen nennenswerten Schaden zufügen. Nach der Schätzung des Chronisten standen sich auf jeder Seite 10-12000 Mann gegenüber.

Der Aufforderung zur Übergabe am Abend des 20. Juli ließ der Herzog am Magdalenentag schon den Angriff folgen. Am 6 Uhr begannen seine Geschütze das Bombardement auf die Trausnitz und die Freyung. Sie schossen an drei Stellen Bresche. Auf der Burg fingen die Vorgebäude Feuer. Trotzdem wehrten sich ihre Verteidiger heldenmütig, mußten sich aber, langsam der Übermacht weichend, zur Hauptburg zurückziehen. In der Eile rissen sie die Fallbrücke aus den Angeln und konnten sie nicht mehr aufziehen, sodaß die Angreifer in den Hof der Burg eindringen konnten. Diese richteten hier unter den Verteidigern ein fürchterliches Gemetzel an. Dann stürzte und strömte die Soldateska den Berg hinab in die Stadt. Hier hatte der berüchtigte Henker von Kötzting, Oberst Georg Christian Taupadel die Öffnung des Tores bei der Freyung erzwungen. Er sprengte mit seinen Reiterregimentern durch die Straßen, jeden Widerstand vor sich niederwälzend. Auch General Horn war es gelungen, in die Stadt einzudringen. Was sich auf der Straße befand und nicht rechtzeitig in die Häuser sich flüchten konnte, wurde niedergemacht.

Auf der einzigen Brücke über die Isar spielten sich grauenhafte Szenen ab. Menschen und Gespanne hatten sich im Nu zu einem unentrinnbaren Knäuel verwickelt. An die 200 Personen stürzten über die Brücke in die Isar. Johann von Aldringen, der sich 1626 auf der Dessauer Brücke gegen Mansfeld behauptet hatte, eilte herbei, um die Brücke frei zu machen für die Truppen. Doch bald wurde ihm auf dem Rückzug über die Brücke – daher wohl der Ausdruck „auf der Flucht" bei einigen Historikern, auch bei Mann (1161) – sein Pferd unter dem Leibe erschossen und trafen ihn selbst mehrere Kugeln in Brust und Rücken, die seinen sofortigen Tod herbeiführten. Der tapfere Soldat Aldringer* hätte ein besseres Ende verdient. Sein Los brach die letzte Widerstandskraft der Verteidiger. Seine Soldaten machten sofort kehrt und zogen nach Regensburg zurück. Um 3 Uhr nachmittags war die Stadt erobert.

Entsetzliches Unheil brach über die Drei-Helmen-Stadt herein, das sich – die Weltgeschichte ist immer auch wieder Weltgericht! – an den eigenen Belagerten in Regensburg rächen sollte. Statt Lars Kagge zu Hilfe zu eilen, ließ der Herzog von Weimar die Schweden 13 Tage lang in der eroberten Stadt plündern, morden, sengen und verbrennen. Die Soldaten drangen in die Häuser ein, raubten die Wohnungen aus und zogen die Leute auf die Straße, wo sie diese zur grausamen Strafe des Schwedentrunks oder des „Raitelns" (Kopfzwinge) verurteilten oder kurzerhand erstachen und erschlugen. Der Prediger bei St. Martin, J. B. Sailer/S. J. und der Dominikaner Anton Reithofer z.B. wurden mit einem Strick um die Schläfen geraitelt, daß die Augen aus den Angeln getrieben wurden und das Blut aus den Augen drang (Staudenraus, 86-89) Überall fahndeten die Feinde nach versteckten Schätzen. Kein Alter, kein Geschlecht, kein Stand wurde verschont. Fast noch gräßlicher dünkt uns heute das „Amen" nach dieser Blutvesper: Nachdem die Schweden fast zwei Wochen so gewütet und genug gemordet hatten, hielten Herzog Bernhard und General Horn, ehe sie abzogen, einen Buß- und Bettag und empfingen in der Martinskirche das Abendmahl (Staudenraus, 90). In Eggmühl erhielten der Herzog und Horn die Nachricht, daß Regensburg bereits am 26. Juli von den Verbündeten zurückerobert worden war (Riezler, V,

S.481). Auf dem Weg, auf dem sie gekommen waren, kehrten sie zurück nach Landshut und Augsburg.

„. . . übergebe ich die Schlüssel des Hl. Römischen Reiches"

Als nämlich Lars Kagge, der schwedische Oberkommandierende erkannte, daß die Lage für ihn immer bedrohlicher wurde und das vorhandene Pulver in einer Stunde verschossen werden könnte und daß keine Hilfe aus Landshut zu erwarten war, eröffnete er Unterhandlungen mit den Belagerern, zog sie aber immer in die Länge, in der Erwartung herzoglicher Hilfe. Schon am 7. Juli hatte man nur mehr 92 Zentner Pulver, sodaß den Soldaten allmählich wegen Munitionsmangel die Waffen gleichsam aus den Händen fielen. Als er schließlich einen Waffenstillstand von 10 Tagen erreichen wollte, dessen Absicht und Zweck General Gallas richtig durchschaute, war dessen Geduld zu Ende. Die am Freitag vor dem Magdalenentag, an welchem Landshut fiel, begonnenen Unterhandlungen wurden am 26. Juli mit einem Akkord abgeschlossen,* der den Schweden freien Abzug, auch für Geschütz und Bagage, gewährte. So verließen 1859 Schweden am 28. Juli die Reichsstadt, die sie seit dem 14. November in ihrer Gewalt hatten. Lars Kagge ehrte sich selbst, als er bei der Übergabe an König Ferdinand erklärte: „Mit dieser Übergabe der Stadt Regensburg übergebe ich Euerer Majestät den Schlüssel des Heiligen Römischen Reiches" (Khevenhiller, XII, 1198 f.). Aber auch der Sieger ehrte den besiegten Feind: Wie nämlich einige Abteilungen Kroaten sich auf das Gepäck der abziehenden Schweden stürzten, um es zu plündern, eilte Gallas, der Stellvertreter Ferdinands, persönlich herbei und hielt die Kroaten am Ausbeuten der Beute zurück. Der größte Feind war jedoch die Pest, die täglich 20-30 Tote forderte. Das war wohl auch der Grund, weshalb viele Soldaten und auch Bauern, die sich in die Stadt geflüchtet hatten, zu den Belagerern übergelaufen waren, weshalb diese auch über die Verhältnisse in der Stadt genau unterrichtet waren (Vgl. Höpfl, 41 f.). Wie die Katholiken und besonders die Klöster unter der achtmonatigen Fremdherrschaft genug gelitten hatten, so sollten jetzt die Truppen in der befreiten Stadt ihr Auskommen bei der protestantischen Bürgerschaft finden.

Der Verlust von Regensburg bildet den Anfang zum völligen Ruin des schwedischen Heeres. Die Kaiserlichen rückten nun mit den Bayern auf dem nördlichen Donauufer nach dem Westen. Ihr Ziel war das Ries, die Gegend an der Wörnitz. Sie hatten bereits Wemding genommen, da wurden ihre Pläne für Horn und den Herzog durchsichtig. Diese eilten herbei, um die Reichsstadt *Nördlingen* zu decken. Nach dem Befehl König Ferdinands sollten sich alle seine Abteilungen bei dieser Stadt sammeln. Die Ordonanz erreichte Jean de Werth, als er sich schon dem Tale der Tauber näherte. Er war mit seinen Reitern, dem Schrecken der Feinde, weit vorausgeeilt, hatte dem Landesfeind im Eichstättischen da und dort schweren Schaden zugefügt, war ins Nürnbergische eingefallen und hatte Ansbach überrumpelt. Jean de Werth gehorchte, getreu seinem Soldateneid, eilte nach Nördlingen zurück, um seinen Namen für immer mit der Schlacht von Nördlingen zu verbinden. Hier trafen auch „spanische" Hilfsvölker ein, die der Infant von Spanien, gewöhnlich der „Kardinalinfant" genannt, da Ferdinand auch Kardinal war, aus dem Mailändischen herangeführt hatte. Beim ersten Zusammenstoß mit den Schweden bewährten sich die Spanier (Italiener) schlecht, zwei Tage später aber, am Haupttage der Schlacht, am 5. September, stellten sie ihren Mann.

Die Bayern unter Karl von Lothringen, dem auch Jean de Werth zugeteilt war, standen dem Herzog Bernhard gegenüber. Horn gegenüber hatten die Kaiserlichen und Spanier Aufstellung genommen. Ein kühner Angriff de Werths mit seiner Reiterei auf eine Schanze im Zentrum der Gegner entschied die Schlacht, d.h. die Niederlage des „unbesiegbaren" Herzogs. Dieser entkam zu seinem Glück mit einigen Schwadronen. Schlimmer erging es General Horn. Seine Armee wurde völlig zerschlagen und zermalmt. Was nicht tot oder verwundet auf dem Schlachtfeld lag, geriet in

Gefangenschaft. Auch Horn mußte sich ergeben. Für seine „Sicherheit" sorgte das sichere Schloß Burghausen.

Die Verbündeten hatten, ein halbes Jahr nach dem Tode des unersetzlichen Friedländers, ihren glänzendsten Sieg errungen. Der Feind lag am Boden. Die Schweden hatten den Ruf der *Unbesiegbarkeit* eingebüßt. Ganz Süddeutschland hätte zusammen mit den Bayern nach der Schlacht von Nördlingen aufatmen können, wenn sich nicht ein noch furchtbarerer Feind eingeschlichen hätte: die Pest.

„Die Not, die lindert der, und jener tilgt die Not", – der Schwarze Tod

Zuvor kam die Not, die Hungersnot, um die Menschenkörper auszuzehren, ihnen alle Widerstandskraft aus dem Leibe zu saugen. „Die Menschen aßen, was sonst die Hunde verschmäht hatten", notierte Höser schon 1627 in seinen Annalen, „viele Hunderte von Menschen starben" (p.340). In Landshut gruben die Verhungernden im Februar 1634, also noch vor der Wiederkehr der Schweden, verscharrte Tierkadaver* aus und kauften in der Schindergrube Fleisch von verendeten Tieren, das Pfund für 2 kr (24. Febr.) Altbayern war ein ausgehungertes und ausgestorbenes Land. Kein Wunder, daß einige Dörfer ganz verschwunden sind und wir nur noch in alten Urkunden ihre Namen finden. Mehrere Meilen weit, so Höser, waren in den meisten Gegenden, Dörfern und Höfen nur mehr wenige Menschen* oder gar keine Menschenseele mehr anzutreffen (21. Nov.). Die Wohnungen der Landleute waren mit Brennesseln und Disteln bis zu den Stubenfenstern überwachsen. Man fand unter Hecken und Zäunen Leichen, die noch etwas Gras oder Laub im Munde hatten, womit sie sich gegen den Hungertod hatten schützen wollen, berichtet der Landshuter Chronist (Staudenraus, 73).

Welch ein Glück für Höser, daß er die 13 diabolischen Tage der schwedischen „Bluthochzeit" nicht mehr in Landshut erlebte. Wenn er aber davon in seinen letzten Lebenstagen, als die Pest schon arg in Straubing grassierte, erfuhr, mag er sich mit dem Gedanken getröstet haben, mit dem sich sein großer Ordensbruder, Gregor d. Gr., in der ganz gleichen Situation selbst tröstete, als die Pest und die Brutalitäten der Langobarden die Gottesschöpfung in eine Hölle verwandelten, und wie der große Papst die Pest als eine Zuflucht vor den ihn umgebenden Schrecken begrüßt und ersehnt haben: „Wenn wir bedenken, wie andere Menschen sterben mußten, finden wir Trost in dem Gedanken an die Todesart, die uns bedroht. Welche Verstümmelungen, was für Grausamkeiten haben wir an den Menschen verüben gesehen, für die der Tod die einzige Rettung schien und in deren Mitte zu leben, eine Qual war"! Und mit der Pest sieht auch Höser – mit den Augen des großen Papstes, den er so oft zitiert – in der Vision Ezechiels vom Kochtopf, diesen selbst vom Feuer verzehrt, in dem zuerst das Fleisch und die Knochen zergingen (Homélies sur Ezéchiel, II, VI, 22-23; Briefe X, 20). Wenn das Land durch Morden verbrecherisch entvölkert wird, „das Fleisch hinweggekocht ist", so schmilzt die Pest den Topf selbst hinweg. „Setze den Topf also leer auf die Kohlen"!

In Oberaltaich raffte die Pest in der zweiten Jahreshälfte 24 von den 40 Mönchen dahin, allen voran den hochgesinnten, genialen Abbas Vitus Höser, der am 9. August 1634 starb*, wie eine andere Hand hinter Hösers Namen richtig notierte, nicht am 2. August. Im Kloster Metten erlagen im gleichen Monat 8 Patres und Kleriker dem Schwarzen Tod. Die allerschlimmsten Monate waren Juli und August. Im Totenbuch der Sebastianibruderschaft Metten nahmen die Namen der Toten drei Folioseiten ein. In Asenkofen starben von den rund 600 Pfarrkindern 400; in Landshut der dritte Teil der Einwohner; in der Pfarrei St. Jodok allein 448; dabei sind jene nicht mitgerechnet, die auf die Pestäcker hinausgefahren wurden (genauso wenig wie jene gezählt werden konnten, welche die Schweden in die Brunnenschächte hinabwarfen). Mit dem Landshuter Bürgermeister Spitzlberger segneten 13 Räte das Zeitliche; nur fünf blieben am Leben (Staudenraus, 91), wobei allerdings

nicht zu unterscheiden ist, ob sie Opfer der Schweden oder „nur"
der Pest wurden. Nach Buchberger (S.56) raffte die Pest in Regensburg in diesem Jahre 3000 Menschen dahin. In Straubing starben
in fünf Monaten 1500 Menschen, also durchschnittlich täglich
zehn, im August allein 164, wie aus dem Totenbuch der Pfarrei St.
Jakob hervorgeht, das Prof. Keim veröffentlicht hat (Jb. d. hist. Ve-
reines, 61 Jg. 1958, S.65-123).

Auf etwa 40-45% – „mehr durch Seuchen als unmittelbare
Kriegseinwirkung" – schätzt Dieter Albrecht den Rückgang der
Bevölkerung in Bayern. In München sank die Einwohnerzahl von
22000 i. J. 1620 auf 17000 anno 1650 (Spindler, II, 409). Die Zahl
der Opfer wird sich nie genau berechnen lassen, – nur gelegentlich
an einzelnen Orten-, weil die Geistlichen, welche die Sterbematri-
kel führten, ebenso wegstarben, ohne daß für sie Ersatz da war.
Auch die Wanderungsbewegung macht alles Zählen unmöglich.*

Wie verheert und ausgestorben das Land war, bezeugen mit
den abgegangenen Ortschaften viele Höfe: In der Straubinger
Altstadt lag 39 Jahre nach dem ersten Einfall der Weimaraner der
Hof des Andreas Hofmeister noch in Asche, öd und brach, bis sich
überhaupt wieder ein Bauer fand, der ihn am 28. Mai 1672 geschenkt bekam (Rohrmayr, 41 f.). Eindeutig für ein horrendes
Überangebot an leerstehenden Höfen sprechen die Preise, wenn
etwa ein Hof für 20-50 Gulden zu kaufen war (Kraus, 254). Und dabei behauptet oder deliriert vielmehr S. H. Steinberg, Niederbayern sei vom Krieg überhaupt kaum betroffen worden.

Wenn Bauern im Mondschein ihre Felder bestellen mußten, wie
wir aus einer Regensburger Chronik* wissen, um sie überhaupt
bestellen zu können, so ist damit mehr gesagt als Worte zu sagen
vermögen. Was im Herbst 1633 angebaut worden war, hatte der
Schwede im November zertreten; was ihrer Zerstörungswut
entgangen, war im Frühjahr als Futter abgemäht worden. Was
schließlich gereift, fiel den Beutekolonnen zum Opfer. Nun, nach
der Vertreibung der Schweden, fehlte das Notwendigste: Das
Brotgetreide, das Samgetreide, das Vieh, die Ställe, die Scheunen,
die Häuser. Was nicht eingeäschert, zerstört oder verheizt worden
war, alles Gebälk, Pfosten und Pfetten, Binder und Streben, ver-

faulte im Regen. „Es ist nit ain rössl oder ander vich, auch khain schissel, teller, will geschweigen ein ander hausvahrnus oder khirchenornat beim closter, in summa das geringst nit vorhanden", schreibt am 18. August 1634 ein Pater aus Weltenburg an den Abt des Wiener Schottenklosters (Riess, 33). Der gleiche P. Georg Räll diente in St. Veit ein dort erhaltenes Schaff Korn (222 Liter) ab.

Das urbenediktinische „idéal coopératif et social" (Chr. Dawson) bewährte sich erneut von Kloster zu Kloster, über Grenzen hinweg. Abt Christof von Metten ließ Getreide und Vieh aus Böhmen und Österreich einführen. Der Weltenburger Prälat Abelin erhielt im Schottenkloster zwei Pferde, ein Muth (4 Schäffel) Getreide, Leinwand und Federbetten und für den Transport vom Kaiser einen Freipaßbrief (Riess, 37). Diesem Ideal der Zusammenarbeit ist es auch wohl zu verdanken, daß 40 Jahre später, 1674, beim Tode von Hösers Nachfolger, Hiernonymus Gäzin, das Kloster schon wieder 37 Pferde, 32 Kühe, 60 Rinder, 13 Kälber, 18 Schafe und 64 Schweine aufweist (Stadlbauer, 53).

Wenn ein Zeitgenosse vom Schlaf sang, daß er die Not nur lindert, indes der Tod die Not tilgt, galt dies wohl für die Opfer der Pest, aber nicht für die Überlebenden; denn nach dem Prager Frieden von 1635 trat Frankreich offen in den Krieg ein* und machte vor allem der bayerischen Armee zu schaffen, während die kaiserliche Reichsarmee weniger erfolgreich gegen die Schweden zu kämpfen hatte. Es war schon ein Anfang zur Wiederherstellung des innerdeutschen Friedens, des Religionsfriedens, daß der Kaiser, nicht mehr so intransigent, die Durchführung des Restitutionsediktes auf 40 Jahre aussetzte, was „den praktischen Verzicht bedeutete" (Kraus, 248).

Im Herbst 1646 drangen die Schweden vereint mit den Franzosen wieder in Bayern ein und verwüsteten das verwüstete Land bis zur Isar und im Sommer 1648 gar bis zum Inn. Dies waren die „furchtbarsten Heimsuchungen Bayerns während des ganzen Krieges" (Spindler, II, 406). Erst im Oktober 1648 beendete endlich der Westfälische Friede diese grauenvollen Notzeiten. Die Oberpfalz und die Grafschaft Cham, die endgültig dem Kurfürsten Maximilian zugesprochen wurden, blieben katholisch. Bayern war das einzige Land, das mit Landgewinn aus dem Kriege hervorging, nachdem es mit soviel Blut, Not und Tod den Katholizismus im Reich und dieses mit Habsburg gerettet hatte; denn Kaiser und Reich waren nur mit dem Katholizismus zu retten.

Mit dieser Aufgabe hat sich Veit Höser, seinem konstruktiven Ideal getreu, als ein dynamischer „Baumeister seiner Zeit" als ein „vir vere Benedictinus", ein zweiter Benedikt, ebenso identifiziert und bewährt wie St. Benedikt in den Zeiten der Völkerwanderung, als das Ende der Welt gekommen schien, in Wirklichkeit aber das Mönchtum die Kultur und das Abendland rettete, vor mehr als 1000 Jahren unser heutiges Europa rettete.

Der Bericht des Abtes von Oberaltaich über seine Flucht durch Niederbayern und seine Verfolgung im Schwedenkrieg

(„Peregrinationis . . . periocha")

Der heillose Krieg*

Unversehens wie ein Blitz aus blauem Himmel fällt der Feldherr der Schwedenpartei, Herzog Bernhard von Weimar mit seiner Kriegsmaschinerie in Nordbayern ein. Im Handumdrehen erobert er im späten Oktober, anno 1633, die schwach befestigten Orte Neuburg a. d. Donau, Abensberg, Kelheim.

Am 1. November nähert er sich *Regensburg*, beginnt am 2. mit der Belagerung und entbietet am 3. November seinen Gruß mit Kanonenrohren. Dann setzt er neun Tage lang die Belagerung fort mit unablässigem Beschuß aus den zwölf Riesengeschützen, die vordem in einer bayerischen Gießerei – zu unserem eigenen Verderben nun – gegossen und auf den Namen der „Zwölf Apostel"* getauft waren, aber im vorigen Jahre bei der Einnahme Münchens den Schweden in die Hände gefallen sind. Damit erschütterte er die gewaltige Stadtmauer, schlug Breschen und brachte sie schließlich zum Einsturz. Da die Besatzung, welche die Stadt heldenmütig verteidigte, mit dem Versprechen von Entsatztruppen im Stiche gelassen und betrogen worden war, wurde sie zur Übergabe gezwungen; als Sieger zog der Herzog von Weimar am 4. November (nach der alten Zeitrechnung) bzw. am 14. nach dem neuen Kalender* in die Stadt ein und ließ sie ganz besetzen. Den Katholiken legte er eine ungeheure Ranzionssumme* auf, ließ alle Kirchen, Kapellen und Klöster ausplündern; den Bischof nahm er mit dem gesamten Klerus gefangen; den Gottesdienst unseres angestammten Glaubens schaffte er ab und führte gewaltsam die neue Lehre ein usw. Über diesen Greuel möchte ich lieber weinen als schreiben.

Was weiter? Jetzt steht ihm das Tor nach Niederbayern offen. Oberbayern hat im Vorjahre seinen Trauergesang hören lassen, bald wird Niederbayern in die Klagelieder einstimmen.

Noch während der Belagerung von Regensburg stießen die Truppen des Weimarers wiederholt diesseits der Donau, auf der Nordseite, nach Niederbayern vor und verheerten und entvölkerten allerorten alles mit Rauben und Plündern, Kirchenschändungen und Brandschatzung, verwüsteten alle Häuser und Felder. Entsetzt über solche Grausamkeiten allüberall verließen die Bewohner ihre Heimat, Haus und Hof und Dorf. Sie suchten ihr Heil in der Flucht, ja, sie kamen mit ihrer Flucht der Vertreibung durch den Feind zuvor. Sie flüchteten mit ihren Habseligkeiten und Vorräten, so viel sie mitschleppen konnten, ins Niederbayerische. Kein Tag verging, an dem nicht Vertriebene und Flüchtlinge durch unsere Altaicher Gemarkung zogen und bei uns Quartier suchten. Sie gaben uns schon eine Vorahnung von der drohenden Vertreibung durch die Schweden.

6. November: An diesem Sonntag traf mit den anderen Flüchtlingen, die bei uns ihre Zuflucht suchten, gegen Abend der Vizedom von Straubing* bei uns im Kloster ein. Er kehrte eben aus seinem bisherigen Fluchtort zurück. Ein Mann, körperlich hinfällig und wegen seines Podagra (Gicht) und Hüftgelenkleidens so gebrechlich, daß er nur von zwei Dienern gestützt und geführt aus seiner Kutsche steigen und sich in das Gästehaus begeben konnte. Er wollte tags darauf nach Straubing zurückfahren, da er fest davon überzeugt war, der Feind könnte unmöglich dorthin vorstoßen. Es sollte jedoch anders kommen.

Heute abend trafen Mönche, aus verschiedenen Klöstern vertrieben, Dorfpfarrer, bedeutende Männer von Welt und sehr viel einfaches Volk hier ein. Alle bezeugten einmütig, der Feind stoße von Regensburg her vor und stehe gar nicht weit, nur noch eine

Meile von Straubing entfernt. Einige behaupteten, die schwedischen Abteilungen näherten sich uns auf beiden Seiten der Donau, ja, sie könnten und dürften jetzt gar nicht mehr weit von Oberaltaich sein. Um Gewißheit darüber zu erhalten, schickte der Vizedom auf unserer Seite einen Läufer und auf dem anderen Ufer einen zu Pferd auf Streife aus.

Inzwischen waren die Tische für das Abendessen bereitet worden; außer dem Viztum haben etwas über 30 fremde Leute Platz genommen, die mit ihm gemeinsam speisen. Sie lassen es sich schmecken, unterhalten sich und diskutieren über all das, was sie selbst als Augenzeugen erlebt haben. Gegen acht Uhr abends kommt der eine Späher zurück und schreit schon an der Türe in den Speisesaal: „Der Feindt hat Straubing inn"! Diesen Schrei hörten alle bei Tisch. Eiligst verlassen ausnahmslos alle das Essen, stürzen aus dem Speisesaal hinaus und verlassen unser Kloster.

Mit eigenen Augen konnte man sehen, wie der Vizedom, der kurz vorher sich mit unsicheren Schritten und auf seine Diener gestützt, einhergeschleppt hatte, durch die plötzliche Schreckensnachricht wunderbar geheilt und gekräftigt wurde; ohne Geleit und keineswegs als letzter eilte er zu seiner Kutsche und bestieg sie ohne jedwelche Hilfe und Stütze. Ein einziges andauerndes Lärmen, Durcheinander und allgemeines Hin- und Herrennen im ganzen Kloster löste dieses Gerücht aus. Keine Menschenseele war mehr zu finden, die sich nicht in die stockfinstere Nacht auf regenweichen und matschigen Wegen in die Flucht gestürzt hätte.

Dies spielte sich alles außerhalb der Klausur ab. Im Konvent rief ich die Mitbrüder zusammen und besprach mit ihnen die Folgen dieser traurigen Nachricht. Ich stelle ihnen vor Augen, was uns an Unheil bevorstehe und welche gefährliche Bedrängnis drohe. Ich riet ihnen, für die Nacht Zuflucht auf dem *Bogenberge*, in unserem dortigen Haus zu suchen, zumal man von dieser Höhe aus einen heranrückenden Feind rechtzeitig ausmachen und so mit Sicherheit einer Gefahr entrinnen könnte. Sie sollten aber diesen nächtlichen Auszug aus dem Kloster in aller Stille und Heimlichkeit bewerkstelligen. Deshalb sollten sie nicht die Klosterpforte benutzen, sondern sich beim Kellerausgang treffen, der in der Nähe der

Klausur liegt. Sofort versammelten sich dort alle Mitbrüder bis auf vier; ich holte den Schlüssel, um aufzusperren und ließ sie durch dieses besondere Türl in den Fischgarten hinaus. Mit einem Gebet um den Frieden und in der Hoffnung, daß wir uns morgen wiedersehen, ließ ich sie ziehen.

Ich schloß hinter ihnen die Türe ab und ging zurück über den Hof zum Gästehaus. Während dieser Zeit, die ich meinen Mitbrüdern schuldete und widmete, suchte mich die weltliche Dienerschaft schon lange mit Ungeduld. Sie drängten und bestürmten mich, das Kloster zu verlassen, wenn ich nicht von den Schweden, die schon ganz nahe wären, geschnappt, gefangen und verschleppt werden wolle. Auf dieses wiederholte Drängen hin gab ich endlich nach. Ich ging in die Prälatur (conclave), nahm Hut und Stab und begab mich mit zwei Brüdern durch das gleiche Türchen, durch das ich den Konvent hinausgelassen hatte, über einen schmierigen Acker zu unserem Maierhof in *Freundorf**, um dort das weitere Geschehen vorerst abzuwarten.

Hielt es aber dort nur eine Stunde lang aus. Fuhr auf einem Gäuwagerl (carpentulo) zurück ins Kloster. Hier standen alle Tore offen. Sämtliche Diener und Knechte hatten sich aus dem Staub gemacht. Nur im Gästehaus stieß ich auf unsere acht Männer. Sie standen um die von den Gästen verlassenen Tische herum und tranken sich zu. Sie hatten mit allem gerechnet, nur nicht mit meiner Rückkehr. Nachdem ich sie ohnehin nicht wenig erschreckt hatte, erlaubte ich ihnen, daß sie ihre Maßkrüge weiter ausbohrten. Nur eines rügte ich an ihnen: warum sie nicht vorher aus Sicherheitsgründen die überall angelweit offenstehenden Türen und Tore verriegelt und abgesperrt hätten.

Von dort ging ich mit einem Pater (Placidus Frey, dem Klosterpfarrer) und zwei Klosterdienern in die Abtei hinüber. Wir läuteten, da es gerade auf Mitternacht zuging, wie üblich zur Matutin,* damit wenigstens der Klang der Glocken den Leuten der Umgebung anzeige, daß die Mönche offenbar noch da seien; (denn das Dorf wußte nichts von der Flucht ihrer Patres). Dieses Glockengeläut zum mitternächtlichen Chorgebet war das lezte, allerlezte für unsere brüderliche Lebensgemeinschaft. Beim vorherigen Stundengebet, der Komplet,* hatten sie ihre Aufgabe vollendet und hatten die Klänge des Chorals ihre Ende gefunden, der mehrere Jahrhunderte hindurch bis heute nicht hatte verstummen und unterbrochen werden können. Aber jetzt, o mein Gott! wurde die Gemeinschaft auseinandergerissen. So hatte die klösterliche Familie bei der Komplet Abschied genommen vom Chor, vom Gotteshaus, von den Altären, ohne zu ahnen, daß ihnen nur noch die Einsamkeit und trostlose Vertreibung blieb. Sie hatten ahnungslos Lebewohl gesagt dem Klosterleben, der Stätte, wo sie ihre feierlichen Gelübde abgelegt und lebenslang zu bleiben, nämlich stabilitas,* gelobt hatten; ohne sich dessen bewußt zu werden, hatte jeder Abschied genommen von seiner Zelle, seinem gottgeweihten Daheim usw.. Sie sollten jetzt durch diesen plötzlichen Auszug all das verlassen und verlieren, was nach dem Willen aller so wohlgefällig und gottgefällig geordnet war. Das Wollen ihres Herzens und Verstandes wehrte sich dagegen, diese trostvollen Einrichtungen für Leib und Seele bei dem plötzlichen Aufbruch zurückzulassen, zu verlieren. Oh! Würden sie, wie würden sie, wann würden sie zurückkehren und all das wiederfinden, wiedererhalten? So oft ich daran denke, gibt es meinem Herzen einen Stich, wenn ich nicht gar darüber weinen muß.

Nach dem Läuten ging ich in die Abtei zurück und wollte mich ausruhen. Lange vor dem Morgengrauen weckte mich unser Stallknecht durch Klopfen und lautes Schreien. Er meldet erneut die Ankunft feindlicher Reiterei und beschwört mich, das Kloster schleunigst zu verlassen. Ich gab nach und ging auf den Hof von Freundorf.

7. November: Der Morgen dämmerte schon, als mich dort auf dem Hofe ein Mitbruder aus unserem Bogenberger Klösterchen aufsuchte. Von ihm erfuhr ich, daß alle Brüder, die ich auf den Berg geschickt hatte, auf das Gerücht von der Ankunft der Schweden hin, gegen 3 Uhr früh aus Schrecken fort seien, in Gruppen davon seien. Den meisten hätte in den ihnen vorher übergebenen Pässen* die Beglaubigung durch das Abt-Siegel und meine Unterschrift gefehlt. Sie baten, diesen Mangel abzustellen. Weil aber schon wieder alle zurückgekehrt seien, sollte dies bei Gelegenheit nachgeholt werden.

Nun muß auch ich für längere Zeit dem Kloster fernbleiben, brauche es aber noch nicht verlassen. Ich übertrage und übergebe die Sorge dafür dem Kastner (P. Ambros Wücht), dem Kellermeister* (Maurus Lodnmayr) zusammen mit dem Laienbruder Raphael (Agricola, eigentlich Bawer, der dann den Schwedentrunk erleiden mußte). Sie sollen bleiben, wachen und solange aushalten, als sie dies ohne eigene Lebensgefahr vermöchten und könnten. So wanderte ich vom Freundorfer Hof mit einem Pater (Placidus) und zwei Klosterdienern nach *Elisabethszell*, eine weitere Meile vom Kloster entfernt und bewohne hier das Haus unserer Propstei. P. Vitus (Hofbrucker), derzeit Propst*, ist nicht da. Er ist von der Weinlese in Österreich* noch nicht zurück.

Heute nachmittag drang das Gerücht hieher, daß *Straubing* an verschiedenen Stellen brenne und ganz in Rauch gehüllt sei. Um dieses Gerede zu überprüfen, stiegen wir auf eine Bergkuppe und blickten hinaus auf die drei Meilen entfernte Stadt. Sie ist so arg in Qualm und Flammen gehüllt, daß wir meinten, sie werde ohne Zweifel ganz eingeäschert. Ein Schauspiel wie die Vernichtung von Gomorrha! Und wir nahmen als gewiß an, daß Straubing in der vergangenen Nacht vom Feind eingenommen und heute gebrandschatzt wurde. Das war aber ein Irrtum. Wahr war lediglich, daß es brannte. Die Eroberung durch die Schweden war nur Annahme. In Wirklichkeit steht es so: Als gestern die Nacht hereinbrach, griff eine weimarische Reiterabteilung, die von der Belagerung Regensburgs sich wegstahl, hinterlistig Straubing an und forderte Quartiere in der (Neu-) Stadt. Die Schweden mußten aber eine Abweisung hinnehmen und besetzen daraufhin die Altstadt. Dort hielten sie sich während der Nacht und zündeten sie aus Rache für diesen Korb am folgenden Tage an. Als ein bekannter Händler in der Stadt drinnen Schießpulver unter die Kugelschützen verteilte, passierte es, daß durch Unvorsichtigkeit von einem brennenden Strick ein Funken auf das Pulverfaß übersprang. Die Explosion traf nicht boß die umstehenden Männer sondern im selben Augenblick zufällig vorbeigehende Menschen, verbrannte und tötete sie; zerstörte mit einem schrecklichen Getöse auch ein Haus und zwei danebenstehende Gebäude. Ein ungemein heftiges Feuer äscherte sie völlig ein.

Als der in der Altstadt verborgene Feind dies merkte, vermutete er in der Stadt einen Aufstand, der wie ein Vulkan wüte. Deshalb versuchten die Schweden, um einen neuen gewaltigen Schrecken auszulösen und hinzuzufügen, die Dächer der Altstadt an verschiedenen Stellen anzuzünden, um sich während dieses Tohuwabohus der Stadt mit Kriegslist zu bemächtigen. Aber ohne Erfolg. In den genannten drei Häusern kamen 24 Menschen ums Leben, unter ihnen auch einige Kleriker und Geistliche vom Lande.* Durch den Brand in der Altstadt wurden über 60 Giebel* doch zum Glück nur wenige Menschen, aber eine Unmenge von Großvieh und der größte Teil der Jahresernte an Getreide und Futter vernichtet. Infolge dieser Brandkatastrophe, welche die Straubinger traf, wich der Feind noch am nämlichen Abend in Richtung Regensburg zurück, um bald darauf mit stärkeren Kräften zurückzukehren. Siehe 19. Nov.!

Vermutung war auch, daß Reiterhorden sich unserem Kloster genähert hätten. Noch weniger wahr war, daß sie es unter diesen Umständen heimzusuchen vorhatten. Wenn daher jener Späher des Viztums mit seiner falschen Nachricht in der vorigen Nacht unsere Flüchtlingsscharen nicht beunruhigt hätte, wären unsere Mitbrüder zweifellos länger im Kloster geblieben oder sie hätten sich doch wenigstens bei Tageslicht auf die Vertreibung besser vorbereiten können. Ihre Zahl bringe ich weiter unten, am 24. Nov.

8. November: Kehre von der Propstei in unseren Maierhof zurück. Von dort ins nahe Kloster, das nach der Flucht der Klosterdiener und Insassen fast leer dasteht; denn auch die Amtswalter, die ich mit der Sorge um das Kloster zurückgelassen, hielten sich untertags außerhalb der Klausur versteckt, die von den Insassen völlig verlassen war, und begaben sich über Nacht auf den Freundorfer Hof, weil dieser Ort für die Nachtruhe sicherer war und weil obendrein die buckelige und waldreiche Umgebung im Notfall bessere Fluchtmöglichkeiten bot.

Vom 8. bis zum 23. November hielten wir dieses Hin- und Herpendeln bei, tags im Kloster, nachts auf dem Maierhof; dann aber, seit der Feind im Kloster hauste, war es natürlich unseren Mitbrüdern unmöglich, sich dort überhaupt aufzuhalten. Von diesem 8. bis zum 14. November weilte ich auf dem Bogenberg, stieg bei Tag hinab ins Kloster und marschierte bei Nacht auf den Berg, weil dieser Ort mehr Sicherheit vor nächtlichen Überfällen bot und man sich bei feindlichen Vorstößen ganz leicht und unbemerkt wegstehlen konnte.

Als ich heute bei tiefer Nacht hier (auf dem Bogenberg) ankam, traf ich einzig unseren P. Balthasar (Kreutzer, den Kaplan auf dem Marienberg) und drei Landpfarrer, die ihre Flucht hieher geführt hatte. Am folgenden Tag kam P. Franziskus (Höfli, Schulleiter des Klosters) nach und in den nächsten Tagen noch mehrere Mitbrüder, die sich noch nicht weiter entfernt hatten. Innert acht Tagen fanden sich an die zehn Mitbrüder ein. Auch unsere weltlichen Diener und Arbeiter kehrten zu ihrer Arbeit und in ihre Werkstätten zurück, als sich das Gerücht verbreitete, der Feind halte sich um Regensburg herum auf und werde kaum mehr zu uns herabkommen. Es sollte aber anders kommen; denn sicher würden die Schweden durch Niederbayern vorstoßen, wenn sie es auf Österreich* abgesehen hatten. Ohne Zweifel würden sie durch den jenseitigen Gäuboden marschieren und nicht durch unser nördliches Gebiet mit seinen schmalen Wegen. Obendrein, sollten sie tatsächlich durch unsere Gegend ziehen, dann gäbe es nur ein kurzes Vorbeiziehen, sie würden sich hier nicht festsetzen. Müßten wir dann bei diesem Durchmarsch vor dem Feinde fliehen, so könnten wir doch bald wieder in unsere Dörfer und Häuser heimkehren. Von dieser Ansicht verführt, kehrten die geflohenen Landbewohner und Städter in ihre Heime zurück. Mit dieser Hoffnung trösteten sich auch unsere Mitbrüder: die einen fanden sich, wir wir hörten, auf dem Bogenberg ein, die anderen verschoben in der Tat ihre Pläne, sich weiter fort zu begeben. Genau so hielten es auch unsere Expositi im Waldgebiet, die dort ihre Pfarreien betreuen. Standhaft hielten sie in ihren Dörfern aus, wollten ihre Pfarrkinder nicht verlassen, wenn und solange sie nicht von tödlicher Gefahr dazu gezwungen würden. Aber diese Meinung und Überzeugung hat viele unserer Mitbrüder irregeführt, wovon wir an anderer Stelle hören werden.*

Während ich mich auf dem Bogenberg aufhielt, wurde am 12. November das Wohnhaus unseres Maierhofers in *Autsdorf*,* das er vor gar nicht langer Zeit mit neuen Schulden errichtet hatte, durch Brandstiftung im angebauten Strohstadel eingeäschert. Alles stand im Nu hell in Flammen. Mitverbrannt ist die gesamte Einrichtung. Den gleichen Verlust hatte er erst im Vorjahre erlitten, als ihm der Getreidestadel angezündet wurde.

14. November: Vom Bogenberg weg, nach Elisabethszell, um dort in unserem Hause nachzusehen. Auf dem Bogenberg hatte ich fünf von den zurückgekehrten Mitbrüdern zurückgelassen. Einem Priester und vier jüngeren Mitbrüdern habe ich erlaubt, daß unser Vikar sie so lange bei sich behält, bis sie entweder von dort abberufen würden oder bis sie aus eigenem Antrieb ins Kloster zurückkehren wollten, falls die sichere Lage andauern sollte. Bleibe zwei Tage hier im Klösterl der Hl. Elisabeth.

16. November: Von der Propstei wieder heim ins Kloster. Auf dem Wege begegnete mir der Propst, P. Vitus, der von der Weinlese in Österreich heimkehrt. Seine rechte Hand trug er, nach einem Sturz von seinem Pferd, eingewickelt in einer Armbinde. Nach einem kurzen Gespräch ließ ich ihn weitermarschieren. Setzte meinen Weg fort. Ankunft im Kloster beim Aufleuchten des Abendsterns. Von dort zog ich mich auf den Berg zurück.

17. November: Mache mich gegen 8 Uhr auf zum Kloster hinab. Auf dem Wege erfahre ich von den Leuten, daß heute früh *Reibersdorf*, nur eine halbe Stunde vom Kloster entfernt von Reitern überfallen worden sei, als die Bewohner noch im Schlafe lagen. Ob von Kaiserlichen oder Weimaranern, wußten sie nicht. Von den Leuten seien einige in aller Hast, nur im Hemd, aus den Betten und Häusern auf die Wiesen und Felder hinausgesprungen. Es stehe zu befürchten, meinen die Leute, daß die Reiter sicher heute noch bis zu uns vorstoßen würden. Bei dieser Neuigkeit fuhr mir begreiflicherweise der Schrecken in die Glieder. Ich setze trotzdem meinen Weg zum Kloster fort und erfahre dort auch von den Amtswaltern die Bestätigung dieses feindlichen Einfalls. Der Glaube daran wurde auch durch Flüchtlinge bestärkt, die den ganzen Tag über haufenweise durch unsere Klostermark zogen und als Augenzeugen bestätigten, daß die Schweden überall herumstreifen und gräßlich wüten; das Städtchen *Stauffen** (Donaustauf) hätten sie niedergebrannt. Sie kämen immer mehr und näher zu uns herunter. Bestürzt über diese Gerüchte ziehen sich erneut unsere Dienstboten, Diener, ihre Familien und die Hofmarksleute wieder zurück. Sie hatten sich nach der geschilderten ersten Flucht wieder gefangen, hatten ihren Dienst angetreten. Jetzt verlassen sie ihre Arbeit und ihre Werkstätten, packen mit der gebotenen Eile ihre eigenen Sachen zusammen, schaffen sie anderswohin und verstecken sie.

Weil auch nach unserer Meinung die ernste Lage keinen Aufschub mehr duldet, ließ ich die Pferde und die wertvolleren Zuchttiere, die wir vorübergehend zum Freundorfer Hof getrieben und wieder in unsere Ställe zurückgebracht hatten, aus den hiesigen Schupfen* zu unserer Propstei hinauftreiben. Die Wagen und Kutschen und alle wertvollen Sachen geweihter oder profaner Art ließen wir an einen abgelegenen, dichtbewaldeten Ort fahren und wegschaffen. Es blieb aber trotzdem eine nicht geringe Zahl von Rossen, Großvieh und eine Unmenge von teuerem Gerät im Kloster zurück.*

Aus dem gleichen Grunde blieben im Kloster neben den drei nun weltlich gekleideten, ihre Ämter versehenden Mitbrüdern nur mehr wenige Diener zurück und diese für jeden Fall fluchtbereit, gewärtig, sofort zu verschwinden, sobald die Wachtposten auf dem Kirchturm und auf dem nahen Further Berg beim unscheinbarsten Anzeichen eines drohenden Überfalls ein Signal hören ließen.

Vor vier Uhr verließ ich heute das Kloster, um in gewohnter Weise auf den Berg zu gehen. Wie ich drei Steinwürfe hinter dem Klosterzaun bin, taucht vor meinen Augen eine Schar Bewaffneter auf, die auf mich zukommen. Wie ich sie treffe, erkundige ich mich sofort, was das bedeuten soll, wohin sie so spät noch marschierten. Einer von den Hauptleuten: Sie seien das Landfähnchen (milites populares) von *Hengersberg*,* mehr als drei Hundertschaften. Sie müßten, wenn irgendwie menschlich möglich, noch bis zum Abend in Straubing sein, weil das Schicksal der Stadt auf des Messers Schneide stehe. Der Schwede bedrohe die Stadt mit einer noch ärgeren Belagerung als neulich und morgen erwarte Straubing den Sturm. Ich setzte meinen Weg fort und kam zum letzten Mal vor unserer bevorstehenden Vertreibung und der Verwüstung dieser heiligen Stätte auf den Berg. Ich wollte noch einmal mit meinen lieben Brüdern dort speisen, mit ihnen mich unterhalten und dort übernachten.

18. November: Früh am Morgen steige ich zum letzten Mal vom Berg herab ins Kloster. Es steht ganz verlassen da. Kaum drei Menschen finde ich darin; denn auch die drei Verwalter, die aus der Ferne, vom Freundorfer Gelände aus, das Kloster im Auge behielten, waren es leid, in Ängsten vor den vorgerückten Schweden, weiter zu bleiben, da ohne Zweifel feststand, daß die weimaraner Reiter bis zu unseren Toren vordringen würden. Sie hatten nämlich in dieser letzten Nacht die benachbarten Dörfer und Höfe, die ganze Umgebung heimgesucht, hatten die Bewohner ausgeraubt und vertrieben und die Gebäulichkeiten in Asche gelegt. Daß dies todsicher war, bezeugten zur Genüge die armen Menschen jeglichen Standes und jeglicher Lage, Arme und Reiche, bezeugten sowohl jene, die aus fernen wie aus nahegelegenen Dörfern wie in einem Strom dahertrieben, getrieben wurden. Sie alle beklagten ihre Vertreibung von daheim, den Verlust ihrer Habe und ihre jetzige Heimatlosigkeit. Alle waren auf der Flucht nach Gegenden, die bislang von schwedischen Überfällen noch verschont geblieben waren.

Niemand kann die täglichen und nächtelangen Flüchtlingstrecks ohne tiefstes Mitleid vor seinen Augen dahinziehen sehen, mußten sie doch bei den plötzlichen Überfällen der Feinde völlig überrascht, die eigenen Wohnungen auf der Stelle verlassen, im

Nu und Augenblick aus dem Vaterhause fliehen, sich trennen von den Familienmitgliedern, Freunden, von jeglichem Besitz, mußten, ohne eine Sekunde zu zögern und sich umsehen zu können, in die Fremde ziehen, ein erbärmliches Leben beginnen. Sie, die vorher über große Vorräte verfügt, genug und übergenug hatten, mußten gezwungen betteln gehen. Wir mußten mit unseren Augen mitansehen, wie Eltern ohne ihre Kinder, Kinder ohne ihre Eltern, wie Familienväter und -mütter von einander getrennt und auseinander gerissen wurden, wie da Mütter sich um andere Kinder kümmerten. Kinder sah ich, die am Rock, an den Händen ihrer Mütter hingen; Mütter, die ihre Säuglinge auf dem Arm, jene dort sie noch unterm Herzen trugen, die da mußten gleich nach der Niederkunft aus dem Kindbett heraus. Ich sah sie und konnte nur hilflos zusehen, wie hochbetagte Greise sich auf ihren Stock stützten, wie andere mit ihrem Alter zugleich den hastig zusammengerafften Hausrat auf ihrem Rücken dahinschleppten, wieder andere, die ohne Sack und Stock (sine sacculo et baculo), halbnackt, diese gräßlich verwundet und verstümmelt, haufenweise in der Fremde herumirrten ohne Ziel und nur zu fremden Leuten wollten. Das sind haargenau die Folgen dieser weimarischen und barbarischen Tyrannei, die auch keine Nachsicht kennt mit Stand und Würde oder um genau zu sein, wenn sie diese Nachsicht kennt, sie doch nicht will. Die Soldaten des Weimarers brachten es nämlich überall unter die Leute und ließen großmaulig verlauten: ER habe die Macht und das Recht, jeden beliebigen Bürger Bayerns auszurauben, seine Existenz zu vernichten, ihn selbst umzulegen, hinzuschlachten, zu vertreiben. Von solchen Unmenschlichkeiten hatten wir bisher nur erzählen gehört, daß sie eben anderen zugefügt wurden und daß sie einige mit eigenen Augen gesehen hatten. Nun sahen wir selber solche Unmenschlichkeiten als Damoklesschwert über unseren Köpfen blitzen und zucken, weil das große Unheil jeden Tag weiterwuchern konnte und näher heranrückte. Der feindliche Druck nahm zu und näherte sich uns immer mehr und mehr.

Ich kehre gerade aus dem Kloster zurück, das wir, seine Insassen, wie ich schon sagte, ganz im Stiche lassen mußten. Als letztes

Mahl habe ich (an diesem Freitag) einen einzigen Knödel mit Fisch-
brühe, vulgo Fischpfeffer gegessen – ein wahrlich reich bestellter
Tisch, wenn ich ihn nur länger so verdient hätte! Und ich aß in Eile,
war doch die Zeit für meinen Heimgang* schon voll abgelaufen.

Gleich nach Mittag verlasse ich mein so oft genanntes Kloster,
das ich doch nicht oft genug nennen kann, wie es das verdiente,
dessen Namen ich nicht oft genug aussprechen kann, weil wir es
nie mehr in solcher Blüte und Lebenskraft sehen, nie mehr in solchem Wohlstand und Glanz, niemals mehr in so mustergültigem
Zustand und Reichtum vorfinden werden, wie es jetzt noch vor
uns dasteht und ich es sehen darf. Es fällt mir so schwer, es zu verlassen. So wie der Sohn mit schwerem Herzen von seiner einzigen
liebsten Mutter sich trennen muß, so werde ich (von meiner Mutter) losgerissen, gewaltsam getrennt. Darum seufze und flehe ich
in der Bitterkeit und Erbitterung des Herzens: Euch, ihr himmli-
schen Schutzmächte, übergebe ich und vertraue ich das heilige
Haus an!

Von hier pilgere ich hinauf zur Zelle der hl. Elisabeth, dieser Zelle, die als Asyl und Zufluchtsstätte auf mich wartet und wohin – so
glaubte ich – die Schweden nie vordringen könnten. Auf dem
Weg ins Gebirge,* durch diese waldreichen Täler und Höhen sah
ich Anwohner unserer Donauseite* dahinziehen, Leute, die den
Vorwald bewohnen und dem vorrückenden Feinde am meisten
ausgesetzt sind, wie sie ihre Siebensachen, ihre kleine Habe und ihr
Vermögen mit allem Eifer, mühevoll auf ihrem Rücken weg-
schleppen oder auf Karren und Wagen und mit Viergespannen
wegfahren. Die Menschen selbst verstecken sich in Waldhütten,
Dörfern, Einöden und Schlupfwinkeln. Hütten, noch so abgelegen,
Verstecke, noch so unscheinbar, füllen sich wie der Impenstock
mit seinen Bienen. Das ist aber nur der Anfang der Leiden.

Komme abends in der *Propstei* an. Auch sie ist gedrängt voll von
Flüchtlingen und vor allem mit den Kindern einiger unserer Untertanen. Vollgestopft ist die Kirche der hl. Elisabeth mit Kisten, Tru-
hen, Kästen, Kleiderbündeln und allem möglichen Hausrat und
Mobiliar, was eben alles zum Aufbewahren und zum Schutze hie-
hergebracht und zusammengetragen worden ist. Vollgestopft

auch die Ställe und Stadeln mit Pferden und hieher getriebenem Vieh. Und nicht minder übervoll sind die meisten Häuser der Umgebung mit fremdem Eigentum und mit Fremden, die gerade da Sicherheit vor den Schweden suchten. Hieher flohen, verkleidet, Geistliche und Adelige genau so wie Laien und Leute von niederer Herkunft.

19. November: Viele von unserer Dienerschaft, von der Dorffamilie, Further und Hofmarksangehörige sind hieher geflüchtet. Stündlich kommen weitere, wie es in einem solchen Tohuwabohu zu geschehen pflegt und melden immer noch Schlimmeres von dem unmenschlichen Wüten der Feinde, daß sie immer näher an unser Kloster heranrückten, an unser liebes Kloster. Obwohl sie schon ganz nahe davon herumstreiften, haben sie es offenbar noch nicht vor, es direkt anzugreifen, zu überfallen, zu betreten. Solange sie von einem Überfall darauf absahen, hielten unsere Mitbrüder, die ich auf den *Bogenberg* geschickt hatte, ihrem Gelübde getreu (stabiles) an ihrem Platze aus. Auch die drei Verantwortlichen, Pater Kastner, der Kellermeister und der Laienbruder (Raphael) blieben in der Nähe des Freundorfer Hofes und hatten aus der Ferne ein Auge auf das Kloster.

Ich habe oben unterm 17. November notiert, wie der Feind die Stadt *Straubing* vor Einbruch der Nacht hinterlistig aber erfolglos angegriffen hat, um bald darauf mit größerer Macht wiederzukommen. Und in der Tat, am heutigen Samstag und wiederum vor Einbruch der Nacht – wer Böses tut, haßt das Licht!* – kehrten die Schweden zurück und natürlich mit Verstärkung. Der Weimarer höchstpersönlich verließ Regensburg, ging über die Donau und kam nachts in Straubing an – die beiden Städte liegen auf dem Landweg nur sechs Meilen* voneinander entfernt. Er läßt seine Soldaten in der Altstadt, soweit sie von der Brandkatastrophe jüngst verschont geblieben ist, und in den umliegenden Dörfern Quartier beziehen.

20. November: Wiederum vergeblich bemühte sich der Schwede um eine freiwillige Übergabe der Stadt. Er belagert sie, bereitet Minen vor, türmt Schutzwälle ganz in der Nähe der östlichen Stadtmauer auf und treibt die Wälle an die Stadt heran. Das dortige Kloster der Kapuziner* – Siehe später unterm 23. Dezember! – besetzt er und setzt seine Kriegsmaschinerie in Gang. Seine kugelspeienden Rohre, unter ihnen vier große von den oben erwähnten „Aposteln" bringt er in dieses Kloster. Indem er die Klostermauern aufreißt, richtet er durch diese Löcher seine Kanonenrohre, diese Mäuler voller Durchschlagskraft gegen die hier ganz nahe Stadtmauer; ununterbrochen wird geladen und mit gewaltigem Donner entladen. Schon drei Tage donnern und wettern die Apostel, suchen die Stadt schwer heim und lassen den Kämpfern keine Ruhe. Wie sie in die Mauern Bresche schlagen, so jagen sie den Bürgern Angst ein. Am 22. November zwingt sie der Schwede zur Übergabe.*

Während der Belagerungszeit schon schwärmten die Räuberrotten aus, vertrieben weit und breit die Landbevölkerung, plünderten sie aus, unterwarfen jeden, dessen sie habhaft werden konnten, qualvollen Torturen, metzelten sie nieder, verschleppten sie in Ketten, warfen sie ins Feuer und suchten die Bevölkerung so schwer heim. daß mehrere Meilen weit in der Mehrzahl der Gegenden, Dörfer, Höfe und Güter, Landsitze und Burgen nur mehr wenige oder gar keine Menschenseele mehr zu finden ist.

22. November: Während ich mich in der Nähe der Propstei aufhalte, berichtet mir ein nächtlicher Bote, daß 18 weimarische Reiter sich heute nachmittags an der unteren Klosterpforte zu schaffen machten. Weil sie verriegelt war, brachen die Räuber sie mit Brechstangen und Spitzhauen auf. Nur drei von ihnen gingen in die Vorhalle, nachdem sie die innere Pforte, an der sonst der Pförtner wacht, kreuzweise krumm und klein geschlagen hatten, stürmten sie zu meinem Pferdestall.* Da sie diesen jedoch völlig leer fanden, liefen sie zur Bäckerei und brachen dort ein. Sie gingen zwar hinein, kamen aber sofort wieder heraus und kehrten zu ihren Komplizen zurück. Ihrer acht – die übrigen von dieser Räuberbande standen an der Pforte Schmiere – rannten zur Ökonomie, nahmen die Roß- und Rinderställe in Augenschein, gingen aber unverrichteter Dinge, ohne die Pferde wegzuführen, fort und sogleich in die Auwiesen, die an das Kloster anstoßen. Sie liefen in das Wäldchen daneben, von wo sie mehr als 25 Rosse wegtrieben. Das war das Vorspiel zur Vernichtung unseres Klosters, das in jeder kirchlichen und häuslichen Angelegenheit an der Spitze des Fortschritts steht, war der Auftakt des unmittelbar folgenden Untergangs, der Anfang vom Ende. Zeuge dieses unheilvollen Verbrechens am Kloster war unser Laienbruder Raphael. Er betrat sofort nach dem Abzug der Schweden das Kloster, sah die aufgebrochenen Türen, die er notdürftig reparierte und wiederum verriegelte. Niemanden sah und traf er darin, außer dem einzigen Christoph Rieger, unseren Schuster und Stellvertreter des Kastners, des Hofgutsverwalters. Seiner muß ich hier namentlich gedenken, weil er von allen unseren Klosterdienern am beharrlichsten aushielt und im Kloster blieb. Als die Schweden wiederkehrten, wurde er darin allerdings geschnappt. Er entkam ihnen erst nach der Auspeitschung.

Die Übergabe der vom Feinde belagerten Stadt und ihre Zerstörung konnte uns nicht mehr länger verborgen bleiben. Diese Tatsache erschreckte jeden, machte jeden mutlos, zumal wir alle leicht vorausahnen konnten, was uns blühte und bevorstand an Unheil, Gefahr, Not und Bedrängnis,* saßen uns doch die Schweden so sehr und schwer auf dem Nacken. Ich meine, der Feind hat sich mit der Einnahme von Regensburg das Tor zu uns aufgemacht. Er ist durch diese Pforte schon so weit ins Niederbayerische eingedrungen, daß er nun schon in Straubing einziehen konnte, ohne daß ihn jemand gehindert hätte, niemand sich auch nur entgegenstellte. Die Regensburger und genau so die belagerten Straubinger könnten den Beweis antreten, unter Beweis stellen, ob nicht schon 2000 Mann Infanterie* jeder der beiden Städte zu ihrer Rettung genügt hätten, unter der Bedingung allerdings, daß sie schnell in Marsch gesetzt worden wären, und diesen so luderischen* Feind aufgehalten und die Städte vor ihrem Fall bewahrt hätten. Ob nicht, meine ich, 2000 Mann Niederbayern vor einer so furchtbaren Verheerung, so viele Kirchen und heilige Stätten, so viele Menschen und Menschenseelen vor der Vernichtung beschützt hätten. Mögen nun jene mit sich ins Gewissen gehen und es verantworten, denen das schützende Schwert und die Macht anvertraut ist! Was nun? Inclinate Capita Vestra, laßt eure Köpfe sinken, ihr Armen, im Stiche Gelassenen und Verlassenen, ihr Kinder des Vaterlandes, die ihr jeder Hilfe entblößt und beraubt seid und – o hart ist meine Rede! – UNTERWERFT EUCH DEM FEINDE ODER ERGREIFT DIE FLUCHT! Denn schon ist des römischen Glaubens Erzfeind und unserer angestammten heiligen Religion, Bernhard von Weimar, ohne daß ihn jemand aufhielt – ja, nicht einmal ein Hund bellte ihn an! – mit kräftig ausholendem Erobererschritt über die Brükken, durch die Tore von Straubing zu uns hergestürmt, stürzt sich auf uns und schreitet völlig frei und ungehindert über unsere Köpfe hinweg. Ich hingegen möchte lieber fliehen und auf jene vertrauensvolle Zusicherung des Herrn bauen: „Wenn sie euch in einer Stadt verfolgen, flieht in eine andere"! (Mt, X, 23).

Die Gefahr, die sich gegen uns zusammenbraute, spitzte sich aufs äußerste zu, wie man leicht sehen kann. Es blieb uns, da schon über unsere Haut gewürfelt wurde, nichts anderes mehr übrig, als uns vorzusehen, um unsere Haut zu retten. Mit mir waren in der Propstei P. Vitus Hofbrucker, der Propst selbst, sein Kaplan, P. Bruno (Hammermeister) und P. Sebastian Widmann, Vikar zu Loitzendorf. Dieser war von Reitern, die aus der Stadt Cham ausgeschwärmt waren, von seinem Pfarrsitz vertrieben worden. Mit ihnen besprach ich bis tief in die Nacht hinein alle Möglichkeiten für die geplante Flucht. Ich müßte wenigstens von hier fort, (meinten sie), da unzweifelhaft feststand und was auch Fr. Raphael versicherte, daß die Klosterfeinde eifrig nach dem Verbleib, Wohnsitz und Aufenthalt des Abtes spionierten. Gerade deswegen dürfte ich den Rat nicht verschmähen, daß ich zum mindesten für eine Zeitlang von hier verschwinden müßte. Und daß ich nicht bloß verschwinde! Man müßte alle, die von meiner Anwesenheit hier gehört hatten, zu der Meinung bringen, ich sei weit fort gezogen und würde sobald nicht mehr kommen. Nicht zuletzt müßte ich im Interesse des Dorfes* verschwinden, das dann wegen meiner Abwesenheit vor einem Überfall sicherer würde.

23. November: Heute im Morgengrauen übertrugen und überließen wir die wirtschaftliche Verwaltung und kirchliche Sorge dem P. Bruno. Mit den anderen zwei Patres, dem Propst und P. Sebastian verließen wir die Propstei so heimlich, daß fast niemand von den Einwohnern etwas merkte. Wir wanderten zu dem bedeutenden Wallfahrtsort des Seligen *Englmar** auf dem Berge, den die Pilger immerfort verehren. Die Pfarrei betreuen die Windberger Patres. Ankunft gegen 9 Uhr. Trafen in der Kirche unseren Vikar von Aiterhofen, P. Melchior Scherb, bei der Messe. Auch hier halten sich viele Flüchtlinge auf, die aus Angst vor den Schweden in diese einsame Wildnis gekommen sind. Unter ihnen stoßen wir auf *unseren Architekten* Ulrich Walchner.* Ebenso überraschte uns der Windberger Prälat (Michael Fuchs), der sein Kloster gleichfalls hatte verlassen müssen und in diese abgelegene Einsamkeit ausgewichen war, um vor einem schwedischen Überfall sicherer zu sein. Er gedachte sogar, hier zu überwintern – und dabei war ihm kaum eine einzige Übernachtung vergönnt, wie wir gleich hören werden. Er führte uns in den Pfarrhof, in seine Propstei und lud uns zum Essen ein. Wir sollten den ganzen Tag mit ihm verbringen. Inständig bittet er darum: Bleiben wir zusammen, speisen wir und nach dem Abendessen bleiben Sie doch die Nacht über hier!

Mitten in der Nacht stiegen wir auf den höchsten Berggipfel und blickten hinaus in die Weite des Landes. Wir sahen den Straubinger *Gäu.* Die auf beiden Seiten und Ufern der Donau (litore et latere) verstreuten Dörfer leuchten wie in einer Brandröte, soviel Lagerfeuer hatten die Schweden überall herum für die Nacht angezündet, die alle zusammen brannten und die Nacht erhellten. Sicher standen auch Dörfer in Flammen, brannten Landsitze und Gehöfte. Im Feuerschein leuchteten Burgen, Kirchen und Türme, loderten die Klöster und Kapellen. Dörfer, Einöden und Gutshöfe glichen Scheiterhaufen. Keine Nacht war seit der Belagerung Regensburgs vergangen, wo man nicht auch von unserem Bogenberg aus Feuerröte in der Ferne gesehen hatte, genau so wie wir es jetzt auf diesem Berggipfel auch jenseits der Donau erleben mußten. Nachdem wir dieses nächtliche Schauspiel uns eine Weile betrachtet hatten, stiegen wir zum Pfarrhof hinab und kauten das

Geschaute, aber nicht Verdaute, in unserer Unterhaltung wieder. Dann erst gönnten wir unseren müden Gliedern die Nachtruhe.

24. November: Unbarmherzig klopft aber schon um vier Uhr ein nächtlicher Gast aus *Windberg* an unsere Schlafkammer und schreit nach dem Propst. Man solle ihm auf der Stelle auftun. Er müsse sofort etwas mitteilen. Er wird gleich eingelassen und beginnt ausführlich zu erzählen. Wegen eines plötzlichen schwedischen Einfalls und Überfalls sei er mit seinen Mitbrüdern geflohen, ausgenommen einen Kranken, der nicht weg wollte und getötet wurde, wie der Bote beteuerte, und einen anderen, den sie erwischt hätten. Er selbst sei gekommen, um dies seinem Prälaten mitzuteilen. Obendrein sei in dieser heutigen Nacht unser Altaicher *Kloster* vom Feind genommen, die Stadt *Bogen* besetzt und auch der Berg Mariens überfallen worden, wo die Schweden beim Aufbrechen der Kirchentüren, Türbalken und Querriegel einen solchen Lärm und Krach machten, daß man es bis Windberg hören konnte, obwohl sie eine Meile* entfernt liegen. Er, der Bote, habe den Spektakel mit eigenen Ohren gehört. Er ließ durchblicken, daß möglicherweise noch heute und vielleicht schneller als man vermute, eine Reiterhorde hieher vorrücken und ganz unerwartet einbrechen könnte, da sie vor allem darauf scharf wären, des Abtes habhaft zu werden.

Auf diese Hiobsbotschaft hin standen alle im Hause sogleich auf. Jeder wollte sich schleunigst aus dem Staub machen, der Prälat von Windberg mit den Seinen in nördlicher Richtung, nach Böhmen, ich mit meinen Lieben nach Osten, gen Passau. So wurden wir in aller Herrgottsfrühe, als wir aufbrechen mußten, voneinander getrennt.

Ich nahm mir außer den zwei Patres von gestern, dem Propst und P. Sebastian, auch P. Melchior und den Architekten mit. Zu allem Unheil setzte auch noch ein Schneesturm ein. Wir marschierten über die hohen Bergjoche, über Weiden mit viel Gesträuch, durch dichte, dunkle Wälder mit hartgefrorenen Holzwegen. In *Gotteszell,** das ringsum mit hohen Wäldern eingeschlossen, zwischen Berge eingebettet liegt, kamen wir zur Mittagszeit an.

Wir stießen im Kloster auf mehrere Mönche aus Metten, die diese Bergabgeschiedenheit aufgesucht hatten, sich aber am gleichen Tage noch alle anderswohin verzogen. Vom Herrn Prälaten* (Abt Michael Kößler) freundlich eingeladen, setzen wir uns zu ihm, der sich gerade zu Tische begeben hatte und beenden mit ihm das Mahl. Dann bietet er seinen Tischgenossen allen auch das Nachtessen und die Übernachtung an.

Gegen Abend traf P. Ambros* ein, der auf der Suche nach uns war. Ihm hatte ich ja mit dem Kellermeister und dem Laienbruder die Verantwortung für das Kloster übertragen. Vgl. 7. u. 8. Nov.! Er bestätigt die oben berichtete Nachricht über das Kloster und den Bogenberg, deren Besetzung durch die Schweden und läßt sie uns miterleben: „Nun ist es geschehen um unser liebes und so berühmtes Kloster", sagte er. „Es gehört uns nicht mehr, sondern den Schweden. Gestern nacht ist es in ihre Hände gefallen". Bevor wir nun zum Abendessen gerufen werden, will ich den Verlauf dieser himmelschreienden Schandtat kurz zusammenfassen. Gestern...

„Als lautlose Stille alles umfing und die Nacht in ihrem raschen Lauf"* die dritte Stunde erreicht hatte, siehe, da gingen sie dir an das Leben, die Regimenter des Weimarers mit den schlagkräftigen Reitern. Sie kamen durch Straubings Tore, über Brücken und Fluren, durch die uns benachbarten Gefilde und gelangten nachts gegen acht Uhr zu unserem Kloster, das so übervoll und überreich an Ernteerträgen. Mehr als 1000 Reiter bezogen darin ihre Quartiere. Sie hausen unter unseren Dächern! In den Ställen, den Heizungsräumen (hypocaustis), in Scheunen und Tennen (pavimentis), in den Werkstätten, den unterirdischen Räumen. Sie hausen in unseren Schlafsälen, Speisesälen, in der Klausur. Sie verschonten nicht einmal die gottgeweihte, so herrlich ausgestattete „Basilika" des hl. Petrus. Vor gar nichts schreckten sie zurück. Sie schändeten das Gotteshaus, indem sie es als Roßstall benutzen. Dann verbrachten sie die Nacht mit Saufen und Prassen, Hurerei (graecando) und Extrinken. Gleich nachher drangen sie in alle unsere Zellen und Zimmer, in die geweihten Räume ein, brachen jede verschlossene Tür auf, warfen im Archiv (tablina) alles durcheinander. Was mit Holz getäfelt war, dem „zogen sie die Haut ab", rissen sie herunter, durchlöcherten die Schränke, warfen kirchliches Gerät und häusliche Gegenstände weg, besudelten die Kirche mit Unflat, plünderten die Sakristeien aus, entweihten die Altäre und zerstörten sie, entweihten die hl. Reliquien; die Hände der Gottesschänder vergriffen sich selbst am Allerheiligsten. Kein Wunder, daß sie dann auch alle, Gott und den Heiligen geweihten Stätten entehrten nach Art der Harpyen, alles zugrunde richteten und selbst die Ruhe der Toten störten, die Särge unserer Mitbrüder aufrissen und die Leichen herauszogen. Kurz, es ist an der Tagesordnung, alles und jedes zu schänden und zu zerstören. Meine Feder, du sträubst dich...

Andere Rotten – ein sehr langer Zug von unserer Klostermark bis *Bogen* – schlichen sich an die Stadt heran. Von den Bogener Wachtposten forderten sie nicht nur den Durchmarsch und Quartiere, sie drohten ihnen vielmehr, sie auf der Stelle umzulegen, wenn sie nicht im Augenblick über die geschlossene Brücke eingelassen würden und verbieten ihnen mit der nämlichen Strafe, daß die Wächter irgendein Alarmzeichen mit den Glocken oder Gewehren geben und einen Aufruhr erregen. Gesagt, getan: die eingeschüchterten Wächter öffneten ihnen, die Reiter-Schwadronen zogen heimlich ein und besetzten in wenigen Augenblicken, man könnte sagen, auf einen Schlag die ganze Stadt. Alle Tore und Haustüren, verriegelten Zugänge werden, wenn sie nicht auf dem schnellsten Wege von den Bewohnern aufgemacht werden, mit gewaltigen Schlägen zertrümmert, zerschmettert, zerbrochen. Allzu stürmisch und ungestüm (noch bevor man ihnen die Türen aufriegeln kann) brechen sie in die Häuser ein, stehlen, plündern, rauben und räubern und wüten sie usw.. Wer könnte hier den Schrecken, die Angst und Furcht der vor Entsetzen verstörten Bürger schildern? Die wortlosen Schreie der Frauen und Kinder, ihr Weinen und Wehklagen, ihr Stöhnen, ihre würgenden Ängste, ihr wirres Reden und wie sie aus ihren eigenen Heimen hinausgeworfen und fortgejagt werden. Auch vor ihrem Leid und Schmerz sträubt sich meine Feder...

Ein anderer Stoßtrupp verließ Bogen und streifte in Rotten durch die Orte der Donauniederung,* um den Löwenanteil der Beute aus Burgen, Klöstern und den wohlhabenderen Dörfern an sich zu reißen. Auch die umliegenden Dörfer und Siedlungen überfielen sie. Im Schutze der Nacht ergossen sie sich überallhin. Wo sie hinkamen, schlugen sie die Einwohner nieder oder verjagten sie.

Ebenso vertrieben sie in dieser unseligen und stürmischen Winternacht unsere Mitbrüder, die ich nach ihrer ersten Flucht zurückgerufen, aus dem Marienheiligtum auf dem Berge, das ich aber selbst schon wieder verlassen hatte. Sie ergriffen im Schutze der Dunkelheit, ohne sich lange zu besinnen, erneut die Flucht, als sie das schwedische Militär mit seinen unzähligen Sturmlaternen (luminaribus) und Fackeln von der Höhe des Berges aus heranziehen und nach Bogen reiten sahen. Alle, ausgenommen P. Sebastian Oberer,* der sich lieber als Opfer der Gefahr aussetzen wollte als noch einmal von diesem hochverehrten Heiligtum, der Marianischen Gnadenstätte sich zu trennen. Nachdem die Schweden, wie gesagt, die Stadt überrumpelt hatten, hatte eine eigens dazu abgestellte Rotte ihre liebe Not, auf den Berg zu kommen. Sie machten jedoch den Weg ausfindig und suchten einen Führer. Sie finden ihn in einem Bürger, von Beruf Färber* – ob er es gezwungen oder aus freien Stücken tat, konnte ich noch nicht erfahren –, der ihnen mit einer Lampe voranleuchtete. Gewiß führte er diese Nachtschwärmer und Schurken nicht zum Beten auf den Berg des Gebetes, sondern allein um ihrer Raublust willen. Er wies sie nicht durch den gewöhnlichen Eingang in unser Haus, sondern durch den Pferdestall und geleitete sie von da durch die unteren Räume bis auf den Boden (1. Stock). Wie aus Wut zerhackten und zertrümmerten sie die meisten Tischlerarbeiten. Was ihnen in die Augen stach, klauten sie und zwar sowohl im Pfarrhaus wie in dem langen, neuen Schlafsaal der Brüder.

Darauf drangen sie in das Marienheiligtum ein. Die ganz fest mit dicken Riegeln versperrte Tür zerhackten sie; auch die Schatzkammer, die mit einem Türriegel und Eisenstangen gut verschlossen ist, brachen sie mit ungestümer Wut und Gewalt mit Kreuzhacken und Keulen auf. Wie sie dann gierig nach Beute schnappten und alle Winkel der Kirche nach gottgeweihtem Diebesgut durchstöberten, stießen sie hinter dem Altar der glorwürdigen

Gottesmutter, der sich an der Stirnseite der Ost-Apsis befindet, auf unseren P. Sebastian. Wie wilde Bären fielen sie über ihn her und versuchten ihn, mit Schimpfworten zu provozieren, schlugen ihn mit Gewehrkolben blutig, rissen vom Hochaltar die schweren Kerzenleuchter herunter, um damit furchtbar auf ihn einzuhauen. Als er infolge der heftigen Hiebe zusammensackte und er seine Folterknechte selbst um den Tod anflehte, weigerten sie sich, ihn von seiner Qual zu erlösen. Sie schrien ihn vielmehr an, daß er sich auf eine noch länger dauernde Marter gefaßt machen solle. Halbtot ließen sie ihn in seinem Blute liegen. Später wurde er in das nahe Dorf hinabgetragen. Nach einem halben Monat guter Pflege erholte er sich so weit, daß er von dort sich zu unserem Konzeller Vikar (P. Georg Zettl) begeben konnte, wo er bald darauf – siehe unterm 22. Dez.! – von den Schweden wiederum gefangen und verschleppt wurde.

Das war also diese zweite unheilvolle* und für uns allzu verhängnisvolle Nacht. Sie hat unsere über alles geliebte Gemeinschaft so weit auseinander gerissen, so unsere brüderliche Einheit gesprengt und die einzelnen Religiosen so weit zerstreut, daß wir nicht mehr zu hoffen wagen, daß alle diese Glieder und Brüder jemals noch in dieser Welt unversehrt zu ihrer früheren Gemeinschaft zusammenfinden werden. Die einen flohen in die nahe Waldgegend und machten sich Hoffnungen auf eine baldige Heimkehr ins Kloster, zumal jedermann damit rechnete, die Schweden würden vielleicht schon bald ins Österreichische hinabziehen und unsere Gegend verlassen. Es kam jedoch ganz anders, wie wir später hören werden. Mehrere Mitbrüder machten sich auf den Weg nach Passau und wanderten zum erstenmal weiter fort. Wo sollten sich denn sonst die meisten Brüder bis jetzt aufhalten als in der Nähe, da sie doch bis anhin fest auf die baldige Heimkehr in die klösterliche Familie hofften. Jetzt aber verloren sie alle Hoffnung und zogen getrennt in die verschiedenen Provinzen weiter. Die Namen der Brüder, die in diese Länder weiter unten aufbrachen, faßt diese Liste zusammen:*

1. Gruppe:

1. P. Sebastian Widmann, Senior u. Vikar in Loitzendorf [† 19. 12. 1634]
2. P. Melchior Scherb, Vikar in Aiterhofen
3. P. Johannes Trölinger, Sakristan auf dem Marienberg
4. P. Ambrosius Wücht, Kastner unseres Klosters [†1634]
5. P. Friderich Würtzburger, Beichtvater auf d. Marienberg
6. P. Franziskus Höfli, Schulleiter des Klosters
7. P. Philipp Nigrinus, Bibliothekar des Klosters [†1634)
8. P. Bartholomäus Döler, Pfarrer in Reibersdorf [†1634]
9. P. Johannes Brem, aus Fulda, Profeß, Gast u. Kaplan auf dem Berg
10. Fr. Ignatius Guolff, Diakon
11. Fr. Kaspar Herdum [†1634]
12. Fr. Dominik Poemer, Diakon, Organist des Klosters [†1634]
13. Fr. Basilius Lehner, Diakon
14. Fr. Paulus Zeller, Subdiakon
15. Fr. Simon Marruck, Obersakristan [†1634]
16. Fr. Matthias Vendt
17. Fr. Benedikt Reitmayr
18. Fr. Laurentius [Reißinger †1634]
19. Fr. Stephan [Lanzenberger †1634]
20. Fr. Matthäus (Namen fehlt)
21. Fr. Andreas [Pichler †1634]

Jene Mitbrüder, die in die Waldgegend flohen, dann aber von den Feinden eingeschlossen, teilweise gefangen und getötet worden sind, bringt die folgende Liste:

2. Gruppe:

22. P. Vitus Höser, Abt [† 9. 8. 1634]
23. P. Vitus Hofbrucker, Propst zu Elisabethszell [†1634]
24. P. Markus Rieck, Prior des Klosters [†1634]
25. P. Hiernonymus Gäzin,* Prior u. Pfarrer auf dem Marienberg
26. P. Sebastian Oberer, Kaplan auf dem Marienberg [†1634]
27. P. Balthasar Kreutzer, Kaplan auf dem Bogenberg [†1634]

28. P. Placidus Frey, Klosterpfarrer
29. P. Maurus Lodnmayr, Kellermeister des Klosters [†1634]
30. P. Georg Zetlius, Vikar in Konzell [†26. 1. 1634]
31. P. Thomas Cantor, Vikar in Haselbach [†1634]
32. P. Bruno Hammermeister, Vikar in Elisabethszell [†1634]
33. P. Jakob Gahr, Kaplan in Haselbach [†1634]
34. Fr. Vinzenz Erstendorffer, Diakon u. Untersakristan [†1634]
35. Fr. Petrus Einslin
36. Fr. Thaddäus Hartperger [†1634]
37. Fr. Raphael Agricola, Laienbruder [†1634]
38. Fr. Nikolaus Frey
39. Christoph Wörner, erst eingekleidet.

Außer den genannten Mitbrüdern gehören noch unserem
Oberaltaicher Kloster und unserer Lebensgemeinschaft an die der

3. Gruppe:
R. P. Andreas Piller, Abt von Prüfening*
R. P. Benedikt Guolph (Wolf), Abt zu Mallersdorf*
P. Augustin Gröller, von Prüfening angefordert [†1634)
P. Dietrich Schiller,*
P. Roman Gensmeth,*
Fr. Bernhard Grimming,   } in Österreich vermißt (dispersi)
Fr. Gabriel Holzer,

Nachdem ich, wie versprochen, die Namen kurz angeführt habe, kehre ich zu meinem eigentlichen Vorhaben zurück. Ich halte
mich also derzeit im Kloster *Gotteszell* auf, wo wir mit unseren Gefährten zum Essen gerufen werden. Wir übernachten hier.

25. November: Fest der hl. Katharina. Wir kamen miteinander zu
dem Schluß, nach Passau hinabzuwandern. Von dort könnten wir,
wenn es dann ratsam sein sollte, unsere Flucht entweder nach
Österreich oder in die Salzburger.Alpen fortsetzen.*Wir teilen uns
in zwei Gruppen, die eine marschiert heute voraus, wir anderen
drei kommen morgen nach. So machen sich heute die drei Patres

Sebastian Widmann, Melchior Scherb und Ambros Wücht auf den Weg durch abgelegene Waldorte, indes ich mit P. Vitus und unserem Architekten in Gotteszell bleibe. Allerdings mußten wir unser Vorhaben, den ersten drei nachzufolgen, über Nacht, gegen unseren Willen ändern: wegen P. Vitus. Sein rechter Arm – Siehe 14. Nov.! – ist infolge einer bösartigen Geschwulst, die bis zum Gesicht hinaufstieg, angeschwollen. Sicher geht dies auf die Kälte und den Schneesturm auf unserer Flucht zurück. P. Vitus würde sich beim längeren Weitermarsch keiner geringen Gefahr aussetzen. Darum entschieden wir uns, in die entgegengesetzte Richtung nach *Viechtach* zu stapfen, wo er in unserem Haus* für seine Gesundheit sorgen, der Ruhe pflegen und einen Chirurgen beiziehen könnte.

Die Schweden gingen inzwischen gar nicht lässig zu Werke. Täglich und stündlich rückten sie weiter vor und ergossen sich überallhin. Der Weimarer war fest überzeugt, daß das Eisen geschmiedet werden müsse, solange es glühe. Wenn es einem schon zuwinke, müsse man das Kriegsglück nutzen, so lange es einem gewogen und gnädig sei. Vor gar nicht langer Zeit hätte der Bayer das Waffenglück in seine Arme geschlossen gehabt, hätte aber dieses Vorrecht und die günstige Chance nicht zu nutzen gewußt. So spottete und höhnte er ärgerlich und nannte den Fürsten des Bayernlandes einen faulen Soldaten. Er machte sich lustig über unseren und seines Landes Untergang, indes wir Bewohner immerfort unsere Toten beklagen müssen. Der Weimarer rückte ständig vor, sage ich, und wütete überall gleich grausam. Schon hatte er nämlich das Prämonstratenserkloster *Windberg* und das Benediktinerkloster *Metten* mit allen dazwischen liegenden Burgen und Schlösern der Adeligen und außerdem die Stadt *Deggendorf* genommen,* wo er einen ungeheueren Schrecken verbreitete, sodaß die Einwohner mit ihren häuslichen Vorräten und ihrer wertvolleren Habe sich in die Flucht in den inneren Wald stürzten. Diese Tatsache brachte auch den Prälaten von Gotteszell an den Rand der Verzweiflung; denn er mußte sich nun sagen, daß der nur noch zwei Gehstunden entfernte Schwede in kurzer Frist auch zu einem Überfall auf sein Kloster ausholen werde. Daher arbeitete er mit allen Kräften darauf hin, daß Hindernisse für die Feinde erstellt würden. Er rief alle Untertanen der Zisterzienser und die Einwohner der Umgebung zusammen und forderte sie auf, die engen Wege und Zugänge, die diese Gegend aufweist, zu versperren, Verhaue zu errichten. Sie fällten dicke Stämme, die sie haufenweise, kreuz und quer und übereinander auf die Wege und Straßen fallen ließen. Sie stellten Wachen und Späher und nächtliche Streifen auf usw..

26. November: Abschied von Gotteszell. Marschiere mit meinen zwei Begleitern, P. Vitus und dem Baumeister Ulrich gegen *Viechtach*. Auf dem Wege durch *Ruhmannsfelden,* wie wir gerade an der Burg vorbeigehen, kommt uns ein Knecht des Pfarrers von *Geierstall** entgegengeritten und überreicht mir einen Brief. Der Pfarrer, ein Wohltäter unseres Klosters, lädt mich in seinen Pfarrhof ein, da er diesen Ort vor einem schwedischen Einfall für sicher hielt. Deshalb hatte er auch vor einigen Tagen zwei von den Unsrigen aufgenommen. Er bittet inständig, zu kommen. Ich versprach, ihn bald zu besuchen. Setzten unseren Weg fort. Ankunft in Viechtach gegen 1 Uhr. Machen einen Abstecher und kehren in unserem Klosterhof ein. Das Haus bewirtschaftet derzeit der ehrenwerte Herr Georg Steignfels. Wir trafen auch hier in der Gegend Ordensleute und Laien mit Kind und Kegel, die in diese Region geflohen sind, um einem schwedischen Überfall auszuweichen und zuvorzukommen; denn alle Menschen hat eine gewaltige Bestürzung befallen wegen der erbärmlichen Verhältnisse der Bewohner und der bejammernswerten Lage unseres Landes, das sie verloren geben, *weil uns kein Hund verteidigt und beschützt.* Wie eine verlassene Witwe ist das Land den Schweden blindlings ausgeliefert, als vogelfreie Beute hingeworfen, daß es zugrunde, völlig zugrunde gehen muß. Überall ruht das handwerkliche Können. Keiner arbeitet und schafft mehr etwas, wenn ihn nicht die nackte Not dazu zwingt; denn wozu, wenn keiner mehr für sich Vorsorge treffen kann, ihm vielmehr die tägliche Erfahrung stündlich vor Augen führt, daß alles und jegliches Eigentum, was er mit vielem Schweiß und Schwielen in langen Jahren erworben und zusammengetragen hat, doch nur zur Beute der Schweden wird. Die unausbleibliche Folge dieser friedlosen Zeiten, der Vertreibung und Entwurzelung, dieser doppelten Rat- und Hilflosigkeit ist, daß schon keiner mehr etwas schaffen und erreichen will, sondern sein ganzes Sinnen nur darauf richtet, wie er das Erworbene erhalten und sichern könnte.

27. November: Bleibe heute Sonntag hier mit unserem Baumeister Ulrich Walchner. P. Vitus hingegen kehrt in die *Propstei* heim, die wir am 23. November verlassen haben, weil er den Chirurgen braucht, den er von dort aus leichter als hier aus dem Nachbardorf *Haibach* herberufen kann.

Heute Einladung beim Edlen und Gestrengen Herrn *Pettenbeck,** Landrichter von *Viechtach*. Nach Tisch in seinen großen Park geführt. Hat sich dort eine neue Einsiedlerklause gebaut mit vielen einheitlich eingerichteten Zimmern, Zellen, Kellern und Brunnen usw.

Heute kursiert das Gerücht, die Schweden seien von *Deggendorf* ausgeschwärmt und hätten mit Hilfe eines ortskundigen Führers durch die unwegsamen Waldsteige *Gotteszell* erreicht. – Siehe 24. November! – Zuerst sollen sie die unwachsam am Lagerfeuer sitzenden Wachtposten verjagt und acht von ihnen niedergemetzelt haben. An das Kloster herangerückt, seien sie mit Gewalt eingedrungen. Einige Diener blutig geschlagen. Es heißt, daß sie mit ihrer Beute den P. Prior gefangen fortgeschleppt haben. Die übrigen Mönche seien knapp entkommen.

Nach der Eroberung von Deggendorf – Vgl. oben unterm 24. Nov.! – haben die Schweden auch das berühmte Benediktinerkloster *Niederaltaich,** nur etwas mehr als eine Gehstunde von der Stadt entfernt, besetzt. Von dort zog der Weimarer weiter nach *Vilshofen.** Dort blieben ihm aber, obwohl er die Stadt gerne eingesteckt hätte, seine Hände sauber, weil ihm das kaiserliche und bayerische Heer Widerstand leisteten, damit er nicht nach der Einnahme von Vilshofen den Weg zum Weitermarsch nach Österreich frei bekäme. Die aufmüpfende Jungbauernschaft und Bauernbrut in Oberösterreich wünscht sich nämlich nichts anderes, als daß die Schweden nach Österreich ziehen. Sie harren ihrer Ankunft und können sie kaum mehr erwarten. Mit Hilfe der Schweden hoffen die aufrührerischen Bauern, könnten sie mit vereinten Kräften den Kaiser verjagen.

Obgleich die Schweden mit ihrem vorgehabten Wagestück hier also abgeblitzt sind, setzten sie sich wegen dieses gescheiterten Unternehmens oberhalb von Vilshofen fest und ergossen sich vom bayerischen Unterland in die gesegnete hügelige bzw. waldreiche Gegend. Die Folge war, daß die Leute im *Bayerischen Walde*, von Ort zu Ort vertrieben, nirgends mehr sicher leben konnten. Ihr wertvolleres Vermögen, den Familienbesitz, vor allem jedoch ihr Geld schleppten sie mit sich. Das ist die Erklärung für folgenden Unfall: An diesem Sonntag hat zufällig ein Bauer aus der Nachbarschaft, ein altersschwacher Mann einige Hundert Gulden in Münzen (mit seiner Habe) auf dem Rücken von daheim fortgeschleppt, um ein schwer zugängliches Versteck im Gehölz zu finden. Auf der Flucht stürzte der herumsuchende Greis nichtsahnend in eine tiefe Wolfsgrube hinunter, die zur Täuschung des Wildes in üblicher Weise leicht mit Reisig überdeckt war. Er spießte sich Hals über Kopf an einem spitzen Pfahl auf, der aus dem Boden der Grube aufragte. Die Spitze drang ihm bis in die Brust. So aufgespießt, verlor der Mann durch diesen erbarmenswerten Unfall mit dem Gelde sein Leben.

28. November: Bleibe in Viechtach. Die Marktbewohner sind wegen der drohenden schwedischen Überfälle so bestürzt und verängstigt, daß sie ebenfalls ihre Siebensachen zusammenraffen, sich damit abhetzen, sie irgenwohin zu fahren, zu schaffen, zu verstecken. Jetzt weichen auch die vornehmen Herrschaften des Marktfleckens mit ihrem Haushalt, mit Weib und Kind und übersiedeln an weniger gefährdete Orte.

Heute in der Nacht gegen 8 Uhr *Alarm* mit der Glocke. Einige kurze Schläge des Türmers künden uns urplötzlich eine feindliche Gefahr an. Dieses Signal ließ jeden und alle vor Schrecken erzittern. Aus ihren Häusern stürzen die Bewohner in Scharen auf die Straßen. Alle fragen einander, was der Alarm bedeuten soll. Mit meinem Begleiter Ulrich mache ich mich im Finstern durch dieses Getümmel (inter turbas et tenebras) hindurch davon, vorbei an den Wachtposten am Markttor. Wir verließen Viechtach. Über umgeackerte Felder und dann auf einem abschüssigen Gangsteig in der Nähe des Regens kommen wir gegen 10 Uhr zum *Schnitzhof*. Diesen unseren Maierhof bewirtschaftet als Lehenspächter, der Bauer *Wurzer*,* unser Untertan. Den Rest der Nacht und Nachtruhe verbrachten wir auf Bänken, die er uns dazu angeboten hat. Um aber zu erfahren, was die Ursache dieses Tumultes und was er für Folgen hatte, habe ich einen Läufer fortgeschickt. Wie er gegen Mitternacht zurückkam, hörten wir, daß alles wieder ruhig und in Ordnung und daß Frieden sei. Der Späher auf dem Kirchturm hätte sich nur getäuscht. Er hatte in der Ferne nächtliche Feuer gesehen und einen schwedischen Angriff befürchtet und deshalb übereifrig an die Glocke gedengelt.

29. November: Vorabend des Andreasfestes. Zu Fuß vom Schnitzhof zurück nach Viechtach. Nach Tisch gehen wir nach *Geierstall* zum dortigen Pfarrer. Siehe 26. November! Hörten dort aber, daß er selbst nicht da sei. War zum Leutpriester (plebanus) von Böbrach gegangen. Auf dem Wege dorthin, holen wir ihn ein, trafen ihn vor einem Wirtshaus ganz nahe am Regen.* Mit ihm überqueren wir den Fluß und kommen zum Böbracher Pfarrer, der uns sehr ehrerbietig und freundlich aufnimmt. Bei ihm stoße ich auf zwei von den Unsrigen, P. Balthasar (Kreutzer) und Fr. Petrus (Einslin), die der Pfarrer von Geierstall vorausgeschickt hatte. Wir übernachteten hier alle. Auch hier wieder eine Unmenge von Flüchtlingen, die sich selbst retten und ihre mitgeschleppten Sachen vor den Schweden sichern wollen.

30. und letzter Novembertag: Fest des hl. Andreas. Noch immer kein Hoffnungsschimmer, daß sich unsere Lage bessern könnte. Greifen darum unseren Plan, nach Passau hinabzuziehen, wieder auf. Nehme Fr. Petrus und unseren Baumeister mit. Aufbruch im Morgengrauen. Wir sind noch nicht lange auf dem Weg, melden uns Leute, die wir treffen, daß die Schweden einen Ausfall aus Cham

unternommen und das dichtbesiedelte und reiche *Kötzting** eingeäschert hätten. Die Ursache dafür war, nach ihrer Angabe, daß die
Kötztinger sich geweigert hätten, die sogenannte „Brandtsteuer"
(incendiaria exactio) zu zahlen und daß sie die Schweden, als diese
wiederholt die Eintreibung dieser Steuer forderten, mit ihrer bewaffneten Bürgerwehr davontrieben. Wie wir später genauer und
eingehender erfuhren, spielte sich diese Brandkatastrophe furchtbar grausam ab, ein erbarmenswertes und trauriges Schauspiel.
Ganz plötzlich und unerwartet fiel nämlich eine Reiterhorde ein,
umzingelte die ganze Stadt und legte an verschiedenen Stellen auf
den Schindeldächern Feuer. Die Einwohner waren ganz außer sich
vor Schrecken ob dieser nie gehörten Grausamkeit. Sie vermoch-
ten aber weder dem Riesenhaufen von Reitern Widerstand zu leisten noch das überall herum ausbrechende Feuer zu löschen und
einzudämmen. In ihrer Verzweiflung stürzten sie aus den aller-
wärts rauchenden Häusern auf die freien Straßen. Aber der Rauch,
die herabfliegenden Dachziegel und umherwirbelnden Schindeln
und vor allem die unerträgliche Gluthitze dieses gewaltigen Flam-
menmeeres erlaubte mitnichten ein Verbleiben auf den Straßen
und Plätzen. Vielmehr stürmten und drängten sich alle, um schnell
aus der Stadt hinauszukommen. O unmenschliche Grausamkeit!
Es ist nur allzu wahr: Wo immer die Menschen aus der Stadt zu
fliehen und gleichzeitig hinauszukommen sich drängten und
stemmten, sperrten ihnen die bewaffneten, berittenen Mordbrenner (incendiarii) den Weg und zwangen die Ärmsten in ihrer
Todesangst zur Rückkehr in die Stadt und zum Feuertode oder
töteten sie vielmehr gleich auf der Stelle mit ihren Geschossen
(sclopetorum pilis). Feriebat aethera clamor!* Das Schreien drang
zum Himmel.

Nach dem Abzug dieser Weimarer Furien und Racheteufel hät-
test du mit eigenen Augen die Leichen sehen können, wie sie dicht
übereinander gehäuft, verkohlt (ustalata), halbverbrannt, gebraten
wie gebratene Fische herumlagen auf den Straßen und Plätzen, in
den Eingängen und ausgebrannten Häusern. Diese Tragödie war
noch viel grausamer als die berüchtigten Grausamkeiten der Geten.* Bei ihrem Anblick mußten nach ihrem eigenen Geständnis,

viele von den Kroaten, die am Tage danach vorbeiritten und alles mitansehen mußten, weinen. Nach ihrer Ansicht dürfe man diese Schandtat nicht unter die christlichen Heldentaten, sondern müsse sie unter die barbarischen skythischen Greueltaten einordnen. Aber wozu auf die so weit zurückliegenden Geten hinweisen? Das brauchen wir nicht, um Unmenschlichkeiten zu erleben, da wir mit dem Weimarer den Meister aller Grausamkeiten (nicht vor den Toren) sondern vielmehr innerhalb unserer eigenen Tore haben und zu spüren bekommen. Aber zurück zu unserem Plan! . . .

Am frühen Morgen haben wir Böbrach verlassen und kamen während der Mittagszeit in den Marktflecken *Regen,* wo wir erst frühstückten, um dann unseren Marsch fortzusetzen. Aber da kamen ganz überraschend zwei Kompanien (Hundertschaften) *Kroaten* an, die im Ort Quartier machten. Niemand wußte uns zu sagen, ob sie hier bleiben oder noch heute weiterziehen würden. Für uns war es jedoch klar, ob sie bleiben würden oder nicht, daß wir das Weite suchen müßten, wenn wir nicht mit solchen Gästen Verdruß und Widerwärtigkeiten erleben wollten. Es schien uns jedoch bedenklich, unseren geplanten Fußmarsch fortzusetzen. Wir fürchteten nämlich, die Kroaten könnten den gleichen Weg einschlagen und uns überfallen und ausplündern.* Daher gaben wir beides auf, die Stadt sowohl wie unseren Passauer Plan und bogen auf einem Umweg in Richtung Burg *Weißenstein** ab, zu der wir nur eine Stunde Weges hatten. Diese Burg ist direkt auf einer Bergzinne erbaut, man könnte auch sagen, wie ein Nest aufgesetzt. Sie ragt auf der Felsenspitze nochmal wie ein Gipfel empor.

Wir stiegen zur obersten Plattform hinauf, überquerten in Kirchturmhöhe nicht ohne Staunen und Schwindelgefühl die über der Sohle des Burggrabens errichtete, sozusagen hoch in der Luft hängende Holzbrücke. Die Burg steht in diesen unruhigen Zeiten verlassen da. Wir stiegen mit unserem Führer aus Regen herum. Während wir bei unserem Rundgang dieses Denkmal alter Bauart bewunderten, erschien unvermutet der Pfleger Viktor *Steckl* (Stöckl), kam grüßend auf mich zu und lud uns in sein Haus ein. Von der Burg führte er uns in seine Wohnung. Indem er uns zuvorkommend und freundlich ein Abendessen mit Übernachtung anbietet und sich uns widmet, beweist er seine Gefälligkeit. Beim Essen nahmen auch einige Adlige teil, die durch die Schweden von ihren Adelssitzen verjagt worden waren und sich ins Unterland begeben wollten. Der Burgherr dieser Hofmark beherbergte so viele Vertriebene und Flüchtlinge als Platz fanden.

Sie hatten ihren Besitz in diese Burg gebracht, um ihn vor den Schweden und vor Raub zu schützen. Um sich erkenntlich zu zeigen, stellten sie sich als Wachtposten auf dem Berge und rund aum die Burg zur Verfügung.

Rasch wurde die Neuigkeit bekannt, daß kroatische Reiter in Regen unten liegen. Niemand aber kannte den Grund ihres Aufenthaltes. Um diesen herauszubringen, verwandte der Pfleger viel Zeit und Mühe. Als er endlich die Ursache erfahren hatte, berichtete er uns bei Tische, daß endlich einmal die längst erwartete militärische Hilfe im Anzuge, ja schon ganz nahe sei. Die Kroaten, sagte er, sind der Vortrab. Sie müssen die Wege auskundschaften und die Stellungen der Schweden rekognoszieren. Den Kroaten werde bald eine über alle Erwartung starke Armee nachfolgen. Diese sollte so stark sein, daß sie den hier angreifenden Feind nicht nur besiegen, sondern gänzlich über die Klinge springen lassen und aufreiben würden. Das wurde uns berichtet. Die Worte fanden Glauben und dieser Glaube schenkte uns allen Trost und Zuversicht, die das hörten und diese reitende Vorfreude und Vorboten (anteambulones) sahen. Wir alle waren eben voll Zuversicht und bauten fest darauf, daß die Schweden bald aus unserer Heimat vertrieben würden. In diesem Vertrauen sahen auch wir drei den Himmel wieder heiterer. Nochmals unterbrechen wir unseren Marsch nach Passau. Wir haben vor, nach Viechtach oder auf andere unserer Besitzungen, die dem Kloster näher liegen, zurückzukehren.

1. Dezember: Wir steigen nach *Regen* hinab und lassen uns dort ein Mittagessen geben, aber der Landrichter von Viechtach – siehe 27. Nov.! – läßt mich, wie er von meiner Anwesenheit erfährt, durch einen Boten zu sich bitten und zu Tische laden. Vorgestern wollte er noch vor den Schweden fliehen, heute ließ er sich in einer Sänfte

(gestatoria sella) in die Stadt tragen. Ich ließ meine zwei Reisege-
fährten im Gasthaus zurück und gehe zu ihm. Er sitzt bereits mit
kroatischen Offizieren (antesignanis) zu Tische. Ich finde die
erwünschte Gelegenheit, vieles mit meinem Tischnachbar, einem
kroatischen Fähnrich zu besprechen. Er ist ein polnischer Adeliger,
der sehr gut Latein spricht. Er versichert das nämliche über den militärischen Sukkurs. Der *Friedländer*, der Generalissimo der kaiserlichen Armee, beteuerte er, stehe mit einem Riesenheer, einer riesigen Kriegsmaschinerie schon im Gebiete von Cham*, nur vier bis
fünf Meilen von hier entfernt. Wallenstein habe seinen General
(Isolani) mit 6000 Kroaten aus dem kaiserlichen Lager vorausgeschickt. Isolani werde selbst in den nächsten Tagen mit seinen
sämtlichen Reiterabteilungen nachfolgen, um den ganzen „Unteren Wald" zwischen Bayern und Böhmen zu besetzen. Der Friedländer will den „Oberen Wald" von Cham bis Regensburg in seine
Gewalt bringen. Durch diese Umzingelung werde der Weimarer
zwischen der kaiserlichen Armee und der Donau eingeschlossen
und in die Enge getrieben. Notfalls müßten die Weimaraner bis zur
völligen Aufreibung niedergemacht werden. Diese zwei Kompanien fackelten nicht lange herum, sondern stießen gestern noch bis
Deggendorf vor und brachten heute Gefangene und Beute mit. Am
folgenden Tage folgten ihnen sehr viele Reiterfähnlein nach. Warum sollten sie nicht auch am nächsten Tage bis zu unserem Altaicher Kloster gelangen? Ich habe den kroatischen Fähnrich über
die augenblicklichen Verhältnisse, die geographische Lage und die
Bedeutung meines Klosters eingehend informiert. Warum sollten
sie nicht auch am folgenden Tag die weimarer Besatzung verjagen? Dieser so flinke und erfolgreiche Vorstoß der Kroaten nach
Deggendorf, wo sie die Schweden hinauswarfen, ließ auch unseren Mut wieder aufleben und die Sehnsucht, in die Heimat zurückzukehren.*

Nach Mittag kommt mir zufällig der Prälat von *Gotteszell* in den
Weg, der jüngst bei dem Überfall auf sein Kloster noch entronnen
war – Siehe 27. Nov.! – und gleichfalls nach Regen geflüchtet ist. Er
wollte heute nach Hause heimkehren, mußte aber seine Abreise
aufschieben bis morgen, weil er aufgehalten worden sei. Ich ent-

schloß mich, ihn auf seinem Marsch zu begleiten, da ich ja auch auf unseren eigenen Boden heimkehren möchte und weil ich den gleichen Weg habe. Der Prälat war einverstanden. Wir gingen dann gemeinsam in den Pfarrhof, zum Herrn Dekan hinüber, der aber gleichfalls sein Haus verlassen hatte, während seine Angehörigen dageblieben waren. Aus Furcht vor einer schwedischen Überrumpelung ist er in den inneren Wald geflohen, wo es in den abgelegenen Orten Glashütten gibt (vitriariae officinae). Wir bleiben aber dennoch alle zwei im Pfarrhaus, essen, unterhalten uns und übernachten hier.

2. Dezember: Früh verließen wir des Dekans Haus und den Markt Regen. Nach einer Bergwanderung trafen wir gegen Mittag im Kloster *Gotteszell* ein. Kaum haben wir die Schwelle überschritten, laufen uns zwei Klosterdiener mit dicken Verbänden um ihre verletzten Köpfe in die Arme. Sie erzählen uns den Hergang des Unglücks: Wie die Reiter des Weimarers bei Nacht das Kloster überfielen, plötzlich hereinstürmten und wie sie dann selbst zugerichtet wurden. Dann nahm ich mit dem Abt die Prälatur und die anderen Räumlichkeiten in Augenschein, die nach dem Klosterbrand vor einigen Jahren* aufwendig, mit beträchtlichen Unkosten hatten neu errichtet werden müssen. Jetzt aber sind mit der ganzen Innenausstattung vor allem die kunstvollen Schnitzwerke und Tischlerarbeiten von dem neidischen, scheelsüchtigen Haufen fast alle verdorben, zerspalten, zerbrochen und durchlöchert worden. Ein Anblick, der einem das Herz vor Abscheu und Entrüstung abwürgen könnte. Zudem mußten wir in der Kirche sehen, daß die so kunstvollen Paramentenschränke in gleicher Weise zerstört worden sind. Auch den Tabernakel des Hochaltares haben sie zertrümmert. Vor der Sakristei lag noch der riesige, balkendikke Rammbock, mit dem sie die eisenbeschlagene Türe mit vereinten Kräften bearbeiteten und durchbrachen und aus den Angeln hoben.

Als man uns zu Tische bat und wie wir gerade das Speisezimmer betreten, hören wir von draußen ein Schreien: „Reiter kommen"! Im selben Augenblick stürzt ein Diener herein, meldet, daß die Reiter schon aus dem Walde heraussprengen und ganz nahe seien. Er könne aber nicht sagen, wohin sie wollen, was sie im Schilde führen. Auf diese Hiobspost hin rennen und stürzen alle wie der Blitz auf und davon. Kein Wunder, hatten sie die Unmenschlichkeit dieser brutalen „Kriegsungeheuer"* doch zur Genüge kennen gelernt. Auch ich und meine zwei Begleiter, Frater Petrus und Ulrich Walchner stoben ohne einen Bissen anzurühren und ohne Abschied davon. Durch das untere, hintere Klostertor* und auf Schleichwegen entschlüpften wir in die Berge. Auf einen Fußsteig hingewiesen, stiefelten wir nach *Viechtach* weiter.

Es war schon Abend und wir hatten uns dem Markt auf eine halbe Meile genähert, da kamen uns Bauern entgegen, die uns abrieten, ja nicht weiter zu gehen, weil nicht bloß Viechtach, sondern auch alle Dörfer und Gehöfte der Umgebung voll von Reitern seien, die heute erst eingezogen sind und immer noch einziehen. Kroaten seien es aus dem kaiserlichen Lager, vom Generalissimo, wie sie ihn nannten, dem *Friedländer*, auf seinen Befehl vorausgeschickt. Der Friedländer selbst werde mit der Hauptarmee demnächst nachkommen. Wir beherzigten diese Warnung, kehrten um und kamen in einem abseits gelegenen Weiler, in *„Einwegen"* in ein kleines lumpiges Wirtshaus (vile hospitiolum). Mit unserem Wolfshunger essen wir zugleich zu Mittag und zu Abend und schmausen selbsdritt mit einem Knödel, zwei Eiern, Kleiebrot und mit einem Krug Wasser. Als es dann Zeit war, ins Bett zu gehen, beschäftigte uns die Frage, welche Art von Bank das sei.

3. Dezember: In der Frühe schickte ich einen Boten voraus, um auszukundschaften, ob und wo ein Weg nach Viechtach sicher sei. Dieser kam gegen 9 Uhr mit der Neuigkeit, daß das ganze Militär, 42 Reiterfähnlein, unter dem Befehl des Generals *Isolani*, im Aufbruch und Abmarsch sei. Eigentlich würde gar nichts mehr im Wege sein, was uns vom Weitermarsch abhalten könnte. Wir verließen daher Einwegen und stapften auf Umwegen nach *Viechtach*. Ankunft gegen Mittag. Wieder kehrten wir in unserem Klosterhof ein. Siehe 26. November!

Wir waren kaum zum Sitzen gekommen, da erschien ein höherer Amtmann, Kommissar der Heeresverpflegung (annonariae provisionis commissarius), der in unserem Haus speiste.* Dieser gab allerorts den Pflegern und Magistraten den strengsten Auftrag, daß sie alle Untertanen mit Nachdruck anhalten und den nötigen Proviant für die in den Wald einrückende Armee des Friedländers beibringen und ihn nach Viechtach liefern. Von hier, dem Mittelpunkt des Waldes (meditullium) könnten die angelieferten Lebensmittel dann leicht in die Lagerstandorte transportiert werden. Zu allererst aber müßten heute und in der heutigen Nacht 60000 Kommißbrote* gebacken werden, damit sie morgen an die Soldaten verteilt werden können. Die Waldler waren dazu alle erzbereit und gaben sich jegliche Mühe. Am folgenden Tage fuhren sie aus den verschiedenen Ortschaften einen gewaltigen Vorrat an Lebensmitteln und auch Furage für die Pferde in die Stadt. Außerdem wurde der zusammengetrommelten Bevölkerung der Befehl erteilt, die ausgefahrenen Wege im Scharwerk herzurichten, die vielen Straßenlöcher aufzukiesen, damit die Armee dann ungehindert marschieren und vorrücken könne. Ferner müßten sie feste Brücken über den Regen bauen und die schon bestehenden befestigen und verstärken, damit die Kanonen mit ihrem ungewöhnlichen Gewicht auf den Brücken nicht einbrechen, die Brücken sich nicht senken.

Diese kroatischen Reiterfähnlein, ein wahrer Schrecken für die Weimaraner, stürmten heute nach *Deggendorf* hinaus, das nur vier Wegstunden von hier entfernt liegt. Wie die Schweden, die sich in der Stadt sicher wähnten (latens), von ihrer Ankunft Wind bekommen haben, sind sie ausgerissen, haben die Stadttore angezündet, ihre Beute zusammengepackt und sind auf das andere Donauufer geflohen. Damit ihnen die kroatischen Reiter nicht nachsetzen können auf ihrer Flucht, häuften sie hinter sich Stroh auf die Brükke, streuten Schwefel, Pech und Pulver darüber und steckten das Stroh wie eine Lunte (stuppam stramineam) in Brand. So brannte die Brücke ab.

Nachdem die Kroaten die Feinde aus der Stadt verjagt hatten, machten sie gleich einen Ausfall und vertrieben die Schweden auf der preisgegebenen Seite der Donau*, legten die herumstreifenden Soldaten um oder nahmen sie gefangen. Den Rest trieben sie vier Meilen weit bis Straubing zurück. Hätten sie ihnen weiter nachgesetzt, genauer, ihnen nachsetzen *dürfen*, wären die Weimaraner ohne Zweifel gezwungen worden, auch *Straubing* zu übergeben oder zu verlassen. Nicht minder groß als die Angst und der Höllenschrecken, den diese kroatischen Erfolge den Schweden einjagten, war anderseits der Trost, den diese plötzlichen Fortschritte den Waldlern einflößten. Sie bauten ja zuversichtlich darauf, daß sie bald von der drückenden Drangsal der Schweden befreit werden würden.

4. Dezember: Zweiter Advent. Am Morgen sah ich den General der Kroaten, *Isolani*, aus der Messe kommen und über den Kirchplatz schreiten. Unser Held, ein Mann ohne Bart, kahlköpfig, trotzig wirkt sein feistes Gesicht, grimmig und zum Fürchten ist sein Blick. Durch seine gigantische Statur überragt er alle und er übertrifft auch alle mit seiner Bärenkraft. Am Gurt trug er einen herkulischen Krummsäbel (acinace). Goldfäden glänzen am Gürtel. In der Rechten schwang er seinen silbernen Generalsstab.

Nachmittags sah ich ihn noch einmal, wie er mit 36 Reiterfähnchen von Viechtach abzog und das zum großen Verdrusse seiner Soldaten. Als ich mich nach dem Grund für diesen Ärger erkundigte, sagte man mir, daß der General Isolani vom Generalissimo *Friedländer* unwiderruflich mit allen seinen zum Angriff auf die Schweden herangeführten Truppen zurückbeordert worden sei und er den Befehl bekam, ins kaiserliche Lager zurückzukehren, obgleich der größte Teil gerade den Feind noch um Straubing herum verfolgte. Diese mußten von einem ausgeschickten Trompeter zurückgeblasen werden. Diese unüberlegte, plötzliche Abberufung zum unpassendsten Zeitpunkt soll es sein, was die Kroaten so erbitterte, zumal sie gerade unter einem guten Stern stünden und den Schweden endlich den Garaus machen könnten und sie ihnen gerne ihre Riesenbeute abgenommen hätten.

Nach dem Abzug der Kroaten setzte ein großes Rätselraten ein, warum denn die Kroaten so unzeitig, Hals über Kopf von Wallenstein zurückberufen wurden. Viele Gründe wurden dafür angeführt. Einige wollten wissen, die Sachsen hätten vor, in das Königreich Böhmen einzufallen. Ihnen wolle der Friedländer einen Teil seiner Armee, den anderen aber den Schweden im Grenzgebiet zwischen Bayern und Böhmen entgegenwerfen. Andere vermuteten und behaupteten, Wallenstein wolle dem Feind mit einer besonderen Kriegslist einen Strick drehen, weshalb er seinen ganzen Heerbann zusammenziehe. Der Friedländer, mutmaßten andere, habe sich beschwert über die Geldnot und den Mangel bei der Verproviantierung. Wie grundfalsch dies jedoch wäre, wenn er das zum Vorwand nahm (für den Rückzug), haben wir oben unterm 3. Dezember gesehen.*

Nach einigen Tagen konnte man als Grund hören, der Friedländer sei darüber verstimmt und aufgebracht, daß ihm kein bayerischer Herzog – nicht einmal durch einen Legaten – einen Willkomm entboten habe, geschweige denn, daß einer zu ihm gekommen wäre, ihm den Weg gezeigt, mit ihm gesprochen oder den Weg bereitet hätte,* auf dem er ziehen sollte. Und all dies, obwohl er schon zehn Tage* mit seiner ganzen Streitmacht Stellungen im Bayernland bezogen und so lange Waffenruhe geherrscht habe. Nie sei ihm gemeldet worden, wo er den erbitterten Feind Bayerns überfallen und angreifen sollte. Daraus könne man es sich an den Fingern ablesen und leicht zusammenreimen, daß der Bayernfürst seiner Hilfe gar nicht bedürfe. Deshalb hätte Wallenstein den Isolani aus Bayern abberufen und in sein Lager zurückbeordert. „Soll der Bayer jetzt machen, was er will" (hätte sich Wallenstein gesagt).

Diese letzte Meinung ist wohl die glaubwürdigere. Es ist wenigstens teilweise wahr, daß Wallenstein – was auch gar nicht verwundert – weder durch Gesandte willkommen geheißen noch darüber unterrichtet wurde, wohin er seine Armada schicken solle. Das war aber auch gar nicht nötig, da er auch sonst die Rechte seines Amtes als allein bevollmächtigter Generalissimus sehr gut kannte. Darum ist auch dieser Vorwand hinfällig und wäre nur eine Spitzfindigkeit, weil ja doch dieser Schlaukopf mit den Bayern gar nicht sprechen wollte. Hat er doch selbst seinen teuflischen Haß und Neid auf den Bayernfürsten ausgesprochen, als er sich vor Wut nicht mehr kannte: Daß er nämlich nichts sehnlicher wünsche und wolle als dessen Untergang und daß sein Land von der

Landkarte verschwinde. Und noch mehr! Er höchstselbst konnte es nicht unterlassen, die Schweden zu diesem himmelschreienden Verbrechen zu verleiten und zu ermuntern, wie man jetzt in den „Relationen" (Berichten) lesen kann, die heuer im Drucke erschienen sind und auf den Frühjahrsmärkten* einzeln vertrieben und verkauft werden.

Es gefiel ihm nämlich, sich am Bayern (fürsten) zu rächen, der es beim Kaiser durchgesetzt hatte, daß Wallenstein vor wenigen Jahren seines Generalspostens enthoben und abgesetzt wurde.* Später war er trotz des Widerstandes des bayerischen Kurfürsten – der allerdings nichts nutzte – mit seinem früheren Posten und sogar noch mit weiter reichenden Befugnissen als vorher, betraut worden. Weil eben Wallensteins Herzensgeheimnisse allen verborgen blieben, deshalb setzten alle ihre Hoffnungen auf diesen vom Kaiser verordneten (praestitutum) Gideon.* Sie hofften, durch ihn von den Schweden befreit, von der ständigen Trübsal und Heimsuchung erlöst zu werden, vertrauten ihm, daß er ihnen den Frieden bringe und die frühere Freiheit wiederherstelle. Hofften, sage ich, vertrauten ihm und erwarteten es. Wußte doch ein jeder, daß der Friedländer mit seiner Militärmacht dem schwachen und zügellosen Weimarer meilenweit voraus sei und ihn überrage. Dieser Ansicht war auch ich; faßte Mut und Entschluß, wieder näher in die Heimat zurückzukehren. Ich schickte daher einen Laufboten zum Propst, er möchte mir ein Pferd überlassen, damit ich morgen nach Elisabethszell heimreiten kann.*

5. Dezember: Mit meinen zwei Begleitern (Fr. Petrus u. Walchner) verlasse ich am Tag vor Nikolaus nach dem Essen die Stadt Viechtach. Wir überwinden die Strecke mit den abwechselnd rauhen Bergen und tief verschneiten Tälern in zwei Stunden und kommen bei beginnender Dämmerung in *Elisabethszell* an, das ich am 23. November verlassen habe. Weil ich aber trotz meiner Heimlichkeit (allein schon durch meine Anwesenheit) in der Propstei Schuld* auf mich geladen hatte – den Grund habe ich unterm 22. November angeführt – deshalb ging ich jetzt erst im Finstern ins Dorf und schlich mich heimlich durch die hintere Tür ins Gebäude

und in die oberen Zimmer. Einzig der Propst erfuhr davon und empfing mich. Hier will ich mich ganz der Einsamkeit widmen, bis ich Gewißheit erlange, wie und wohin sich das Kriegsglück schlagen wird. Ich wollte mich eben nicht weit vom Kloster entfernen, solange noch ein Funken Hoffnung bestand, daß ich dorthin heimkehren könnte. Wäre mir nicht diese meine Einstellung und Überzeugung im Wege gestanden, hätte ich sehr früh ausweichen und an einen sicheren und ruhigen Ort hinabziehen können. In der Zwischenzeit nun, in der die Kriegslist unseres Friedländers dem Feinde eine Falle stellen sollte, um uns zu helfen und der Hand der Schweden zu entreißen, warteten wir genau so heiß und sehnsüchtig wie jeder Eingekerkerte auf seine Befreiung aus dem Arbeitshaus (Zuchthaus) wartet –, gerade da aber führte er den ganzen Heerbann nach Böhmen ins Winterquartier, damit sie sich vorzeitig in den Quartieren auf die Bärenhaut legen können. Durch diese Maßnahme verschaffte er den Schweden Narrenfreiheit für ihre Ausfälle und ihre willkürlichen Raubzüge. So brachte es Wallenstein fertig, daß sein Verhalten ganz offensichtlich nach einem Einverständnis mit dem Feinde, einer richtigen Verschwörung riechen mußte. Wer so etwas vermutet, vermutet richtig. Der Ausgang wird auch hier der Prüfstein der Taten sein.* Vergleiche unten, am 25. Februar 1634!

Diese freundschaftliche Geste des Friedländers, diese so generös angebotene Chance nahmen die Schweden wahr und sie nutzten sie nicht ohne Erfolg: Nachdem sie sich nur drei Tage um Straubing herum verborgen gehalten hatten, unternahmen sie ihre Ausfälle mit noch größerer Wut. Sie glichen aufgescheuchten Wespen, die wild aus ihren Nestern herausstürmen und ihre Stacheln unterschiedslos in alles bohren, was ihnen in den Weg kommt. So sind diese Weimaraner eine ärgere Plage als die Stechmücken Ägyptens.* Nachdem die Kroaten sie gehetzt und gejagt, wie ich unterm 3. Dezember notierte, brachen sie desto erbitterter in ihrer Rache hervor, um von nun an mit noch furchtbareren Stacheln zu stechen, mit ihrer Brutalität noch weiter auszuholen und noch mehr Unheil als bisher schon anzurichten.

6. Dezember: Fest des hl. Nikolaus. Während ich mich gestern und heute, zwei Tage hintereinander in den Wänden der Propstei ganz still halte, gönnen sich auch die Feinde um Straubing herum eine Schnaufpause. Um so weniger aber wollten die Schweden oberhalb des Waldes (transsilvanus), im Bereich von Cham, die Zeit totschlagen. Da ihr Aktionsradius immer größer wurde, kamen sie durch den Oberen Wald immer näher zu uns heran, was uns auch die Flüchtlinge und Vertriebenen mit Trauer und Tränen erzählten, die täglich durch unsere Hofmark zogen. Die Schweden bedrohten unsere Pfarrhöfe und stießen allmählich in die Pfarrbereiche von Loitzendorf, Konzell, (Herrn-) Fehlburg und Haselbach vor. Dadurch wurden jetzt auch unsere Mitbrüder, die letzten von allen Dorfpfarrern zur Flucht gezwungen – ausgenommen P. Sebastian Widmann, der vor den anderen weggegangen war: Siehe unterm 25. November! Sie entwichen, aber sie entfernten sich nicht weit von ihren Pfarrhöfen. Das Haus verließen sie, aber nicht ihre Gläubigen, suchten nur abgelegene Weiler, Höfe und Hütten auf. Von dort kehrten sie jeweils unmittelbar nach den schwedischen Überfällen, sozusagen nur zum Besuch in ihre Wohnungen zurück. Die Schweden des Oberen Waldgebietes konnten es also auch nicht lassen, uns auf ihre Weise zu belästigen.

8. Dezember: Der Feind an der Donau, jene Weimaraner Räuber rings um Straubing, die von den Kroaten dorthin zurückgetrieben worden waren – Siehe 3. Dez.! – sind wieder hervorgebrochen und über unser liebes Kloster hergefallen, das ganz nahe an ihrem Wege liegt. Sie haben es besetzt und sich darin regelrecht ansäßig gemacht, um darin zu überwintern. Mit einem Wort: Sie haben es. Sie haben darin eine solche Masse von Vorräten gefunden, die ganze Jahresernte, einen solchen Überfluß an allem, daß ihn das ganze Regiment, wie sie ihre Legionen nennen, den Winter über nicht aufbrauchen kann; allerdings unter der Bedingung, daß sie einigermaßen haushalten und nicht damit bestialisch verschwenderisch umgehen. Vorhanden sind an Getreide: 400 Scheffel Korn gedroschen und mehr als 200 Scheffel ungedroschen (in stramine). In den fünf Kellern lagern an die 2000 Krüge (urnas) Wein.* Ferner 16 Zentner Hopfen zum Biersieden und dazu Gerstenschrot mehr als genug. Übervoll die Scheunen mit Stroh, Heu und Futter. Volle Vorratskammern (penuria), die Speicher und Speisekammern (promptuaria) mit Brot, Mehl, Fleisch, Fischen, Salz, Butterschmalz, Kraut, Rüben und Zukost (obsoniis) und allen Arten von Viktualien. In den Ställen steht eine Unzahl von Schafen, Ochsen und Kühen, Kälbern, Schweinen und mehr als 500 Stück Federvieh, Gänse, Enten, Kapaunen, Pfauen, Hühner, Tauben usw.. Dabei sind nicht mitgerechnet jene Tiere, die wir – siehe unterm 22. und 26. Nov.! – hieher in die Propstei getrieben haben und trotzdem auch hier eine Beute dieser Räuber wurden.

Wie sie aber jetzt zum zweiten Mal unser berühmtes Kloster in Besitz nahmen, als wäre es ihr Eigentum, tobten sie von Anfang an ihren Übermut auf ganz irrsinnige Weise aus, schwelgten in zügelloser Ausschweifung – siehe 24. Nov.! – vertaten die notwendigen Vorräte verschwenderisch und vergeudeten alles, wie es sie gelüstete. Mehrere Frachtwagen mit Wein fuhren sie täglich nach Straubing und in andere Orte. Bei der Abfahrt der Fuhren läuteten sie alle Kirchenglocken und bliesen sie von den Türmen die Trompeten. Sie zogen die Kukullen*, die wir in unseren Zellen hatten zurücklassen müssen, und auch die Meßgewänder an, die sie aus den (zwei) Sakristeien geraubt hatten und steckten die gemalten Blumenbüsche, sonst eine Zier der Altäre, auf ihre Hüte. So gekleidet, ließen sie 60 Schweine aus den Ställen heraus und trieben sie nach Straubing. Die verjagten Kuttenträger verspotteten und verhöhnten sie, indem sie um die Schweine herumtanzten und zwar im Dreischritt* tanzten und dabei johlten, jubelten und klatschten. Man wird sich kaum eine Ausgelassenheit erdenken können, die sie nicht trieben. Wie sie dann während der Überwinterung und nach dieser letzten Plünderung dieses schönsten Klosters hausten, sodaß es nicht mehr zu erkennen war,* werden wir weiter hinten – am 14. April – hören.

Besonders scharf waren die Schweden auf die Klosterdiener und Hofmarksleute. Wo sie einen derselben aufgreifen konnten, fielen sie mit ausgesuchter Grausamkeit über ihn her und wandten alle Torturen an, damit dieser seine eigenen und des Klosters Schätze verrate, töteten ihn sogar oder schlugen ihn aus Rache und zur Strafe (weil er diese nicht verriet) so zusammen, daß keiner mehr seine Pein lange überlebte. Als einen der ersten fingen sie unseren Klosterschmied und zwar auf dem Friedhof beim „Ölberg".* Sie zwangen ihn, sich niederzuknien und den Kopf zur Enthauptung vorzubeugen. Nach allerlei Quälereien versetzten sie ihm zwar nicht den Todesstreich, schnitten ihm aber die Ohren ab und preßten ihm mittels einer sog. *Kopfschraube** den Kopf so zusammen, daß er bald darauf starb. Den Pförtner töteten sie unter der Klosterpforte mit einer Holzhacke. Dem Koch und Marketender (lixa) prügelten sie die Seele aus dem Leibe. Auch der Fischer erlag seinen tödlichen Verletzungen usw.

9. Dezember: Schwedische Abteilungen zogen auf unserer Donauseite herab und suchten alle Orte wieder heim, die sie schon früher genommen hatten und besetzten sie erneut.* In den nächsten Tagen rückten mehrere Regimenter bis *Deggendorf* nach und besetzten die Stadt wieder, die sie am 3. Dezember hatten verlassen müssen. Sie warfen eine sehr starke Besatzung hinein. Von dort breiteten sie sich in Richtung Böhmerwald aus und riegelten den ganzen Wald zwischen Donau und der böhmischen Grenze ab. Während so die in und um Straubing stationierten Feinde teils nach unten agierten, rückten heroben viele Regimenter gegen die Stadt *Cham* vor und schlossen auch diesen Landstrich in gleicher Weise ganz ein. Durch diese zwei Maßnahmen machten sie die ganze Waldregion mit mehr als 15 Meilen im Umkreis undurchlässig dicht, sodaß kein Mensch mehr ohne größte Lebensgefahr durchschlüpfen konnte. In diese Falle waren auch wir siebzehn Patres geraten, die ich oben – unterm 24. Nov. – in der zweiten Gruppe der Mönchsliste namentlich angeführt habe.

Nachdem nämlich die Schweden, wie berichtet, innert fünf Tagen, genauer vom 9. bis zum 13. Dezember, die langgestreckte und breite Waldregion gerade eben umzingelt und abgeriegelt hatten, rückten sie überall unverzüglich dem inneren Wald zu Leibe und besetzten die wichtigeren Orte, vor allem die Klöster, Städte und Burgen, die Schlösser und Sitze von Pflegern (Landrichtern), die ihnen als Standorte dienten. Ein Offizier erhielt jeweils den Oberbefehl. Die Schweden bezogen an diesen Orten Quartier und füllten sie mit Militär. Von dort aus unternahmen sie nacheinander ihre Streifzüge in alle Walddörfer, mochten diese auch noch so einödig und verborgen und unzugänglich liegen. Die Einwohner verjagten sie und nahmen ihnen alle Habseligkeiten weg. Mit Schanden schleppten die Schweden ihren gottlosen Raub in ihre Quartiere.

Schwer fällt es einem schon, davon auch nur zu sprechen, unmöglich all das niederzuschreiben. *Wer davon hört, kann und will es nicht glauben,* wie diese weimarischen Räuber und Schinderknechte (carnifices) plünderten, vor Wut mit den Zähnen fletschten und wie sie sich aufspielten gegen die bayerischen Landeskinder und auf sie einschlugen, wenn sie auf einen stießen. Ich sage „wenn"; denn sie trafen nicht leicht einen Hausbewohner daheim an; es sei denn, daß sie einen in einem Versteck überraschten und überfallen konnten, weil ja alle vor Schrecken über die Unmenschlichkeit dieser weimarischen Räuberbanden ihre Häuser und Hütten verließen, davonliefen, wo man ihren Besuch vorausahnte, und von Ort zu Ort immer weiter entwichen und sich in Hecken und Höhlen, in Berge und Gebüsch flüchteten. Schnappten sie aber einen, wurde dieser arme Teufel zur *Tortur* geschleppt und so gezwungen, seine eigenen Habseligkeiten und die von anderen Personen herauszurücken, zu zeigen, zu verraten. Um das zu erreichen, wandten die Feinde alle möglichen, eigens zu diesem Zwecke erfundene Martern an, wie z. B. die *Kopfschraube* (capitum prensatio). Doch darüber später, unterm 19. Dezember.

Eine andere Art von Folter nannten sie selbst den *„Schwedentrunk"* (haustum suecicum), wie ihn gerade in diesen Tagen unser Laienbruder Frater Raphael (Agricola)* verkosten durfte. Sie hatten ihn im Kloster geschnappt und nach *Reibersdorf* geschleppt, wo er den Schwedentrunk verabreicht bekam. Dieser Trunk sieht so aus. Sie fesseln ihrem Opfer die Hände auf dem Rücken, binden ihm die Füße zusammen und werfen ihn rücklings auf den Boden. Einen Besenstiel (baculum scopiarium) oder irgendeinen anderen zwei Daumen dicken Stock, den sie gerade zur Hand haben, stoßen sie dem auf der Erde liegenden Opfer in den Mund. Dies geschieht zuweilen mit solcher Wut und Gewalt, daß sie dem sich wehrenden Menschen die Zähne einschlagen oder abbrechen. Haben sie ihm so den Stiel in den Mund getrieben, nehmen sie kaltes oder heißes Wasser, Bier oder Lauge (Waschwasser, lotium), einfach irgendeine vorhandene Flüssigkeit, vermischen und verekkeln diese Flüssigkeit mit einer dicken Jauchebrühe*, Menschenkot, wie es ihnen eben gerade ihr Mutwille eingibt. Diesen stinkenden Trunk lassen sie an dem aufrecht stehenden Besenstiel hinabrieseln und in den Mund und den Schlund des auf dem Rücken liegenden Opfers. Sie flößen ihm das Getränk unausgesetzt und so reichlich ein, daß der Bauch wie bei Wassersüchtigen anschwillt. Erst wenn sie sehen, daß ihr Opfer jeden Augenblick ersticken muß, ziehen sie ihm den Stiel wieder heraus. Dann springen sie mit angezogenen Beinen plumpsend auf den aufgeschwollenen Bauch. Durch diesen Druck beim Draufspringen muß der zur Strafe (für den nicht begangenen Verrat) eingeflößte überflüssige Trunk zur noch größeren Strafe und Marter wie aus einem Springbrunnen aus dem Munde herausspringen. Er wird mit viel Blut vermengt überreichlich erbrochen.

Andere martern sie mit der *Fingerschraube* (digitorum compressio). Sie halten ihnen die Nagelspitzen wie in eine Säge in die Flintenräder (sclopetarias serrulas), die sie drehen. Dann schnüren sie die Finger ab und pressen sie so arg zusammen, daß auch aus den feinsten Äderchen der Nägel das Blut herausspritzt. Andere ziehen sie mit Schlingen um den Hals in die Höhe, sodaß ihre Opfer keine Luft mehr bekommen und infolge des allzulangen *Aufhängens* fast ersticken müssen. Die Halbtoten werfen sie auf die Erde oder lassen sie herunterfallen, um sie dann mit Nadelstichen (accuum puncturis) zu kurieren, mit Geißelhieben zu züchtigen und mit Stöcken und Prügeln auszupeitschen, bis sie zusammenbrechen. Wieder anderen reißen sie die Kleider vom Leibe, um sie nackt zu verhöhnen und auszupeitschen, sodaß sie heute noch Narben aufweisen oder hängen sie auf unmenschliche Art an Schlingen um ihre Genitalien auf. Dieser ungeheuerlichen Marter wurde auch unser Klosterbote (tabellarius) Sieber unterworfen usw.

128

10. Dezember: Während ich mich in der Propstei versteckt halte, wird mir die Neuigkeit hinterbracht, der Kapitän, dem der Weimarer die Aufsicht über unser Kloster übertragen, habe Nachforschungen anstellen lassen und Rat gepflogen, wohin sich der Abt geflüchtet, wo er sich zu diesem Zeitpunkt aufhalte und warum er sich nicht in seinem Kloster befinde. Seine wie seiner Mönche Pflicht wäre es doch, im Kloster zu bleiben. Sie hätten nichts zu befürchten, da er ihr Freund, nicht ihr Feind sei. Auf die Antwort, die Mönche wären schon vor längerer Zeit nach Österreich hinabgewandert und der Prälat hätte sich, dem Gerücht nach, ins Salzburgische begeben, schwieg der Hauptmann. Man darf von ihm gewiß annehmen, daß das nichts anderes als verführerische Schalmeientöne sein sollten. Wünschte er denn gar so gern die Anwesenheit des Abtes, da er selbst sich so freundlich zu dessen Mönchen benahm? Nein! Er wollte nur den Abt haben, um ihm eine gesalzene *Ranzion* (Lösegeld) auferlegen und abpressen zu können. Das geht schon klar genug daraus hervor, daß er ganz töricht vorging, als er sein Ziel nicht mit Heuchelei erreichen konnte, und daß er fest damit rechnete, den Prälaten mit Drohungen herbeizaubern zu können. Er verfaßte nämlich in seiner Wut und Enttäuschung eine Proklamation, übergab sie dem Boten und ließ sie an den Türflügeln des Klosters anschlagen. Er setzte darin nämlich eine Frist, innert der ihm eine ungeheure Geldsumme auszuhändigen sei und er bestand diktatorisch auf der Bezahlung dieser Ranzion; widrigenfalls und wenn seine Forderung nicht fristgerecht erfüllt würde, werde er das Kloster brandschatzen und zerstören, drohte er. Wer sollte so dumm sein und den Wolf im Schafpelz nicht erkennen? (Was meinen Sie?) Hätte ich nach diesen schmeichelnden Schalmeientönen tanzen, diesen zweifelhaften falschen Freund aufsuchen sollen oder diesem unzweifelhaft echten Feind die geforderte Geldsumme aushändigen müssen? Täusche ich mich? Ich höre in meinen Ohren die drei weisen Worte und Wortpaare klingen: AUDI, VIDE, TACE! Augen auf, Ohren auf, Mund zu! Ich hörte ihn drohen, sah ihn diktatorisch befehlen und schwieg zu den Drohungen des Diktators. Ich überlasse alles dem Himmel, rem superis proscribens.

11. Dezember: Heute Sonntag überfielen die weimarischen Wege-
lagerer und Meuchelmörder unsere Hofmark *Furth*, rannten wü-
tend herum, schossen mit ihren Kugeln (sclopetariis glandibus)
überall die Fenster ein, brachen in jedes einzelne Haus ein, stürzten
sich wie Rachegeister auf die zurückgebliebenen Einwohner. Der
weitaus größte Teil war rechtzeitig geflohen. Sie rissen sich in den
Häusern um die besseren Beutestücke. Bei wiederholten Besuchen
schleppten sie das restliche Familieneigentum fort, verschleuder-
ten und verkauften es oder schlugen es kaputt. Auf die Menschen
aber, die sie erwischten, ließen sie ihre Hiebe niederhageln, banden
sie an Pferdesättel und schleiften sie durch den Straßendreck, verprügelten und verbleuten sie bis zur Unkenntlichkeit, ja sie hielten
es für ein kurzweiliges Spiel, die Menschen zusammenzuhauen
und niederzumetzeln. So haben sie hier (in Furth) den Schneider
*Hartberger** mit seiner Frau zu Tode gequält und den Müller mit
nicht weniger als neun Schwertstichen umgebracht. Auf die gleiche Weise auch –*
Ein ähnliches Edikt wie der Kapitän von Oberaltaich erließ auch
der Straubinger Kommandant (Bullion). Alle Pfleger und Landrichter, Edelleute, Hofmarksherren und Mautner, kurz alle weltlichen wie kirchlichen Amtsvorsteher müßten auf ihre Amtssitze
und in ihre Häuser zurückkehren und jeder sein Amt und seine
Dienstpflicht, wie bisher frei versehen und unbehelligt wahrneh-
men und verrichten. Außerdem müsse jeglicher dafür sorgen und
die versprengten Untergebenen wieder zurückholen in ihre Wohnungen. Zudem versprach er, daß von ihnen selbst nichts weiter
verlangt werden dürfe, als daß sie die gleiche Rechtssprechung
ausüben (forensia iura) und Pflichten gewährleisten, die gleiche
Stift und Steuerabgaben abzuliefern hätten wie bisher, kurz, was
sie bisher dem Bayernfürsten leisteten, müßten sie von nun und
jetzt an dem Herzog von Weimar leisten und abliefern. Was jene
getan haben, an die sich dieser Befehl richtete, kümmert mich
weniger. Ich für meine Person wollte eine Zeitlang lieber keinem
Herrn gehorchen als zwei Herren zugleich dienen; denn selbst
wenn ich mich entschließen hätte können, in mein Kloster zurückzukehren, um meiner Pflicht zu genügen, wäre ich ohne Zweifel in

die gleiche Falle und Gefangenschaft geraten wie unser ehrwürdiger Pater *Andreas, der Abt von Prüfening.** Er wurde zusammen mit den anderen Prälaten in Regensburg gefangen gehalten. Sie wären nur dann freigelassen worden, wenn sie eine Summe von vielen Tausenden erlegt hätten. Die Schweden hatten doch auch nicht einen einzigen stichhaltigen Grund zu den vorherigen Plünderungen. So hielt ich es diesem Edikt gegenüber: Augen auf, Ohren auf, Mund zu!

12. Dezember: Die weimarischen Reiter stießen in vielen Abteilungen nach allen Richtungen noch weiter in das Innere des Waldes vor und kamen bis in die Nähe unserer Hofmark *Elisabethszell.* Vom Süden her gelangten die Reiter zu den Burgen Au, Steinburg, Haggen, Pürgl, deren adelige Besitzer auf der Flucht waren. Vom Norden her nach Konzell und Sicklasberg, im Osten auf den Berg des seligen Englmar und zu den uns noch näher liegenden Dörfern. Vom Westen her kamen sie nach Haselbach und Haibach, die nur mehr eine bzw. eine halbe Gehstunde von uns weg liegen; also je näher, desto gefährlicher für uns, desto eher ihren Angriffen ausgesetzt. Das ist auch der Grund dafür – von allem anderen abgesehen –, daß uns kein Mensch mehr versprechen konnte, daß unser Haus hier auch nur eine einzige Stunde noch sicher sei vor einem schwedischen Überfall. Deshalb trieb ich mich heute auch den ganzen Tag außerhalb der Propstei herum und stieg ich auf die Gipfel der nächsten Berge, weil man von dort aus das Anrücken der Feinde in der Ferne beobachten kann. Den halben Nachmittag hindurch verfolgte ich von der Höhe aus die Reiterschwärme der Feinde, die nach *Cham* zogen. Ich weise auf den 9. Dez. hin! – und wie sie haufenweise Dörfer, Höfe, Häuser überfielen, plünderten und das Vieh wegtrieben usw.

Heute wurde P. Sebastian Oberer in unserm Pfarrhof zu Konzell, wohin er sich nach seiner ersten Begegnung und Mißhandlung auf dem Bogenberg begeben hatte, neuerdings von den Schweden gefaßt und, obwohl seine Wunden nur leidlich ausgeheilt waren, nach Viechtach verschleppt, wie ich höre. Was er dort oder anderswo ausstehen mußte, konnte ich noch nicht erfahren. Über ihn habe ich unterm 24. Nov. berichtet.

Von jetzt an sind unsere Pfarrvikare und die Mitbrüder, die sich bei ihnen aufhielten, gezwungen, ihre Pfarrhöfe, in die sie bisher immer gleich nach den Überfällen zurückgekehrt sind – wie ich am 6. Dez. notierte –, gänzlich zu verlassen wegen der wiederholten Überfälle dieser Räuberbanden auf die Pfarrhöfe, obwohl sie schon alles geraubt haben. Bisher sind unsere vertriebenen Brüder immer in die Propstei geflüchtet, die wir als letzte von allen unseren Niederlassungen und Pfarrsitzen noch unser nennen können und waren hier noch daheim. Aber jetzt mußten sie sehen, wie nahe die Schweden schon stehen und mußten sich einzeln davonmachen und sich in ganz versteckt liegenden Schlupfwinkeln verbergen, was auch ich tat. Ich irrte diesen Tag in den Bergen herum, schlich am Abend zur Propstei hinab, suchte aber, kaum daß ich einen Bissen gegessen hatte, sofort wieder das Weite, weil ich für heute Nacht einen schwedischen Überfall ahnte und befürchtete. Ich schlich mich davon und stiefelte zur Hütte unseres Köhlers* und Waldhüters (saltuarius) hinauf, die sehr hoch liegt und weil kein richtiger Weg hinführt, schwer zugänglich und von einem Tannendickicht umgeben ist. Und nicht zuletzt floh ich deshalb hieher, weil der angrenzende ungeheuer weite und menschenleere Wald eine günstige Fluchtgelegenheit gewährt.

Hinter mir kam in der Nacht auch P. Vitus, der Propst, geflüchtet. Als letzter traf der Pfarrer von *Steinach** ein, der sich schon mehrere Tage lang in einer kleinen Hütte hier in der Nähe versteckt hatte. Der Unglückliche hat sich nach meinem Weggang noch etwas länger dort versteckt, wurde erwischt, beraubt, arg verprügelt und als Gefangener verschleppt. Darüber mehr unterm 22. Dezember!

Bevor wir uns in der Köhlerhütte zum Schlafen auf die Bank legten und uns einer schlaflosen Ruhe hingaben, stellten wir ein Stück weit vor der Türe Wächter auf, die sich alle zwei Stunden ablösen sollten. Aber schon während der ersten Nachtwache meldete der Posten, daß jemand auf uns zureite. Wir, die wir ohnehin wie waidwundes Wild von den Pfeilen der Furcht und den Schreckensvorstellungen getroffen, aus unseren Wunden bluteten, verschwinden im Nu und verkriechen uns alle sofort im Dickicht, da keiner weiß, welche Falle uns die feindliche Hinterlist gestellt hat. Den nächtlichen Schreck noch in den Gliedern, kehrte nacheinander jeder für sich allein wieder in die Köhlerhütte zurück.

13. Dezember: Vor Tagesanbruch schickte ich einen Boten zu unseren Knechten in der Propstei und befahl ihnen, unsere Pferde, die wir von Oberaltaich hieher geweist hatten – Vergleiche 14. November! –, beim ersten Morgendämmern in ein Versteck im Waldesinneren zu bringen und dort solange zu bewachen, bis man sicher wisse, daß die herumstreifenden Reiter und Räuberhorden fort seien. Der Auftrag wurde auch richtig ausgeführt.

Ich selbst verließ die Hütte erst nach Sonnenaufgang und stiefelte auf gebahntem Weg, auf den Schneespuren der Rosse, in jene waldreiche Einsamkeit, bis ich auf unsere Knechte stieß. Bei ihnen konnte ich mich nur eine Weile aufhalten; es war zu kalt und ich brauchte Bewegung. Ich zog es vor, auf eine kahle Bergkuppe zu steigen, um mich an dem bißchen Sonne etwas zu erwärmen. Dort findet mich auch ein wenig später der Propst, P. Vitus, der sich nach meinen Schneespuren orientierte, die zu mir herführen mußten. Wir stapften beide weiter auf der mit Felsen übersäten Hochfläche. Von der Höhe aus konnten wir rundum weit Ausschau halten und das Nahen verdächtiger Räuber ausspähen. Als wir aber nichts bemerkten, stiegen wir um 9 Uhr zur Propstei hinunter, wo ich mich aber nur ganz kurz aufhielt. Ich holte mir nur mein Brevier, um meine Stundengebete nicht zu versäumen. Später ließ ich es unter einem Steinhaufen versteckt liegen, als ich plötzlich Reißaus nehmen mußte. Sofort stiefelte ich allein und langsam von der Propstei auf die gegenüberliegenden Berge hinauf und hatte noch kaum die halbe Höhe des Berges geschafft, da hörte ich plötzlich zu meinem großen Schrecken drei Salven nacheinander (sclopeti fragorem tertio repetitum) und höre das Wiehern der Pferde aus dem Dickicht widerhallen. So kündet sich nur ein Unheil an!

Auf diesen dreifachen *Alarm* mit der Muskete rennen auch schon unsere Dörfler, immer bereit zur Flucht, auf die Berghänge zu. Mehrere, die ich traf, mußte ich fragen, was es denn gebe, bis mir endlich unser Kohlenbrenner und Förster in die Hände lief. Der konnte mir wahrheitsgemäß berichten. Er hatte alles selber gesehen und erlebt. Gemeine Reiter hätten sich – unter welcher Führung, wußte er nicht zu sagen – auf einem verschneiten Waldsteig, den nur Ortskundige kennen, zu der Köhlerhütte geschlichen, wor wir übernachtet hatten. Sie vertrieben die Bewohner und verprügelten mehrere von ihnen, machten aber nur dürftige Beute.* Mit dem Versprechen wiederzukommen zogen sie ab, drangen dann aber in den angrenzenden niederen Wald ein, wo wir die Pferde versteckt hatten. Sie mußten auf den Hufspuren (ungulata calcanea) im Schnee richtig und unausbleiblich an den Standort der Rosse kommen. Zuerst verjagten sie unsere Reitknechte (equisessores), unter ihnen auch unseren Kloster-Stallmeister und holten sich von den 14 Pferden sieben der wertvollsten, indes die übrigen ungezäumt durch den Wald davonstoben. Diese wurden noch am gleichen Tage zur Propstei zurückgeweist, aber bald darauf mit dem übrigen Hab und Gut und vielen Kostbarkeiten, die wir dorthin geflüchtet hatten, geraubt. Darüber mehr unterm 19. Dezember!

Noch war dieser mir zugedachte Überfall vom Norden her noch nicht zu Ende, war offensichtlich schon ein anderer Anschlag gegen mich vom Westen und Süden her im Gange. Zwei Reiterhaufen stießen von beiden Richtungen her, dort zum Maierhof Ödenhofen und hier zu den Dörfern und Gehöften von Lanzlberg und Grub vor, die ganz in der Nähe unserer Hofmark Elisabethzell liegen. Die Streifzüge gingen von den Regimentern aus, die ich gestern und heute ununterbrochen von Straubing nach Cham ziehen sah. Sie überzogen diese ganz Waldregion. Siehe 9. Dez.!

Weil die Schweden sich immer breiter machten und weiter ausschwärmten, von Stunde zu Stunde uns näher an den Leib rückten, getraute ich mich heute nicht, in unser Haus zurückzukehren. Ich fürchtete zu sehr, sie könnten plötzlich (meinetwegen) über unser Dorf herfallen. Ich mußte im tiefen Schnee auf den Bergen und unter den flüchtigen Waldlern aushalten, die sich allenthalben an Feuern wärmten. Dann aber schlich ich mich im Dunkel in aller Heimlichkeit mit unserem Hofmarkschneider Veit fort, der sich mir angeschlossen hatte. Wir stapften durch den Schnee weiter hinauf bis zu einem großen Felsenvorsprung (supercilium) und suchten dort unter dem überkragenden Block einen Unterschlupf für diese Nacht. Mehr auf allen Vieren kriechend als gehend schlüpften wir beide* in dieses Höhlenversteck (cavernosum latibulum). Auf den ersten Blick glaubte ich mich in einer echten Nachbildung der *Höhle* unseres Ordensvaters Benedikt zu finden. Auf der einen Seite eine senkrechte Felswand, welche die Natur selbst so geglättet hat (dedolaverat), als wäre sie mit einem Meißel behauen. Über dieser Steinwand ragt ein gewaltiger Felsenblock sehr weit vor, der uns drei (sic!) Höhlenbewohnern ein richtiges Dach über dem Kopfe bot. Von dieser Dachplatte hätte uns leicht (wie dem hl. Benedikt) jener bekannte Romanus* unser Einsiedleressen herunterlassen können. In der Länge (antrorsus) konnte man nur acht Schritte gehen; denn vorne schließt sie ein zwar vorspringender, aber jäh abfallender hoher Felsen nicht weniger (als wie eine Wand) ab. Der nördliche Ausgang ist zwar ziemlich weit, doch liegt hier ein solcher Haufen von Felsbrocken herum, daß er praktisch unzugänglich ist.

Nun hatte ich meine gesuchte Einsamkeit und hatte eine Einsiedlerhöhle. Aber die Höhle fror selbst (algebat, empfand die Kälte), weil der Wintersturm Schnee und Kälte hereinpeitschte. Und drittens hatte ich Hunger; denn seit dem kleinen Bissen gestern abend hatte ich nicht das geringste zu mir genommen. Und ich hatte Durst und es schüttelte mich ständig vor Kälte. Für meine Nachtruhe lachte mir das wohlbereitete granitene „Götterpolster"* entgegen. Alles hatte ich hier gefunden, was das Herz eines Einsiedlers höher schlagen läßt. Bloß jener Bruder Romanus fehlte, der zur festgesetzten Stunde das Essen bringt. Weil es aber heißt, Not macht erfinderisch*, so drehte sich unser erstes Gespräch darum, wir wir uns ein unerläßlich notwendiges Feuer beschaffen und die Kälte vertreiben könnten. Unser Schneider Veit hatte seine Flinte bei sich. Ich ließ ihn dürre Grashalme und Moos sammeln als Zunder, Schießpulver darüberstreuen und mit seinem Flintenschloß Feuer schlagen. So zündeten wir uns mit dem Zunder und den aufgefangenen Funken des Feuersteins ein Feuer vor dem Höhleneingang an.

Die zweite Frage war, woher zu essen nehmen? Im Schutze der

Nacht schickte ich den Schneider fort, damit er für den Nachschub und Proviant sorge. Nach gut anderthalb Stunden kehrte er aus der Propstei zurück. Dort war alles Gesinde außer dem Dienstbuben und der Köchin geflohen. Mein Proviantmeister requirierte eine beträchtliche Menge Brot, etwas Fleisch mit Suppe und eine hübsche Flasche Wein. Wider alle Erwartung saßen wir bei einem üppigen Mahl. Bis in die tiefe Nacht hinein spinnen und weben wir an dem endlosen Faden unserer Trostlosigkeit. Hingekauert und an die Wand gelehnt, dösen wir zwischendurch ein wenig vor Müdigkeit.

Um Mitternacht kamen einige, in den Bergen herumirrende Menschen, die auf unseren Lichtschein zugingen. Unter ihnen auch der Baron Poißl* mit seiner Gemahlin, Sohn und Tochter und der junge Ammon, Hofmarksherr von (Herren-) Fehlburg. Sie stellten sich erst um unser Feuer und drängten sich dann ohne weiteres auch in unsere enge Höhle herein. Da uns diese Gäste lästig fielen, trat ich ihnen unsere so erwünschte Höhle ab. Gleich nach Mitternacht zog ich mit meinen zwei (!) Gefährten weiter, um etwas anderes zu suchen. Wir stiegen den steilen Berg hinab ins Tal, machten in südlicher Richtung einen großen Bogen um Elisabethszell, bis wir zur Schneidmühle (mola asseraria) kamen. Dort schlugen wir uns nach links, den Berghang hinauf, wo der Weg zum Maierhof Aybrunn führt. Auf dem bewaldeten Gipfel dieses Berges, der sich sehr breit vorstreckt, folgten wir den Schneespuren und stießen auf ein Lagerfeuer, an dem die Menschen sich rundherum wärmten. Unter ihnen trafen wir unseren Propst und den öfters genannten Baumeister Ulrich. Mit ihnen warteten wir den Tagesanbruch ab.

14. Dezember: Sobald die Sonne aufging, verließen einige diesen unseren „Ofen" (focum). Dafür kamen andere in der Kälte herumirrende Flüchtlinge herzu, um sich aufzuwärmen, die ständig den Platz wechselten, von einem Versteck in der Wildnis zum nächsten, ziellos unterwegs, weil sie nicht wußten, wo sie sicher wären und welchen Schlupfwinkel sie wählen sollten. Die gleiche Angst, die sie jagte, trieb auch uns weiter. Mit dem Propst und dem Baumeister gelangte ich bergauf und talab, die Kreuz und die

Quer, auf steinigen Umwegen und durch dichtes Gesträuch auf die höchste Kuppe dieses Waldes. Auch an diesen unwirtlichen und schauerlichen Orten jener Steinwüste und in den tiefen Schneewehen stießen wir alle Augenblicke auf herumirrende und am Feuer stehende Menschen. Bis Mittag stiefelten wir durch diese Waldabgeschiedenheit hin und her. Da wir aber kein entsprechendes Versteck finden konnten, verließen wir den Bergwald wieder. Nach einem strapaziösen Abstieg zu der eben erwähnten Schneidsäge, die von Flüchtlingen wimmelte, kehrten wir dort eine Zeit lang ein. Vor Angst zitternd stapften wir zur Propstei zurück, betraten sie mit klopfenden Herzen, löffelten in ängstlicher Erwartung die Abendsuppe, übernachteten, ohne Ruhe zu finden und erwarteten mit Hangen und Bangen den kommenden Morgen. Zu uns, die wir selbst Flüchtlinge sind, waren die Gutsherren und Barone von Neuhaus und Au* geflüchtet. Jener war aus seinem Versteck in einer Felsenhöhle, in dem er es nicht mehr aushalten konnte, herausgekrochen. Dieser irrte seit Wochen herum, seitdem ihm die Schweden die Heimat und alles geraubt hatten. Unzählige Leute vom Lande, alle Altersstufen waren da, die nirgends mehr ihres Lebens sicher waren. Und alle erzählten einander ausführlich ihr eigenes Elend, jammerten und bejammerten das allen gemeinsame Unglück.

15. Dezember: In aller Hergottsfrühe verließ ich die Propstei. Ein Spion voller Angst schlich ich mich auf den Berg im Norden von Elisabethszell. Dort von der baumlosen Höhe aus beobachtete ich genau alle Wege und Zugänge zum Dorfe. Gegen 10 Uhr entdeckte ich acht bewaffnete Reiter mit zwei Läufern als Wegweiser aus dem Bergwald in Richtung *Lanzlberg* hervorkommen und sich heimlich und langsam unserem Dorfe nähern. Ich kann sie genau sehen, wie sie außerhalb des hinteren Zaunes an die Propstei heranreiten, zum Tore kommen, das nicht verriegelt ist, es sogleich öffnen, in den Hof reiten. Sie werden immer noch von keinem Dienstboten, keinem Dorfbewohner bemerkt. Sehe sie von den Pferden steigen, ins Haus hineingehen, in die Ställe einbrechen. Eine halbe Stunde lang laufen und rennen sie im Bereich der Propstei herum. Jetzt führen sie in aller Eile vier Pferde durch das nämliche Tor hinaus, durch das sie gekommen sind. Eile vielleicht deshalb, weil sie einen Hinterhalt befürchteten.

Und in der Tat! Unsere zwölf Musketiere (sclopetarii), die wir tags und nachts zur Wache aufgestellt haben, kommen in diesem Augenblick mit ihrem Dutzend Pikenträgern von ihrer Streife zurück, die sie etwas weiter vom Dorfe weggeführt hatte. Sie hatten die Räuber schon aus der Ferne gesichtet und fielen nun über sie her. Sie schossen und schrien laut. Die Schweden ließen vor Schrecken drei von unseren gestohlenen Rossen und eines von ihren eigenen frei, warfen allerlei geraubte Kleinigkeiten weg und nahmen Reißaus, aber nur, um bald darauf, wie es ihre Art ist, mit Verstärkung wiederzukommen. Unsere Wachtposten lasen das weggeworfene Zeug auf und führten die Pferde zurück.

Dies alles sah und hörte ich als Spion auf dem Berge. Nach dem Vorfall, beiläufig gegen elf Uhr, begab ich mich in die Propstei hinunter, um nachzusehen, was alles vorgefallen und was die Galgenstricke (furciferi) darin verübt hätten. Sie hatten nur unseren Hausl (puerum mediastinum) angetroffen; denn alles andere Gesinde im Hause war in dem Augenblick geflohen, als die Reiter in den Hof eindrangen. Haben sie von dem Hausburschen den Personenstand (constitutio) der Propstei, das Befinden (conditio) des Hausherrn und der einzelnen Hausbewohner herausgefratschelt? Die Schweden hatten nur die unteren Räume durchstöbert, daraus die Klamotten der Dienstboten, rohes Fleisch, ein Schwert und ungefähr zehn Gulden geraubt, die ich dem P. Bruno als Taschengeld gegeben hatte. Auf ihn waren sie nämlich gestoßen, als er draußen in weltlicher Kleidung vorbeiging. Auch von ihm wollten sie wissen, was er sei und treibe, griffen ihm die Taschen aus und ließen ihn nach einem Wortwechsel unverletzt laufen; denn nur einer hatte ihn für einen Geistlichen, der andere für einen Schneider und der dritte für einen Juden gehalten.

So steht es also jetzt, der Würfel ist gefallen. Der erste Überfall auf die Propstei hat den Schweden nichts eingebracht. Ich sehe aber, was das Wetter bringt; denn todsicher dürfen wir in Kürze ihre Wiederkehr erwarten. Das können wir uns an den Fingern abzählen. Wo sie nämlich einmal ihren Fuß hingesetzt haben, dort stellen sie sich so oft ein und so lange, bis sie selbst sehen, daß rein gar nichts mehr zum Rauben, Plündern und Mitnehmen zu finden ist.

Heute abend sind unsere Musketiere mit ihren zwölf bewaffneten Knechten in das Nachbardorf Streife gegangen, wo sie auf mehrere Reiter stießen, die gerade einen vierspännigen Wagen mit Beute aufluden. Die Musketiere und Pikeniere verjagten die Schweden und brachten die Beute mitsamt den Pferden in unser Dorf, ohne daß wir davon auch nur etwas wußten. Die Feinde meldeten diese Schlappe unverzüglich ihrem Kapitän, der in der Stadt Bogen mit zwei oder drei Regimentern überwintert und forderten Genugtuung und Rache (ultionis talionem).

16. Dezember: Der Kapitän schickte auf der Stelle einen bekannten Bogener Bürger, namens *Frey,* zum Propst mit dem schärfsten Befehl, daß die gesamte Beute zusammen mit den Pferden, die seinen Reitern abgenommen wurden, ohne Verzug und zwar unter Wiedereinsetzung in den vorigen Stand (restitutio in integrum) an Ort und Stelle zurückgegeben werde, wo die Wegnahme erfolgte. Nicht genug damit, bestand er darauf, daß der vermißte Lagerschreiber, den die Unsrigen, nach seiner Darstellung, beseitigt oder getötet haben sollten, entweder tot oder gefangen ausgeliefert und dem Gericht überstellt werde. Widrigenfalls sei er gezwungen, uns und unsere Dörfler durch eine Strafexpedition mit Eisen und Feuer zu vernichten. Über dieses Ansinnen erschrak der Propst zu Tode und hielt dem Unterhändler den stichhaltigen Grund entgegen, daß er davon absolut nichts gewußt habe. Er drang mit Bitten in den Vermittler und versprach ihm für den Fall eine Belohnung, daß er den Kapitän von diesem unverschämten Vorgehen abbringe. P. Vitus versicherte seinerseits, dafür zu sorgen, daß das weggenommene Diebesgut an seinen Ort zurückgebracht werde; ausgenommen den Lagerschreiber, den niemand gesehen habe und kenne. Es sei undenkbar, daß dieser von den Dörflern abgefangen und aus dem Wege geräumt worden sei.

Der nur in der Wolle gefärbte (fucatus) Emissär dieser Schurken und verwegene geheime Mitspieler machte geltend, er befände sich selbst in hochnotpeinlichen Schwierigkeiten und beharrte auf seiner Bedingung: der Auslieferung des vermißten Schreibers; ihm selbst hätten die Schweden den Strang angekündigt für den Fall, daß er den Kanzlisten nicht beibringe, ihn tot oder lebendig mitbringe oder genau angebe, wo dieser als Gefangener oder als Leiche sich befinde.

Diese Taktik war zu fadenscheinig: Mit dieser erlogenen Anschuldigung und der wirklich schlauen, aber nur schlauen Begründung, wollten die Schweden sich einen Grund, eine Rechtfertigung verschaffen, von uns eine unverschämt hohe Geldsumme zu erpressen oder aber einen Vorwand für einen Überfall auf unsere Propstei zu haben. Auf die nämliche Weise hat der gleiche Lumpenhund Frey mit seinen zwei Komplizen, dem ehemaligen Schreiberling in unserem Kloster, Hans Niedermayr und dem Weber – – –* am 19. Dez. mit den weimarischen Räubern zusammengespielt (associati) – wie wir im nachhinein erfahren konnten – und mit ihnen kollaboriert, wie unsere Propstei, Kirche und Dorf ausgeplündert wurden, wobei es eine Riesenbeute gab. Näheres unterm 19. Dezember!

17. Dezember: Da die Schweden so grausam wüteten und sich wie eine Seuche immer weiter ausbreiteten, alle Dörfer mit Raub, Mord und Jammer heimsuchten, erbaten die Bürger ab und zu von den Kapitänen der Weimaraner eine Schutzwache, die bei ihnen meist *Salva Guardia* heißt. Erhielten sie diesen Schutz zugesagt, so wurde jeweils ein Musketier zu Fuß oder zu Pferd in das betreffende Dorf, die Ortschaft, den Markt abgestellt. Dieser sollte die herumstreifenden Soldatenhorden, kraft eines vom Kapitän ausgehändigten schriftlichen Mandats, im Zaume halten, ihre Willkür beim Rauben und Plündern einschränken. Um eine solche Salva Guardia für unser Dorf zu erhalten, ist heute unser Zeller Taferner nach Mitterfels zum Kapitän hinausmarschiert. Er hat nach drei Tagen bei seiner Rückkehr eine solche Schutzwache mitgebracht, nachdem in der Zwischenzeit ein zweiter Überfall mit einer „erstklassigen" (insigne) Plünderung erfolgt war.

Es ist aber nicht zu bestreiten, daß eine solche Schutzwache unseren Leuten oder den Bewohnern anderer Orte, denen auf ihre Anforderung eine Salva Guardia zugestanden wurde, keinen Vorteil brachte. Im Gegenteil, sie schlugen ihnen vielmehr zum Schaden aus und waren eine Belastung. Offensichtlichen Nutzen davon hatten nur die Kapitäne; denn ihnen mußten die Leute gleich anfangs die ausgehandelte Geldsumme vorlegen oder wenigstens wöchentlich die entsprechende Rate (pensio) entrichten. Kurz, wie Leibeigene oder Sklaven mußten sie blechen, was die Kapitäne verlangten. Ich habe nur *einen* Unterschied zwischen den Orten mit und denen ohne Salva Guardia festgestellt: Die Dörfer *ohne* Schutzgeleit wurden früher, jene *mit* einer Salva Guardia erst später ausgeplündert. Da nämlich die Schweden vom Plündern nicht ablassen konnten, solange sie nicht alles geraubt hatten, so raubten und plünderten sie entweder alles auf einmal (sodaß sie nicht mehr zurückkommen mußten) oder sie ließen allmählich und langsam bei ihren Raubzügen alles mitgehen, bis nichts mehr zu holen war. Obendrein haben diese eigentlich zum Schutze abkommandierten Musketiere und Dragoner gewöhnlich die Ortschaften, ihre Bewohner und deren Habseligkeiten – als Beschützer – ausspioniert und dann verraten. Wurde nämlich der bisherige Beschützer – und Spion – unvermutet abberufen, dann brachen seine Kameraden, Raubgesellen und Gaunerbrüder ein und raubten alles, was bislang durch den Schutz der Salva Guardia verschont geblieben war, was sie in Wirklichkeit aber für sich selbst hinterlistig und heimtückisch aufbewahrt hatten, und wüteten um so verwegener (pro ausu suo) gegen die jämmerlich betrogenen und enttäuschten Menschen, beraubten sie nicht menschlicher und marterten sie.

In diesen Tagen hielt ich mich noch in der Propstei oder in der Umgebung auf, natürlich bei Tag so viel als möglich in den Bergen, streifte im hartgefrorenen Schnee herum, damit sie mich nicht bei einem plötzlichen Einfall in die Propstei, wie das eben vorgestern der Fall war, erwischen könnten. Mit scharfer Witterung suchten und spürten sie nach dem Abte. Sie hatten sogar ein Kopfgeld von 60 Talern (etwa 18000 DM) als Judaslohn ausgelobt. Diese Summe konnte sich jeder verdienen, der ihn verraten oder irgendeinen irgendwo versteckten Altaicher Mönch ihnen ausliefern oder anzeigen würde, um aus diesem endlich „herauszuködern" (expiscarentur), wo sich der Abt aufhalte und der Klosterschatz versteckt sei, oder von dem sie unter Einsatz von Torturen eine Aussage erzwingen und erpressen könnten. In die Zahl dieser Verräter reihte sich nach wenigen Tagen Fr. N.* ein, der im oberen Stock der Propstei gefaßt worden war und „frei heraus, verräterisch, nicht gezwungen" – wie dieser Judas dem Bruder Raphael (Agricola) wiederum aus freien Stücken und unaufgefordert gestanden hat – den Schweden und Räubern beträchtliche Schätze zeigte, von denen er wußte, daß und wo sie vergraben worden waren. Aus Dankbarkeit für diese erwiesene Wohltat und Dienstleistung, den Verrat der versteckten Schätze, nahmen sie ihn nach Bogen mit und beehrten ihn mit dem Amt eines Lagerschreibers. Er entfloh ihnen aber bald.*

In diesen Tagen trieben es die Schweden überall ganz arg. Sie streiften in alle Richtungen und Gegenden herum, durchstöberten sogar die menschenleeren Ödnisse und Wälder, alle Berghänge, jedes Tal, jede Schlucht, jeden Schlupfwinkel, daß die Menschen sich vor Todesängsten überhaupt nicht mehr auskannten, sich nicht mehr helfen und raten konnten. Unter dem eigenen Dache gab es ja ohnehin keine Sicherheit. In ihrer Bedrängnis flohen alle aus ihren Wohnungen, als wären das selbst Räuberhöhlen, flüchteten in die Berge, versteckten sich in Hecken, im Dickicht, in der Wildnis, obgleich sie auch dort nirgends bleiben konnten wegen der Winterkälte, die in unserer Waldgegend noch viel ärger ist. Wenn sie sich überhaupt ein Feuer machen konnten, verriet sie schon von weitem der aufsteigende Rauch bei Tag und bei Nacht der Feuerschein; ja, die Flucht in ein Versteck verriet sie selbst schon wieder durch die unvermeidlich im Schnee hinterlassenen eigenen Spuren. Die schlauen Spürhunde folgten mit ihrer Nase diesen tiefen Fußstapfen und spürten den Flüchtlingen fleißig nach, ohne deren Todesängste zu spüren. Schau, laß dir sagen, was diese ungemein scharfsinnigen Bösewichte nicht alles aushecken, damit ihnen ja kein einziger Mensch entwischt. Überall in den Wäldern, in Dickichten, auf Viehtriften, wo sich einer geflissentlich verstecken könnte, veranstalteten sie blutige Treibjagden (venaticam tragediam). Sie stellten Reihen von Scharfschützen in einem größeren Abstand voneinander auf und durchstreiften so vom Eingang her das Gelände, indem sie obendrein noch abgerichtete Jagd- und Spürhunde vor sich herhetzten. Diese reizten sie mit ihrem Hussa-Hussa zum Bellen, ließen sie durchs Dickicht und Gebüsch stöbern, nach Feuerstellen* schnüffeln, schickten sie in unzugängliche Stellen, damit sie überall die versteckten Menschen ausmachen, mit ihrem Verbellen verraten und heraustreiben. In undurchdringliches Heckengestrüpp (truteta) schossen sie mit ihren Gewehren hinein, um die allenfalls darin verborgenen Menschen zu zwingen, daß sie herauskriechen oder herausspringen. Wollten solche arme „Angsthasen" jedoch sofort bei dem Hussa-Geschrei der Jäger und dem Hundegebell der unausbleiblichen Flucht zuvorkommen und davonlaufen, wurden sie dort von den Musketieren zur Strecke gebracht, die den Wald von draußen in regelmäßigen Abständen voneinander umzingelt hatten, sodaß die ohnehin schon zu Tode geängstigten Menschen, wohin sie sich auch immer flüchten wollten, in die Fänge und Fallen dieser Menschenjäger fielen.

Auf diese Weise wurde unser Vikar von Konzell, P. Georg (Zetlius)* gleich zweimal in windigen Hütten von den Räubern überfallen, um sein Pferd gebracht und der wenigen Habe beraubt, die er bei sich trug. Ebenso wurde P. Thomas (Cantor*), der Pfarrer von Haselbach in einem Dickicht aufgespürt und ausgeraubt. Diesmal ließ man ihn sogar ohne eine Tracht Prügel laufen. So soll auch der Kaplan von Haselbach, P. Jakob Gahr, wie es heißt, als „Landstreicher aus der Stadt" (oppidanus erro) aufgegriffen worden sein. Über diese Fälle weiter unten am –*.

P. Vitus, der Propst, wäre im Mühltal gleichwohl von einem herumreitenden Dragonertrupp gefangen worden, wenn nicht ein Zaun seine Verfolger mit ihren schnellen Rennern* eine Weile aufgehalten hätte. Dieser Zaun verschaffte ihm einen winzigen Vorsprung. Fr. Thaddä Hartberger*, wurde in Mitterfels, gerade wie er wegging, von einem Reiter gestellt und zwar auf einem Hügel über der Schlucht. Der entriß ihm den Mantel und Filzhut, während sich der Frater in die Schlucht hinabrollte. Er konnte aber dennoch unverletzt entkommen, weil ihn die nachgesandte Kugel nicht traf.

Fortsetzung der Flucht vom vom 18. Dezember 1633 an*

Nach dem ersten Überfall auf die Propstei und der damit begonnenen Plünderung – Siehe unterm 15. Dez.! –, wobei sie das für P. Bruno bestimmte Reisegeld wegnahmen und Pferde stahlen, nach diesem schandbaren Anfang mußte ich mit äußerster Wachsamkeit darauf bedacht sein, nicht unversehens den Schweden bei ihrer Wiederkunft in die Hände zu fallen. Ich war mir sehr wohl bewußt, daß sich ihre Drohungen in erster Linie gegen mich richteten und daß sie alle meine Schlupfwinkel hierherum zur Genüge ausspioniert hatten und diese ihnen bekannt waren. Von da an wurde mit aller Hinterlist nach mir gefahndet, um mich in der Propstei selbst oder irgendwo in der Umgebung dingfest zu machen. Darum durchfilzten sie bei jedem Besuch nicht bloß die ganze Propstei sondern durchstöberten auch die abgelegensten Hütten und Schupfen, die Schlupfwinkel im Walde, alles, wohin sie eben ihr Verdacht gerade lenkte und lockte.

Als sie aber einsehen mußten, daß alle Mühe vergeblich war, drohten sie ohne Scheu, sie würden auf ihrer Suche so oft nach Elisabethszell zurückkehren, bis sie den gejagten Kuttenträger erwischt, an einem Pfahl aufgespießt und so zur Schau herumzeigen könnten. Diese Drohungen wurden mir hinterbracht, dem ihr Ruf ohnehin schon prophezeite, wie gnadenlos ihre Mißhandlungen seien. Wenn ich solches in meinen Verstecken hörte, gab es mir Stiche ins Herz bei dem Gedanken, was mir blühte. Was sollte ich aber tun? Wie dem verhängten Schicksal noch entrinnen? War ich doch von allen Seiten eingekesselt, seit die Schweden sich überall breit gemacht hatten. Gehe ich in östlicher Richtung, müßte ich die Sperrlinie (termini) der Schweden durchbrechen, sieben Meilen weit. Gehe ich nach Westen, würde ich in die Traufe geraten, auf die Hauptarmee stoßen. Gegen Norden aber müßte ich drei Meilen tief mich mühsam durch die Feinde durchschlagen, um zum kaiserlichen Feldlager durchzustoßen. Gegen Süden schließlich versperrt mir die Donau den Übergang.

Trotz all dem rät mir mein ruhelos-ängstliches Herz zur Flucht, ich müsse die schwedische Zone verlassen, ihren Einflußbereich; es spricht mir Mut zu und drängt mich. Immer aber bleibe ich bei dem Gedanken hängen, wie und auf welche Weise ich entrinnen könnte. So irrte ich ständig unschlüssig umher und fand nirgends eine Minute Ruhe; denn die täglichen und allnächtlichen, immer in unregelmäßigen Abständen erfolgenden plötzlichen und unberechenbaren Einbrüche, Überfälle, Vorstöße und Verfolgungen der weimarischen Reiter und Soldaten ließen mir wirklich keinen einzigen Winkel mehr, wo ich mich mit dem Gefühl der Sicherheit hätte niedersetzen oder nur ein wenig ausruhen, geschweige denn mich hätte verstecken können. Wie oft, o du guter Gott, wurde ich im Laufe eines Tages, wie häufig während der Nacht gezwungen, aus dem Bett, vom Gebet, von der Arbeit weg, kaum daß ich etwas angefangen hatte, Hals über Kopf zu fliehen!? Wie oft entmutigt vom Terror der Schweden? Und noch sehe ich kein Ende ab.

18. Dezember: Am heutigen Sonntag, in der Nacht zur Zeit des tiefsten Schlafes trat ich wegen der drohenden Gefahr eines nächtlichen Überfalles die letzte Flucht aus unserem Elisabethanischen Hause mit dem Bewußtsein an, sobald nicht mehr zurückzukehren, in Zukunft als *Verbannter* zu leben: Mit meinen beiden Mitbrüdern, dem Propst und P. Bruno marschierte ich nach *Haibach*. Ich hoffte dort für eine Zeit lang Ruhe zu finden, zumal so viel Aufhebens gemacht wurde von der dort am gestrigen Samstag eingeführten *Salva Guardia*, wie sie es nennen. Kurz vor Mitternacht kamen wir in dem Dorfe an, gehen zum Haus des uns bekannten – was aber niemand wußte – Herrn Pfarrers, klopfen heimlich-leise erst, rufen dann, aber niemand hört uns. Ganz zaghaft öffnen wir die halb zugetane Tür, treten ein, rufen lauter. Wir finden und hören im ganzen Hause keine Menschenseele, obwohl doch gerade noch jemand hier gewesen sein muß, wie uns die Kohlenglut im Ofen verrät. Es ist uns nur zu leicht verständlich, daß die Einwohner, aus Angst vor nächtlichen Nachstellungen, sich ihrer Sicherheit halber in eine abgelegene Hütte oder Schupfe verzogen haben, um erst bei Tag wiederzukommen. Diese Angst um ihr Leben ist eben allen Bewohnern in die Glieder gefahren, da keiner, wohin er auch flüchten mochte, Sicherheit auf Dauer findet. Wir sind, um Sicherheit zu finden, hieher geflüchtet, sie hingegen waren aus dem gleichen Grunde anderswohin geflohen und andere von dort wieder anderswohin. Wir, die sich auf die geschilderte Weise in den Pfarrhof eingeschlichen haben, wollen diesen nächtlichen Unterschlupf doch nicht gleich wieder aufgeben. Das Haus war vor kurzem noch von Militär bewohnt gewesen und ausgeräubert worden. Es ist jetzt noch voll von dem hinterlassenen Schmutz und Gestank. Wir schlossen und verriegelten die Türen, gingen in den Heizraum (hypokaustum), schürten den Ofen und streckten uns auf den Bänken aus. Mit der heraufsteigenden Morgenröte erwarten wir auch den Pfarrer in seinen Bauernkleidern. Der kann sich nicht genug wundern und staunen über solche Gäste, die er wider alles Erwarten in seinem verlassenen Pfarrhof findet. Was soll ich noch mehr berichten? Wir unterhielten uns miteinander und wir waren traurig.

19. Dezember: Wir ließen den *Chirurgen** zu mir kommen, der im Dorfe wohnt. Wir kommen miteinander überein – selbstredend unter dem Versprechen striktester Geheimhaltung, weshalb auch nur der Pfarrer bei dem Gespräch anwesend war –, daß er mir in seinem Hause ein Stübchen (mansiuncula) überläßt. Der Wundarzt trat es mir gerne ab und so waren wir rasch handelseins. Sehr schwer fiel es mir aber, mich von meinen Lieben nun zu trennen, die anderswohin zu fliehen gedachten. Ich ging mit meinem Hausvater weg, der im obern Stock ein Winterquartier für mich übrig hat. Die kleine Kammer liegt ruhig, ist von der Familie und dem Gesinde unten getrennt und ganz nach meinem Wunsch und Willen hergerichtet worden. Ich zog in das Stübchen in spürbarer Freudenstimmung, nur von dem Gedanken bewegt, hier eine Zeit lang verborgen und sicher zu leben. Ich will mich gerade eingewöhnen in diese klösterliche Stille und Abgeschiedenheit. Aber

146

oh! ihr immer wogenden Stürme bitterer Drangsal, der Verzweiflung und Mutlosigkeit, die ihr unablässig heranbraust!

Ich hatte als neuer Mieter noch keine anderthalb Stunden in meinem Stübchen verbracht, da ist schon der Teufel los! Ein Tumult, Angstgeschrei, Gejammer, Hilferufe. Die Töne der angeschlagenen Glocke vermehrten und verstärkten den Lärm, das Klagen und Schreien der Leute auf den Straßen und in den Häusern. Militär, Räuber zu Roß und zu Fuß machen das Dorf zu einer Hölle. Für mich, der ich solche Dinge schon oft erlebt, ist das keine Neuigkeit mehr, bin aber dennoch entsetzt, weil sich die wütenden Überfälle der Feinde so oft und unverhofft wiederholen. Ich blicke durchs Fenster und sehe, was los ist. Es ist wirklich so. Mit verhängtem Zügel sprengen die Berittenen heran, auf ihren Rennern sind sie schon da, sind im Nu im ganzen Dorfe und stürzen sich trotz der Salva Guardia, nach der die Dörfler rufen, in die Häuser, fallen über die Menschen her, stehlen und plündern. Erst als die Leute, (die auf ihre Schutzwacht bauten), diese Gewalttätigkeit sahen, flohen sie aus Haus und Dorf, rannten alle, so schnell sie ihre Füße trugen, davon in die Verstecke in die rings herum liegenden Berge und Wälder.

Nicht anders stoben auch alle unsere Hausbewohner davon und ließen mich mutterseelenallein zurück, der ich ganz unversehens übereilt worden bin und sich in dem fremden Haus keinen Fluchtweg wußte. Im Nu bricht mir der Angstschweiß aus. Ich weiß, daß ein Augenblick über Leben und Tod entscheidet, daß mir der Verlust der Freiheit droht. Wohin in dieser Not? Ich ergriff die nächste, einzige Gelegenheit, springe aus meinem Winterquartier auf den Dachboden (pavimentum) daneben, steige auf ein höheres Gestell (pegmate) und schlüpfe direkt unter dem Dache in einen finsteren Winkel. Unterdessen brechen unten schon mehrere Räuber in das Haus ein, schlagen die Türen auf, laufen die Stiege zum Boden herauf, rennen durch alle Wohnräume. Zugesperrte Türen hauen sie mit Äxten und Hämmern ein, zerspalten sie, sprengen sie auf. Was ihnen unter die Augen kommt, rauben sie. Ich, in nächster Nähe der Räuber, höre alles, horche auf jedes kleinste Geräusch und halte mich in meinem Schlupfwinkel mäuschenstill, wie versteinert,

ein lebendes Bild. Nur zitternd vor Angst erwarte ich, wie das aus-
gehen wird. Ich wage es fast nicht mehr zu schnaufen. Allzugerne
hätte ich die Schläge meines vor Angst schier zerspringenden
Herzens angehalten, aber ich konnte sie nicht einmal beschwichtigen, geschweige denn anhalten, solange die Feinde mir und meinem Versteck so nahe waren. Aus lauter Angst legte ich mein Reisegeld weg, das ich in meinem Sack hatte, legte auch mein golde-
nes Brustkreuz mit seinen heiligen Reliqien* (exuviis) weg, das ich
am Halse trug, damit sie mich für einen ganz gewöhnlichen, gemeinen Mann hielten, wenn ich in meinem Winkel gefunden, gefangen und beraubt werden sollte. O Gott, in Deiner Güte, laß
doch das nicht zu! Ich rief ständig alle Heiligen an, um sie in Pflicht
zu nehmen (in vota vocabam). Schier unablässig flehte ich zu
Unserer lieben Frau und Mutter Maria um ihren Schutz in diesem
Augenblick: „Sub tuum praesidium, unter Deinen Schutz und
Schirm . . .", seufzte ich.

Mehr als eine halbe Stunde dauerte die Pein, da ertönte endlich
das Trompetensignal (cantatum classicum) auf dem Dorfplatz. Als
heimlicher Ohrenzeuge bemerkte ich, daß die Räuber ihre Beute
aus den Häusern schleppten und das Dorf verließen. Mit schlot-
ternden Knien kroch ich aus meinem Schlupfwinkel hervor zu einem Guckloch, um zu sehen, wie es um mein Schicksal stehe. Weil
ich aber nicht einen einzigen Menschen sehen oder hören konnte,
so argwöhnte ich eine List, stieg und kroch mit gebotener Eile in
meinen dunklen Winkel zurück, um nicht in ihren Hinterhalt zu
geraten, in ihre Falle. Wiederum verstreicht eine endslange Vier-
telstunde. Nun höre ich endlich die Leute vom Dorfe, draußen, von
ihrer Flucht heimkehren und miteinander reden. Jetzt krieche ich
endlich aus meinem schützenden Winkel heraus und kehre in meinen Winterbau zurück. Was ich vorher, solange ich versteckt war,
nur hatte hören können, sehe ich nun mit meinen Augen. Alle Türen und Türchen, Kasten und Behälter, sowohl in meinem Stüberl
wie in den übrigen Kammern und Zimmern stehen offen, sind
zum Teil zertrümmert, zerhackt, aufgesprengt. Weil ich aber noch
niemand von unseren Hausleuten sah, so schloß ich im oberen
Stock die offenen Türen und zog mich in mein Winterquartier zu-

rück. Wie ich jetzt sehe, hat die Räuberbrut meinen Hut geklaut, da
sie kaum etwas anderes hatten finden können. Wundern aber muß
ich mich, daß sie meinen zwar schäbigen, aber nicht gerade leeren
Geldranzen nicht hatten mitgehen lassen, ihn offenbar gar nicht
gesehen haben in ihrer Eile, obwohl er vor ihren Augen, in der Nähe der Tür, an einem Nagel hing. Ich weiß nicht, welcher Zufall
oder göttlicher Wille (fatum) sie geblendet hat.

Verzweifelt ließ ich alle Hoffnung fahren, hier in der Gegend eine ungestörte Bleibe zu finden. Deshalb entschloß ich mich mit
energischem Ernst, weit fort zu wandern. Und unglaublich, es
ergab sich während meines dreitägigen Aufenthalts im Hause des
Chirurgen eine günstige Gelegenheit dazu.

In Haibach befand sich ein weimarischer Dragoner. Dieser war,
wie schon erwähnt, in das Dorf abgestellt worden und verdiente
sich seinen Sold damit, daß er sich *Salva Guardia* schimpfte (nomen
mutuans). Diese sogenannte Salva Guardia, wie sie gelegentlich
auch anderen Orten zugeteilt wurden, war allenfalls verpflichtet,
das ihr anvertraute Dorf vor jeglichem feindlichen Angriff zu sichern, zu schützen, schadlos zu halten. Kurz, dieser leichte Reiter
hatte vor, Geschäfte halber nach Straubing zu reiten. Um sein „Sicheres Geleit" für ihre Geschäftsreise nach Straubing zu erhalten,
vertrauten sich ihm drei Männer an. Einer von diesen war auch
unser Haibacher Chirurg, in dessen Haus ich mich verborgen hielt.
Sogleich, wie ich von diesem Vorhaben hörte, erklärte ich mich bereit, mitzuziehen in diesem Geleit. Ich stiftete den Chirurgen an, er
sollte dem Dragoner weismachen, daß jemand aus dem Nachbar-
dorfe hier sei, auch ein Arztkollege, der einen Straubinger Apotheker aufsuchen müßte und mit seinem Sicheren Geleit mitzie-
hen möchte. Er nannte mich mundartlich den bekannten „Maister
Börgn"*. Als ich dann dem Dragoner selbst ein Honorar versprach,
willigte er gar nicht ungern ein.

Bevor ich aber hier aufbreche, muß ich noch den zweiten Überfall auf unsere Propstei *Elisabethszell* erwähnen. Während meines
dreitägigen Aufenthalts beim Chirurgen erhielt ich Nachricht, daß
von jener Kompanie, die Haibach geplündert hatte, die Hälfte auf

kürzestem Wege durchs Tal und über den Berg nach Elisabethszell hinauf gezogen sei und dort schon zum zweiten Male (trotz
der eingeführten Salva Guardia) die Propstei überfallen, alles kurz
und klein geschlagen und ausgeraubt habe. Küche und Keller, den
Hühner- und Roßstall leerten sie ratzekahl aus. Die Türen der Kapelle und der Sakristei haben sie aufgesprengt. Alle kirchlichen
und profanen Gegenstände und die Unmenge von Hausrat, der
dort untergebracht worden war, haben sie fortgeschleppt. Sogar
bis zur Köhlerhütte unseres Försters, die in dem großen Forste und
an einem ganz abgelegenen, unwegsamen Platz steht, sind sie vor-
gedrungen. Dort haben sie die Kirchenschätze von unsagbarem
Werte ausgegraben und geraubt. Die Meßgewänder haben sie auf
den Boden gebreitet, in der sakrilegischen Absicht, daß die Pferde
darauf misten und -treten usw. Einige von unseren Hofmarksleu-
ten haben sie blau und blutig geschlagen, einen sogar getötet. Ihre
wertvollste Diebesbeute fuhren sie mit unseren eigenen Wägen
weg. Zudem versprachen und drohten sie, noch häufiger wieder
zu kommen. Dies geschah am 19. Dezember.

Täglich hörten wir Neues von weimarischen Ausschreitungen,
hier von schwerem Straßenraub und Mord, da von Plünderungen,
dort von Kirchenraub. Sie wüteten gegen Menschen jeden Standes, Berufes und Ranges. Und nicht zufrieden damit, daß sie schon
deren Häuser geplündert, ihnen die Pferde weggenommen, das
Vieh weggetrieben, ihnen ihre Habseligkeiten geraubt, den Geld-
beutel umgestülpt hatten, ja sogar wenn sie die Ärmsten gemartert und so gezwungen hatten, alles zu verraten, was sie auch
immer irgendwo versteckt haben mochten, trotz alledem folterten
und ängstigten sie ihre Opfer in einer unersättlichen Gier, von
teuflischer Rache getrieben, auf vielfältige Weise, um noch mehr
aus ihnen herauszupressen. Obwohl sie ihnen, wenn ich so sagen
darf, die Haut schon abgezogen und sie ausgeweidet hatten*, fes-
selten und knebelten, stachen und schlugen, peitschten und prügelten und* . . . verwundeten und verstümmelten sie ihre
Opfer noch und brachten sie langsam und grausam um.

Kein Tag verging, an dem nicht mehrere Schwerverletzte zur
ärztlichen Versorgung in das Haus des Chirurgen gebracht wur-

den, wenn sie nicht mehr selber kommen konnten; ganz abgesehen davon, daß der Wundarzt selbst immerfort zu den ganz schwer zugerichteten Leuten hinauseilte in die vielen Dörfer, Gemeinden und Höfe, um die Mißhandelten zu behandeln und ihre Wunden zu verbinden. Dies alles passierte allein schon in unserer engsten Nachbarschaft. Was mag erst alles im ganzen weiten Lande geschehen sein? Am feindseligsten verfuhren die Schweden mit den Geistlichen, Mesnern und wer immer mit der Kirche zu tun hatte, gegen die Adeligen und Reichen, die sie zunächst ausraubten, dann marterten sie die Beraubten und nahmen die Geschundenen gefangen, um schließlich die Schrauben noch einmal anzuziehen und unerschwingliche Schätzsummen (als Lösegeld für Brandschatzungen) zu erpressen; denn die Gefangenen wurden nicht eher ihre Ketten los, bevor sie nicht diese irrsinnigen Summen erlegten.

Ich muß wahrheitsgetreu noch hinzufügen, daß sie außer dem oben, unterm 9. Dezember berichteten Schwedentrunk noch allgemein folgende von ihnen erfundene Marter und Strafe anwandten: Ihr unterwarfen diese Menschenfeinde die Ärmsten der Sterblichen, gerade die ganz unschuldigen, um sie zum Geständnis, zum Verrat, zum Angeben verborgener Sachen zu bringen und zu zwingen. Diese *Tortur** besteht darin, daß sie ihrem Opfer den Kopf bis zur Stirnhöhe (cerebrotinus) mit einem Bündel Seiden- oder Leinenfäden die sie zu einer Schnur drehen, umwinden. Dabei pressen sie durch immer strafferes und strengeres Herumdrehen die Hirnschale immer fester und so lange zusammen, bis die Augäpfel mehr und mehr aus den Augenhöhlen hervorquellen und in abscheulicher Weise herausgetrieben werden. Wie viele solcher Opfer habe ich selbst gesehen, von wie vielen gehört, daß sie solches erlitten!?

Nun aber zurück zu unserem Dragoner. Mit ihm will ich morgen nach Straubing ziehen.

21. Dezember: Heute feiern wir den Geburtstag des Apostel Thomas. Es ist schon Nacht. Morgen muß ich meine Reise ins Elend, ins *Exil* antreten. Ich muß mir das Wort noch einmal vorsprechen:

Exil, Elend, Verbannung, weil ich meine Heimat verlassen muß, fortgehen von unseren klösterlichen Niederlassungen, aus dem Hause desertieren muß*, wo ich meine ewigen Gelübde abgelegt, wo ich lebenslängliche Treue zu meinem Kloster zu leben, stabilitas gelobt habe, meine Mitbrüder und Söhne im Stiche lassen muß, mein Teuerstes auf Erden. Sie sind zwar schon alle überall hin zerstreut und vertrieben, aber dennoch muß ich sie allzu früh zurücklassen. Elend sage ich, weil ich* im Lumpenkittel eines heimatlosen Fremdlings, arm und elend und allen brüderlichen Trostes bar und bedürftig fortziehen muß. Verbannung, weil ich GEZWUNGEN werde, in die Fremde, zu fremden Menschen zu gehen. Hart ist das, aber ich muß es gelassen, mit Gleichmut ertragen.

Heut nacht richte ich mich zu dieser ungewollten, erzwungenen Reise zusammen. Ich habe mir einen Tragkorb (canistrum) zu leihen genommen, wie man ihn an den Nacken hängt und trägt, habe zwei einschlägige Bücher über die Heilkunst hineingetan, die ich im Hause des Chirurgus ausfindig gemacht habe und in denen jeweils die Anwendung verschiedener Heilmittel beschrieben ist. Ein Paar gleicher Apothekerbüchsen fügte ich noch hinzu. Um meine angebliche chirurgische Kunstfertigkeit abzurunden und um den untrüglichen, unverwerflichen Beweis meines Könnens zu liefern – dies für den Fall, daß ich zufällig in eine Fachfrage verwikkelt werden sollte – zog ich einen griechischen (Ärzte-) Mantel an, der mit der bemäntelten Kunst genau übereinstimmte.*

22. Dezember: Sehr früh, noch im Finstern, wurden wir Fußgänger auf die Reise geschickt. Voran ritt der Dragoner. Wir mußten ihm auf der Ferse folgen, ganz gleich, ob er gemächlichen Schrittes ritt oder sein Roß zum Trabe spornte; denn wir wollten doch nicht unterwegs von unserem Führer getrennt werden und herumstreunenden Kriegern, ihrer Frechheit und Ausgelassenheit in die Hände fallen. Von Haibach weg ging es hinter dem Reiter her bis *Mitterfels*, wo er im Schloß* einen kurzen Aufenthalt hatte. Der Tag dämmerte schon, als wir unseren Weg in einem flotten Trab fortsetzten. Gegen 10 Uhr kamen wir mit zitternden morschen Knochen und ganz erschöpft* in die Straubinger Ebene hinaus, die wir zwar ohne Schaden, aber mit umso mehr Angst durchziehen, weil die Ebene von Militär, von herumstreifenden Schwadronen nur so wimmelt. Weiter geht es zur ersten Schanze (propugnaculum), von dort über die äußere Brücke – beides, Bollwerk und Brücke sind stark besetzt und gesichert – zur zweiten Schanze.* Ein gewaltiger Kriegsapparat ist hier zu sehen: Kavallerie, Infanterie, eine unübersehbare Reihe von vierspännigen Wagen, unbeladen oder schwer befrachtet mit Lebensmitteln, in einer langen Zeile die Kriegsgeschütze auf Protzen (curricularia bellica tormenta), eines neben dem anderen, dann Besatzungssoldaten, Schanzengräber (cunicularii), Wache u. dgl.

So kommen wir schließlich durch die letzten zwei Besatzungsabteilungen, welche die innere Brücke auf beiden Seiten bewachten, in die Stadt. Welch ein Gedränge und Gewimmel von Militär und gewöhnlichem Volk auf den Plätzen, Straßen und Straßenkreuzungen (compitis). Am stärksten ist die Stadt mit Kavallerie besetzt.

In der Stadt muß ich mich nun um mein Schicksal selber weiterkümmern. Heimlich stahl ich mich von meinen Weggenossen weg und verschwand im Hause des mir gut bekannten *Apothekers**. Ihm erklärte ich den Grund meiner Flucht. Zwei Dinge wollte ich von ihm erfahren: ob er mir entweder einen sicheren Aufenthaltsort in der Stadt angeben könnte oder aber, ob er eine sichere Gelegenheit wüßte, wie ich sicher aus der Stadt wieder hinauskäme. Der Apotheker war sprachlos vor Staunen und Bewunderung: Er wunderte sich über meine bodenlose Leichtfertigkeit und Unbesonnenheit, bewunderte jedoch meine Kühnheit und List, auf die ich allein baute. Der Apotheker konnte es einfach nicht glauben, daß ich wirklich aus dem Kessel ausgebrochen sei, wirklich drei Meilen mitten durch die Schweden hindurch marschiert sei. Am unbegreiflichsten war ihm, wie ich es wagen konnte, ins Hauptquartier der Schweden mich zu begeben. Die Geschichte, meinte er, kann den Kopf kosten. Es sei zu gefährlich, in dieser Stadt einen sicheren Unterschlupf auch nur zu suchen, wo die Schweden uns den Herrn so fühlen lassen und sie so fest im Sattel sitzen, wo die ungläubigen Feinde* auf nichts anderes zielen, sinnen und scharf sind als auf die Unterdrückung unserer Landsleute, die Verfolgung des geistlichen Standes und die Ausrottung von Religion und Kirche. Außerdem dürfte ich nicht übersehen, daß das Verlassen der Stadt viel größere Schwierigkeiten bereite als das Hereinkommen, weil jeder, der hinaus will, eine gefährliche Untersuchung über sich ergehen lassen muß.

Hatte ich mir kurz vorher noch selbst gratuliert, daß ich das lange Spießrutenlaufen mitten durch die Schweden hindurch und den Einzug in die Stadt glücklich überstanden hatte, so mußte ich jetzt erkennen, daß ich zwar dem Strudel der Charybdis entronnen, aber an die Klippe der Skylla geschleudert worden war. Mochte nun meine Sache auch stehen wie immer, ich konnte nur eine von den zwei Möglichkeiten anpacken, entweder ein Obdach in der Stadt suchen oder sie wieder verlassen. Ich fragte darum den Apotheker, ob ich nicht vielleicht im Hause eines Geistlichen einen Unterschlupf finden könnte oder etwa im Karmelitenkloster. Vielleicht anderswo? Nirgends, meinte er; denn den Karmeliten ist es strikt untersagt worden, einen Geistlichen aufzunehmen, ihm Wohnung oder Kost zu geben. Im Übertretungsfalle würden sogar jene, die sie aufgenommen hatten, unverzüglich hinausgeworfen und sie selbst würden eine Strafe von unbegrenzter Höhe erleiden.

Ob es nicht zufällig, fragte ich weiter, bei den H. H. Kapuzinern ein Plätzchen für mich gäbe. Über diesen Punkt besprach ich mich dann ziemlich lang mit dem P. Guardian*, den ich zu mir in die Wohnung des Apothekers gebeten hatte. Nachdem wir uns beiderseits ziemlich lange beraten und ausgesprochen hatten, kam der liebe, gute Pater – soweit es ihn selbst anging – gerne und freudig meinen Wünschen entgegen. Aber die Sache hatte noch einen Haken: Er durfte niemand in das fremde Haus aufnehmen, ohne vorher die unerläßliche Zustimmung des Besitzers* (possesoris) einzuholen. Der Guardian gab mir daher zu bedenken, ich müsse die Dinge sehen, wie sie wirklich liegen; ich dürfte nicht bloß mein eigenes Schicksal, sondern müsse auch das seine und seiner Mitbrüder ins Auge fassen; welche unseligen Folgen entstehen würden, wenn es aufkäme, daß ich in ihr Kloster aufgenommen worden sei, wenn ich durch einen Zufall ertappt oder dem Stadtkommandanten (Bullion) verraten und verhaftet würde. In diesem Falle würden auch sie ihr Leben aufs Spiel setzen und sich als meine Gastgeber die Strafe der Wiedervergeltung zuziehen. Nachdem wir uns über dieses schwierige Hindernis klar ausgesprochen hatten, ging der P. Guardian heim, offenbarte seinen Mitbrüdern, daß ich da sei. Er trug ihnen meine Bitte als seine Herzenssache vor und erhielt ein Plätzchen für mich. Dann schickte er mir einen Boten und hieß mich kommen. So erhielt ich durch Gottes Fügung die Erlaubnis* bei ihnen unterschlüpfen zu dürfen.

Um den Stadtplatz sicherer zu überqueren und ohne mich bei denen, die mir begegnen, verdächtig zu machen, ging ich in dem Lumpenkittel, mit dem ich in die Stadt gekommen war. An der linken Seite hielt ich ein paar Laib Brot, in der rechten Hand einen vollen irdenen Bierkrug, so als wollte ich den Kapuzinern ein Almosen bringen, wie solches jeden Tag diesen Jüngern der heiligen Armut* gebracht und gewöhnlich geschenkt wird. Und ich wurde eingelassen. Wie liebevoll wurde ich aufgenommen, als ich zum ersten Mal in die Zelle des P. Thomas geführt wurde, der schwer am Podagra leidet und das Bett nicht verlassen kann. Die Liebenswürdigkeit, die dieser Mann besitzt, sein umgängliches Wesen und seine innige Freundschaft während meines Aufenthaltes hier tat meinem Herzen sehr wohl.

Alles verlief an diesem Ort meiner Wünsche ganz nach meinem Willen – nur einer war mir verhaßt und schuld daran, daß ich mich nicht behaglich fühlen durfte: Dieser eine und einzige, der Stachel der Angst und Furcht, es könnte ein treuloser Verräter, es könnte irgendwer durch irgendeine unvorsichtige Äußerung den Schweden meine Anwesenheit verraten und ich auf diese Weise in ihre Gefangenschaft geraten. Das ist eben uns Menschen eigen und unsere Neigung (proclivitas), daß wir auch die größten Geheimnisse – nur aus Neugier – einem anderen ganz geheim, wie wir meinen, ins Ohr raunen. Durch eine solche Unvorsichtigkeit unserer Schlechtigkeit verwandelt sich das große Geheimnis allmählich in ein öffentliches Geheimnis und die geheimste Sache in ein Stadtgespräch. Damit das nicht auch in diesem meinem und unserem Falle passierte, vor allem wenn ich länger hierbleiben sollte, mußte ich ständig auf eine Gelegenheit zur Flucht aus der Stadt und in sicherere Gegenden bedacht sein. In dieser heiklen, mißlichen Lage setzte ich mich sowohl mit den Patres wie mit den drei Männern* ins Benehmen, die allein von meiner Anwesenheit wußten.

Ich lebe hier ganz still und einsam. Kein fremdes Auge sieht mich. Niemand kann mich sprechen, doch eines schönen Tages, wie er aus der Stadt zurückkam, erzählte mir P. Guardian, er hätte auf dem Stadtplatz einen bekannten Bürger aus *Geiselhöring* getroffen und er hätte sich bei ihm unter anderem erkundigt*, ob dieser eine versteckte Person mit sich nehmen könnte, sobald er wieder geschäftlich in der Stadt zu tun habe. Wenn er sich das zutraue, sollte er sich an das Kapuzinerkloster wenden, wo er von ihm weiteres erfahren könnte. Und wirklich und zuverlässig kam der Geiselhöringer schon am nächsten Tage, am Johannistag – in der Kirche ein Hochfest. Ich unterhalte mich mit ihm, lege ihm meinen Fall dar und das Ergebnis unserer Verhandlung: Sobald er wieder in Straubing zu tun hat, wird er mich aufsuchen und mitnehmen. Er nickt mit dem Kopf, ein Händedruck, der alles besiegelt, und er geht.

Bis dieser Bürger zu mir zurückkehrt, will ich unterdessen kurz erzählen, was sich im Verkehr mit meinen Freunden alles abgespielt, über was wir uns unterhielten und was sich sonst noch alles in der Zwischenzeit ereignete.

Das Haus, in dem ich vom 22. bis zum letzten Dezembertag zusammen mit den hochverehrten Kapuzinerpatres wohnte, ist ein ansehnlicher, stattlicher Bau, groß, sehr geräumig. Es wurde einst von dem Baron von Degenberg sehr aufwendig errichtet und ist jetzt in den Besitz des Herrn von Tabertshofen* übergegangen. Wegen der vielen Wohnräume wurde das Haus auf mehrere Familien aufgeteilt. Eine Wohnung gehört dem Baron selbst, der aber derzeit abwesend ist, weshalb seine Frau Gemahlin das Hauswesen führt. Einen Teil bewohnt der Doktor der Jurisprudenz, Johann Widemann. Andere Familien übergehe ich. Den nördlichen Flügel bewohnen jetzt die Kapuziner. Dieser weist einen langen Gang mit mehreren Wohnungen auf, die aber nicht alle bewohnt sind. In diesem früher von unten (aus dem Heizraum, hypocaustum) geheizten Flügel, der auf die Straße herausgeht, war mir vom P. Guardian ein Zimmer zugewiesen worden. Die Patres sorgten rührend für mich mit einer Unmenge Bücher, mit Schreibzeug, einem Betschemel, einer Bettdecke und anderen zum täglichen Gebrauch nötigen Dingen, sodaß ich sehr gut eingerichtet* war. Das Essen ließen sie mir durch ihre Brüder aus der Speisekammer der Patres bringen und reichlich auftischen. Ich ging täglich auf das Zimmer des P. Thomas – ein Vorteil für uns beide, da er ja selbst an das Bett gefesselt war und nicht in die Kirche gehen konnte. Bei dieser Gelegenheit wohnte auch er meiner Messe bei. Natürlich durfte ich es nicht wagen, einen Fuß vor die Türe zu setzen, fand es aber sehr kommod, auf diese Weise hier das Meßopfer feiern zu können.

Ohne das hätte ich nicht einmal am Weihnachtsfeste eine Messe hören können. Die Kapuziner besaßen hier nicht einmal eine geweihte Kapelle in diesem Hause außer dem Oratorium. Darin stellten sie einen tragbaren Altar* auf. Noch hatten sie in ihrer Nähe eine Kirche. Sie mußten vielmehr durch die Straßen in die Pfarrkirche gehen, wo sie täglich ihre Messen lasen.

Die Kapuziner waren nämlich erst vor einem Monat, am 19. November aus ihrem Kloster in der Vorstadt, unmittelbar neben der Stadtmauer, vertrieben worden* und in die Stadt umgezogen eben in das erwähnte Haus des Herrn von Tabertshofen, just als der Weimarer die Stadtbelagerung begann und er natürlich haargenau an dieser Stelle, im Kapuzinerkloster den für ihn günstigsten Platz fand und darin seine schweren Geschütze aufpflanzte. Von dort aus richtete er seine ehernen mauernzertrümmernden (murifragas) Kanonen direkt gegen die ganz nahe liegende Stadtmauer und zwang so die Stadt zur Übergabe. Die Patres gaben aber die Hoffnung nicht auf, daß sie später einmal ihr Kloster wiederbekommen und beziehen könnten; allein nur wenige Tage nach der Einnahme der Stadt durch die Schweden verloren sie nicht nur diese Hoffnung, sondern auch das Kloster, weil es auf Befehl der Kommandanten* vollkommen eingeäschert wurde. In Glut und

Asche versank das ganze Kloster, damit es nie wieder an der nämlichen Stelle auferstehen könne.*

Während meines zehntägigen Aufenthalts erfuhr ich von den Patres den genauen Verlauf der Belagerung. Sie berichteten mir von dem Unternehmungsgeist der schwedischen Angreifer, von der tapferen Verteidigung der Bürger, von dem Pflichtbewußtsein, der Standhaftigkeit des Stadtkämmerers*, der die Stadt halten und erhalten wollte. Sie berichteten mir von dem absoluten Ausfall (nullitatem) der so fest versprochenen und so sicher erwarteten Hilfe wie von dem Betrug, den der Stadthauptmann* verübte, weil er bei den Übergabeverhandlungen mehr für seine Besatzung besorgt als auf das Wohl der Stadt bedacht war. Sie erzählten mir von dem meineidigen Wortbruch des schwedischen Kriegsherrn, der die beschworenen Verträge nicht hielt, von der sofortigen Rückgängigmachung der Ranzionssumme unter der Androhung, die Stadt brandschatzen zu lassen.

Die Patres schilderten mir auch ihre unbeschreibliche Mühe beim Aufbringen der Schätzsumme*, ihr Herumlaufen und Betteln, Bitten und Beschwören, das Sammeln silberner Gefäße und Kleinodien, von der Rückgabe der den Kirchen abgeforderten geweihten Schätze. Sie berichteten mir, wie die Bürger und vor allem die Mauerer zum Eidschwur aufgeboten wurden. Sie sollten die versteckten und eingemauerten Schätze angeben und verraten und zwar die von ihnen selbst versteckten sowohl wie jene, von denen sie Wissen hatten; sonst würden sie meineidig, nachdem sie einen Offenbarungseid hatten schwören müssen. Kurz, wie die Bürger ausgeplündert, erpreßt und einer immer stärkeren Belastung, einem steigenden Druck ausgesetzt wurden.

Die Kapuziner schilderten mir, wie die in der Stadt verbliebenen Geistlichen geschmäht, eingeschüchtert und heruntergemacht wurden, wie die alte Pfarrkirche von St. Peter entweiht wurde, die sie in eine Stätte* blutigen Gemetzels verwandelten; von dem Greuel berichteten sie, daß die St. Veitskirche den ketzerischen Prädikanten* übertragen wurde, von der Einschränkung und Unterdrückung der katholischen Religion, von der Verächtlichmachung, der Verhaftung, Vertreibung und einer allgemeinen *VERFOLGUNG* geistlicher Personen.

Ich will nur ein Beispiel anführen, den Abt von *Weltenburg*, der aus seinem Kloster vertrieben wurde und dem man alles bis zum letzten Heller und Pfennig (teruntium) raubte. Trotzdem wurde er noch zum Zahlen einer Schätzsumme gezwungen, bis zur Zahlung dieser unverschämt hohen Steuer zur Gefangenschaft verurteilt und nach Straubing verschleppt, wo er bis zu dieser Stunde schandbar mißhandelt in Gewahrsam lebt, wie ein Sklave behandelt wird, wie ein Hund durch Nahrungsentzug gequält und wie ein Lasttier mit Schlägen traktiert wird.*

Mit meinen eigenen Augen sah ich eines Tages beim Blick durch mein Fenster den Pfarrer von *Steinach** auf der Straße, diesen Mann von auffallender Bildung, ehrenwert in jeder Beziehung. Jetzt wankt er daher, nicht mehr zu erkennen, in zerrissener lumpiger Kleidung, eine verachtenswerte Kreatur. Er kann sich kaum mehr auf den Füßen halten. Infolge der Mißhandlungen durch die Schweden zittert er am ganzen Leibe. So schleppt er sich mühsam zwischen den feindlichen Haufen durch die Stadt und leistet er seinem mürrischen Herrn, dessen Gefangener er ist, die gemeinsten Dienste wie ein letzter Stallknecht. Er selbst hat sich vor dem P. Guardian, als er ihm auf der Straße begegnete, auf die Knie hingeworfen und ihn mit gefalteten Händen um Rat und Hilfe zu seiner Befreiung angefleht. Siehe oben, am 12. Dez.!

Während meines hiesigen Aufenthalts erfuhr ich auch mehrere Neuigkeiten, die ich gar ungern hörte. Während der Weihnachtsfeiertage erhielt ich Kunde, daß einige Dinge in der Stadt feilgeboten würden, die aus unserem Kloster und zwar aus einem Versteck stammten, ausgegraben und nach Straubing gebracht wurden. Darunter befanden sich Wachsmassen von beträchtlichem Gewicht, eine weiße mit Silberfäden durchwebte Mitra, desgleichen eine Dalmatik, großartig ausgeführte phrygische Goldstickereien* und andere Sachen. Einmal ging die Rede, daß die genannte Dalmatik mit der Inful von dem Altbürgermeister Herrn (Christoph) Sigersreiter um sieben Reichstaler erstanden wurde.

Ein anderes Mal wurde mir, mit genauer Beschreibung, gemeldet, daß zwei sehr kostbare Ornate (Meßgewänder), wie sie der Zelebrant und seine Diakone am Altare tragen, aus unserem Kloster geraubt, an Hausierer (circumforaneis, Fieranten) einzeln für nur 70 Taler verkauft und nach Regensburg gebracht worden seien. Daß beide Stücke echt sind und aus unserem Kloster stammen, konnte ich aus der genauen Beschreibung leicht abnehmen.

Ein sensationelles Gerücht wollte eines Tages wissen, in unserer Propstei zu *Elisabethszell,* genauer noch, in der anstoßenden Kapelle sei zwischen zwei Grabmälern ein Geldschatz ausgegraben und gehoben worden. Ich muß aber an der Wahrheit zweifeln, weil es dort nirgends auch nur ein Grabmal oder eine Totengruft gibt, soviel ich weiß und mich erinnern kann. Zuzugeben ist allerdings, daß einige reiche Bauern und Nachbarn ihre Habe von daheim weg in diese Waldeinsamkeit geschafft und versteckt haben, die jetzt vielleicht ausfindig gemacht und weggebracht worden sein könnte. Sehr viele solcher und ähnlicher Ereignisse will ich hier übergehen, um sie an einer anderen Stelle meines Berichtes einzubringen. Nunmehr muß ich zu meinem lieben Geiselhöringer zurückkehren.

30. Dezember: Schon zehn Tage lebe ich an diesem überaus willkommenen Plätzchen. O hätte ich doch ohne Gefahr für mich und die Kapuzinerpatres und ohne einen Verdacht zu erregen, länger und sicher dort bleiben können! Ich vertreibe mir den Tag, der zugleich der vorletzte des laufenden Jahres ist. Spät am Abend taucht der bekannte Bürger von *Geiselhöring* bei mir auf. Er will mich daran erinnern, daß ich mich für morgen bereit mache, vorausgesetzt, daß ich noch mit ihm die Stadt zu verlassen gedenke. Er würde dann nach Mittag kommen und mich abholen. Ja, ich will noch immer! Ich habe ihn verabschiedet und erwarte nun, daß er morgen kommen werde. Das Herz hüpft mir vor Freude über die so lange ersehnte und nun sich bietende Gelegenheit zur Flucht. Ich schrecke aber zugleich davor zurück, wenn ich die Kehrseite betrachte und an die Gefahr dabei denke. Allem zum Trotz mache ich mich dennoch reisefertig, fluchtbereit.

Von unserem *Balthasar,* dem Herbergswirt, der unseren Kasten* in der Stadt verwaltet, ließ ich mir ganz alte und durchgelaufene

Stiefel und einen schmierigen, abgetragenen bäuerlichen Kragen bringen. Andere ungewaschene* Kleidungsstücke hatte ich bei mir. Außerdem beschaffte ich mir einen durchlöcherten Sack, stopfte Lauch und Salz und einigen anderen Kram (crepundia) hinein. Dieses wertlose Zeug sollte auf einen Menschen in dürftigsten Verhältnissen schließen lassen und ihn eindeutig ausweisen.

Letzter Dezembertag: Eine schlaflose Nacht! Mein Weggang ist beschlossen. Der letzte Tag in diesem unseligen Jahr 1633 steht mir bevor. In den Vormittagsstunden bete ich mein Brevier. Bei der Messe brachte ich auch meine geplante Reise dem Herrn zum Opfer dar. Mit Gott will ich sie beginnen. Mit der immerwährenden Hilfe unserer allerseligsten Schutzherrin und Mutter muß sie gelingen und an der Hand meines Schutzengels glücklich verlaufen und zu Ende gebracht werden. Das war mein Wunsch. Darum habe ich ganz inständig gefleht.

Nachmittags gegen zwei Uhr holt mich mein Geiselhöringer Bürger ab. Er wird in mein Zimmer geführt. Wir müssen uns unverzüglich auf den Weg machen.* Ich stehe schon reisefertig bereit, sodaß es keine Verzögerung gibt. Ich brauche nur noch meinen Talar auszuziehen* und in das Wams des gemeinen Mannes schlüpfen, was im Nu geschehen ist.

Und so marschbereit statte ich dem persönlich gegenwärtigen (impraesentiarum) P. Guardian meine Dankesschuld für die liebevolle Aufnahme und alle empfangenen Wohltaten und Gefälligkeiten ab, empfehle mich seinem Gebet, sagen uns Lebewohl und scheiden mit dem Friedenskuß. Mit meinem Bürger verlasse ich das Kloster, um nun weiter fort, ins Exil zu gehen, in die *Verbannung,* wohl versehen mit einem Wanderstecken, aber ohne mein Ränzlein.

Wir gehen auf den großen Marktplatz, wo es von Leuten und herumstreunenden Soldaten wimmelt. Darunter auch sehr viele verheiratete Leute vom Lande, die den Abgang des Schutzgeleites (*Salvi conductus*) aus der Stadt erwarteten. Einige trugen Körbe und zusammengeschnürte Päckchen, kleine Bündel, schwere Lasten, andere Säcke, diese hier leeres Geschirr und entleerte Gefäße, jene hatten allerlei Gerät; sie trugen ihre Sachen auf den Armen, auf dem Buckel, an der Schulter hängend, was sie eben alles aus der Stadt heimbringen wollten. Ich, der mit seinem schmutzigen Sack schon dem Aussehen nach zu ihnen gehörte und paßte, trat in ihren Kreis und schloß mich ihnen an. Und nicht eine einziges Menschenskind fragte mich: He, wer bist du denn?

Unter ihnen waren nicht wenige, denen die Soldaten auf dem Lande das Klauenvieh und die Pferde weggenommen und in die Stadt getrieben hatten. Einige der Bauern hatten sich nun solches requiriertes Vieh um einen sehr wohlfeilen Preis wieder zurückgekauft und ausgelöst und wollten es nun unter dem Schutz dieses sogenannten „Sicheren Geleites" in ihre Häuser und Ställe heimführen. So auch mein Geiselhöringer Bürger und Führer. Er hatte sich vier Häuptl erstanden, drei Kühe und einen zweijährigen Bummerl.* Damit ich beim Verlassen der Stadt weniger selbst gefilzt und nicht so leicht erkannt würde, nahm ich – wie ich es mit meinem Geiselhöringer, meinem einzigen Mitwisser, ausgemacht hatte – eine von den drei Kühen am Strick und weiste und zog die Kuh hinter mir her durch die sehr lange Kreuzgasse*, bis wir zum (südlichen) Stadttore kamen, dem Steinertor. Als wir dort auf die schwedischen Wachtposten stießen und diese sahen, daß das requirierte Vieh hinausgetrieben werden sollte, stürzten sie sich augenblicks auf uns Viehtreiber, doch nicht wegen uns Menschen, sondern wegen des Viehs fielen sie über uns her. Während sich die Käufer und Viehtreiber mit diesen Teufelskerlen und Schurken herumstritten und abrauften, ließ ich den Strick aus und ließ die Kuh laufen. Ich hinter beiden, hinter Strick und Kuh, her und durch das Tor und entkam vor allen anderen. Mein Führer, der Bürger hatte Glück und Geschick genug, die von mir ausgelassene Kuh wieder einzufangen und diese sowohl wie auch seine drei anderen Stückl ohne Schaden hinauszubringen. In diesem Augenblick bin ich, befinde ich mich heraußen, außerhalb der Stadt, außerhalb des Kessels! Sehe mich dem sechs Wochen langen, pausenlosen Kesseltreiben (circumagitatione) entronnen und gleichviel wie in Sicherheit. Bevor ich einen Blick auf das werfe, was vor der Stadt liegt, muß ich mir mein Herz erleichtern und meine schwere

Dankesschuld abladen: „Anima mea sicut passer errepta est de laqueo venantium, meine Seele ist entkommen wie ein Vogel aus der Schlinge des Jägers. Gepriesen seist du, der Herr, du hast uns nicht ihren Zähnen zur Beute gegeben*"

Außerhalb der Stadtmauern fand sich wieder unser ganzer Geleitzug zusammen, annähernd 50 Mann. Der Dragoner, der den Salvus conductus anführt, reitet dem geschlossenen Trupp voran. Wir folgen ihm auf der Ferse nach. Von diesem Südtor, durch das wir zogen, geht es nun zum Westtor, das geschlossen und mit einem Bollwerk verschanzt ist. Durch dieses Obere Tor, wenn es offen gestanden wäre, hätten wir sonst ziehen müssen.*

Während wir diesen Bogen um die Stadt machen, sehe ich zur Linken die jämmerlich zerstörte und verheerte Vorstadt. Ich sah mit meinen Augen nun selbst die vordem so prächtigen Gebäude verlassen, verwüstet, niedergerissen, sah ganze Zeilen von Häusern ausgebrannt, eingerissen, ohne eine Menschenseele darin. Gärten, Städel, Dächer, Zäune, alles in Trümmern, dem Erdboden gleichgemacht, geschleift, verschwunden. Ja sogar alles Holz, das bei den Gebäulichkeiten, den Dächern und Wänden und Zäunen verwendet worden war, auch Balken und Bauholz wird in die Stadt gefahren für die Lagerfeuer, Küchen, Öfen und Kamine zum Schüren und zum Verbrennen, da keine einzige Holzfuhre mehr von anderswoher in die Stadt kommt.

Im Vorbeigehen sah ich auch das ehemalige Kapuzinerkloster, das erst vor 20 Jahren eingeweiht worden war, wieder. Allzufrüh mußte es bei diesem Greuel der Verwüstung in Asche sinken und niedergerissen werden. Nur eine einzige Seitenwand steht noch allein da.

An dieser Stelle habe ich meine Augen nach rechts gerichtet und sah die Stadtmauer, von den Einschlägen der Bleikugeln aufgerissen, von dem Kugelhagel der Kanonen zertrümmert. Nicht ohne Schaudern und Schrecken blickte ich auf die Stelle hin, die eine Bresche, so groß wie ein Tor aufweist. Zimmerleute (Abietarij)* arbeiteten dort gerade miteinander. Sie hatten dieses große Loch zum großen Teil schon mit hölzernen Verstrebungen (compagimentis) geschlossen.

Allmählich verließen wir die mit jeglichem Unglück heimgesuchte Stadt. Eine gute Meile zogen wir hinter unserem leichten Reiter auf einem offenen Weg durch die Fluren. Neben der vorbeifließenden (*Laaber**) stieg unser Dragoner vom Roß und forderte die Gebühr für sein sicheres Geleit, pro Kopf vier Kreuzer, für jedes Stück Vieh 20. Er kassierte ab und ritt dann wieder zurück. Damit löste sich auch an dieser Stelle unser Geleitzug auf; jeder stiefelte seinen eigenen Weg weiter. Ich setzte mit meinem Geiselhöringer Bürger und seinen zwei Kollegen, die auch Vieh heimtrieben, den Marsch fort und kam gegen Ende des Tages und des laufenden Jahr nach Geiselhöring. In dieser Stadt fand ich – mein Bürger und Retter wollte es so haben – eine Nachtherberge im Hause des abwesenden Herrn Reindl.* Hier traf ich den Pfarrer Rock von Hofdorf, der auch erst unlängst durch eine List der schwedischen Gefangenschaft entronnen war. Mit ihm unterhielt ich mich, wurde mit Hausmannskost bewirtet und blieb ich über Nacht.

1. Januar (1634): In aller Herrgottsfrühe lud mich mein lieber Führer, der heute nach Landshut muß, ein, diesen Marsch mit ihm zusammen zu machen. Sofort drehte ich den Stil um und lud ihn ein, mit mir zu gehen. Wir legten an diesem Tage fünf Meilen zurück und übernachteten in Essenbach, einem Dorf, das nur noch eine Gehstunde von Landshut entfernt ist.

2. Januar: Frühzeitig trafen wir in *Landshut* ein. Die Stadt ist nahezu ohne Militär. Trotz dieser stürmischen Zeiten herrscht hier aber noch genügend Ruhe. Sofort nach unserer Ankunft machte ich einem alten Pensionisten meine Aufwartung, der früher in unserer Klosterschneiderei ein Meister von der Nadel war und den ich kannte. Ich brauche jetzt seinen Rat und seine Hilfe bei der Suche nach einem anständigen Quartier in einer Herberge oder in einem Gasthaus, wo ich eine Zeit lang für mich allein wohnen möchte. Während wir dies besprechen und dabei reichlich weitschweifend unterhalten, tritt ein Sattler, der Schwager unseres Elisabethszeller Propstes ein. Er hat kürzlich die Schwester von P. Vitus geheiratet. Von sich aus bot er mir seine Dienste an und verheißt mir obendrein gleich eine geeignete, abgesonderte Wohnung, die er mir soviel wie sicher zusagt. Der Sattler nimmt mich in sein Haus mit, das vormals die Eltern unseres Propstes, seligen Gedenkens, besessen hatten, hält mich zwei Tage dort bei sich fest, um mich dann in das Haus seines Vaters in der „Neustadt" (in nova civitate), wie sie es nennen, zu führen. Dieser Hausstock hat wie die meisten anderen sogar ein drittes Stockwerk (contignatio). Das Erdgeschoß und der erste Stock bieten geräumige, stattliche Wohnungen, sehr zweckmäßig und günstig für Familien, die ein Handwerk oder Geschäft betreiben. Der oberste Stock (Oberboden) mit dem Hausgiebel weist eine etwas kleinere Kammer auf, die der Sattler mit einem Öfchen, einem Bett und dem übrigen eingerichtet hat. Dieses Stübchen ist 14 Fuß breit und um zwei Fuß länger*, für zwei Menschen gut, besser noch für einen Einsiedler und wirklich kommod hergerichtet. Und diese von den übrigen Familien getrennte, einzelne und einsame Kammer, zu der von ganz unten 51 Staffeln (Stufen) her	aufführen, ist mir als Behausung gerade erwünscht, mir zugedacht, mir zugeteilt. Einzug am 4. Januar, am Oktavtag der Unschuldigen Kindlein.

Während ich schon den zweiten Monat hier hause, ohne daß auch nur ein einziger von den Meinigen etwas von meinem Glükke weiß, wollte es ein Glücksfall, daß einige Mönche von *Prüfening* hier durchreisen, auf dem Marsche nach Salzburg. Sie trafen dort unseren P. Franziskus* und melden ihm, daß ich hier sei. Dieser besuchte (invisit) mich sofort mit einem Schreibebrief, den der zurückgehende Bote brachte. Ich ließ ihm folgende Antwort zukommen:

Antwort:

24. Februar (1634)

Herzensguter Vater!
In Christo geliebtester Bruder!

Du bist der erste unter allen meinen heißgeliebten Brüdern und Söhnen, der mich nach unserem doppelten Abschied, nämlich zuerst bei der Versprengung in jener Nacht* und dann bei der gewaltsamen jammervollen Trennung am Schluß, endlich in Landshut hier wiedergefunden hat. Du hast mich besucht durch Deinen von kindlicher Liebe diktierten Brief und hast mich aufgerichtet, mit neuem Lebensmut und Lebenskräften erfrischt. Aufgerichtet, gekräftigt, sage ich, weil ich mich sonst nirgends aufrichten, Mut und Kraft schöpfen kann als bei denen, die ich geliebt habe, liebe und lieben werde bis ans Ende. Nur meine Patres, meine Fratres, meine Söhne vermögen es, mich aufzurichten.

Du fürchtest, mein Bester, daß ich verbittert sein müsse ob der unzähligen Sorgen. Sorgen, das darfst Du mir glauben, habe ich gegenwärtig keine, ja ich kenne nicht einmal eine einzige, außer der, die ich mir um mich selbst mache und habe; denn ich wohne und lebe ganz allein, allein in dieser Einsiedlerzelle und *bin mit mir allein beschäftigt**. Das ist der Grund – da ich einsam bin –, daß·sich meine Sorgen auf niemand erstrecken und überströmen und da sie auf mich gerichtet sind, lassen sie keine nach außen und nicht von außen zu; sie werden auf mich selbst zurückgeworfen. Für was sollte ich aber auch sorgen? Ich habe nichts, besitze nichts. Bin der-mal kein Oberer, kein Vorsteher, sondern höchstselbst ein Unter-gebener – denen unterstellt, bei denen ich den Fremdling spiele und den Gast darstelle. Ich esse solide Hausmannskost (frugali), leide keinen Mangel, habe das Notwendige.

Nach diesen sechs Wochen, die ich unter den Schweden bis zur Erschöpfung herumgejagt,* hin- und herirrte, schätze ich die Ruhe, die ich in Landshut fand, erst richtig und zähle sie zu den Vergnü-gungen.

Hieher nach Landshut kam ich allerdings ohne mein Ränzlein, aber nicht ohne den Stab, obgleich es mir nützlicher wäre und zu-träglicher, mit dem Ranzen meinen Lebensunterhalt als einen Halt am Stabe* zu suchen. Zu spät habe ich meinen Irrtum eingesehen, daß ich den Stab mitnahm und rettete, wo ich doch den Sack, den ich hätte retten sollen, den Schweden zurückließ. Stöcke gibt es natürlich viele, aber halt wenig Säcke.

Du fragst, wann ich nach Landshut kam. Mit drei Worten ge-sagt: am zweiten Januar. Wie und woher ich kam? Das wäre eine ganze Odyssee, nur in einer Illias zu besingen, nur in einem *weit-*

166

schweifigen historischen Roman der Reihe nach zu erzählen, nicht aber in einem kurzen Brief zusammenzuraffen.

Glaube nicht, mein lieber Bruder, glaube ja nicht, daß ich mich ohne Überlegung, leichtfertig in diesen gefährlichen Strudel hineingestürzt habe. Ich muß Dir gestehen, ich wollte nicht mit den ersten zur Flucht gezwungenen Brüdern abhauen und wollte aber auch nicht mit den Allerletzten von allen inmitten der Feinde bleiben. Als Augenzeuge sah ich beides, sah wie die Ersten flohen und wie die Letzten ausharrten. Ich hielt durch mit den Letzten, aber ich war nicht mehr unter den Allerletzten, die von den Schweden den Tod erlitten und damit als Blutzeugen ihre Beharrlichkeit bis zum Ende bewiesen haben. Schamrot vor Schande muß ich dies bekennen, da es doch des vollkommenen Hirten Pflicht ist, seine Seele für seine Herde hinzuopfern. Aber, ach! Ich bin kein vollkommener Hirte; ich wäre des zufrieden, wenn ich nur ein wenig gerecht, im letzten Grade, befunden würde. Gleichwohl sei gepriesen die tägliche Barmherzigkeit* unseres Gottes, mit der er uns aus seiner Höhe herab heimgesucht hat. Jetzt aber keine Zeile mehr! Aber unendlich viel zu gegebener Zeit!
Landshut, am 24. Februar 1634

Der Verbannte Fr. Vitus.

Während ich den Winter in Landshut verbringe, wurden in die Stadt, die ich bei meiner Ankunft militärfrei gefunden hatte, im Verlauf des 10. Januar mehr als 18 Kompanien von den Truppen Aldringers* verlegt. Die Hefe des Volkes und den Dienertroß zähle ich nicht mit. Als diese im März dann abkommandiert wurden, rückte innert drei Tagen die Fuggersche Infanterie* ein und legte sich hier bis zum Mai auf die Bärenhaut. Sie saugte und zog die Bürger aus, machte sie arm. Und weil sie auch die ganzen Lebensmittelvorräte aufzehrte, entstand eine arge Teuerung auf allen Gebieten. Diese nahm die Bürgerschaft nicht weniger hart mit. Dazu kam schließlich noch der ununterbrochene Zuzug von gewöhnlichem Landvolk, das überall von dem unheilvollen Kriege verjagt wurde. Das alles machte das Elend noch drückender und verursachte eine solche Armut, ja rief eine so große *Hungersnot* her-

vor, daß Menschen auf der Straße zusammenbrachen, halbver-
hungert herumlagen, sogar auf dem Mist und den Abfallgruben,
daß sie Frostbeulen bekamen, die anschwollen und aufbrachen.
Vom ewigen Fasten und Hunger ausgezehrt, starben sie dahin.
Man kann es nicht ohne Ekel sagen und hören, daß sie von dem
wahnsinnigen Hunger getrieben, sogar verscharrte Tierkadaver
ausgruben.* Sie gingen auch in die Schindergrube in der Nähe des
Galgens, wo sie beim Wasenmeister Fleisch von verendeten Tieren kauften, das Pfund für zwei Kreuzer. Es ist ein unbeschreiblich
entsetzlicher Anblick, wie sie dort vor einem Riesenhaufen von
Aas oder Tierknochen, solches Fleisch garkochen, hinunterschlin-
gen und ihren vor Hunger bellenden Magen stillen. Man müßte
(opus ut fuerit) an diesem verrufenen Ort des Schindangers eine
Wache aufstellen, um die zusammenströmenden Gäste von dieser
abscheulichen Kost abzuhalten und wegzutreiben. Schuld daran
ist unsere allgemeine *Teuerung* und die Lebensmittelnot. Deshalb
wurde auch mit einem bischöflichen Erlaß allen ohne Ausnahme
der Fleischgenuß und die Verwendung von Fleisch (usus et esus)
während der Fastenzeit bis zum Palmsonntag erlaubt und geneh-
migt.

25. Februar: Während Oberbayern unter dem schwedischen
Drucke trauerte und Niederbayern zu den Klageliedern die zweite
Stimme sang (succinente) – denn unter dem Joche der weimarischen Verheerung und Entvölkerung wurden die Verhältnisse
immer noch schlimmer –, wurde endlich die Wurzel und eigentliche Ursache dieses unermeßlichen Unheils mit Gottes Hilfe
entdeckt; denn des Kaisers oberster Heerführer, der Herzog von
Friedland – siehe unterm 5. Dezember! – hat es bisher mit der
schwedischen Partei gehalten. Er ging dabei sogar soweit, daß er
sich in seiner Untreue zum König von Böhmen aufschwingen und
mit seinem ganzen Heerbann zum Feinde überzulaufen sich entschloß; und als er in dieser Absicht von Pilsen, der Hauptstadt Böhmens nach Eger überlief, wurde er dort von einem Hauptmann
(Deveroux) mit einer Partisane durchbohrt. Er starb am Faschings-
samstag, am 25. Februar, eines ebenso schnellen wie schändlichen

Todes. Über diese Tat wird man die Berichte der Kriegshistoriker einsehen müssen.

Bei den Unsrigen herrscht große Freude über diesen Mord und die Aufdeckung des Komplotts (moliminibus) dieses Erzlumpen (nequitiosissimi) von Friedland; die Feinde aber sind bestürzt und haben über seine Anschläge die Fassung verloren. Die Mitverschworenen wurden teils getötet und ein Teil in die Residenzstadt des Kaisers abgeführt und überstellt, wo sie ihre Strafe zu gewärtigen haben. Die übrigen Offiziere wurden mit dem irregeführten Heer neu auf die Treue zum Kaiser vereidigt.

Sie begannen einen energischen Kampf mit den Schweden und vertrieben sie am 20. März aus der Stadt *Cham*. Ebenso wurden am 21. März *Deggendorf* und am 1. April *Straubing* zurückerobert und die Feinde aus unserem Gebiet davongejagt. Bis Regensburg flohen die Schweden.*

Sobald als unsere Brüder in ihrer Verbannung davon hörten, kehrten mehrere unverzüglich in unser verlassenes, verheertes, ausgeplündertes und unvorstellbar zugerichtetes Kloster zurück. Seinen Zustand schildert im Umriß folgender Brief an mich:

P. Ambrosius Wicht

Am 14. April

Wir zwei, ich und P. Hieronymus (Gäzin), der Pfarrer von Bogen, kamen am 2. April, am Tage unmittelbar nach der Wiedereroberung von Straubing, in Bogen an. Am 3. April ging ich allein zum Kloster und fand dort 30 Soldaten, die unser Kloster nicht mehr als solches sondern nur mehr als Magazin bewachten. Der Oberst-Wachtmeister des Schnederschen Regiments*, ein Herr von Liechtenau, hat sie hieher verlegt.

Am folgenden Tag schloß sich mir Fr. Raphael* als Gefährte an. Weil wir aber im Kloster keinen Platz fanden, wo wir wohnen könnten, so sahen wir uns gezwungen, für drei oder vier Tage noch in Bogen bei P. Hieronymus zu übernachten. Das Kloster ist nicht mehr unser Kloster. Es befindet sich in einem so trostlosen Zustand, daß sogar ich, der schon so viele Jahre* darin verbracht hat, es kaum mehr wiedererkannte. Alle Wohnräume zur ebenen

169

Erde – ausgenommen die Brauerei, die Mühle und die Bäckerei – sind als Pferdeställe benutzt worden und zwar die Wohnungen des Konvents nicht weniger als die der Laien. Die oberen Zimmer blieben zwar als Wohnungen erhalten, aber nicht für Menschen, die auf eine menschliche Art leben; denn alle Holzarbeiten, sie mochten von großem oder geringem Wert, geweiht oder ungeweiht sein, wurden verfeuert. Nur die nackten Wände blieben übrig und – überall ein unausstehlicher Gestank, weil alles voll ist von Ludern (Tierkadavern). Aus der Krankenkapelle riecht und stinkt es, aus dem Roßstall, dem Viehstall, aus meiner Zelle ebenso usw.

In den übrigen Zellen und im ganzen Schlafsaal ist keine Bank und kein Schemel, weder ein Tisch noch ein Kasten, nicht ein Bett, kein Fußboden und keine Türe, mit einem Wort, nichts mehr zu finden, das aus Holz gefertigt war.

In unserem herrlichen Tempel sind alle Altäre, wenn auch nicht gänzlich zerstört, doch wenigstens zum Gottesdienst durchaus unbrauchbar gemacht worden. Es mag wahr sein, daß der Kommandant dieser Schweinigel und Unmenschen, sich viel Mühe gegeben hat, die Kirche zu erhalten – Es heißt, er sei ein *Katholik* gewesen* –; doch alle Reliqiengräber* auf den Altären wurden aufgerissen, die Reliquien der Heiligen weggeworfen, von anderen Soldaten aber wieder gesammelt und wieder beigebracht. Das Grab unseres Seligen Albert* wurde aufgebrochen und seine Gebeine zerstreut und – was wirklich verwunderlich ist – von einem braven Soldaten aufgelesen. So haben wir sie wiedergefunden. Die beiden Sakristeien, die untere wie die obere, wurden am stärksten ausgeplündert. Alle Ornate wurden gestohlen, die Paramentenschränke zertrümmert. Die Schlösser der Sakristeischränke, heißt es, seien nach Straubing verkauft worden. Die Kirchenmauer wurde an allen Stellen, wo man verborgene Schätze vermutete, aufgerissen und durchlöchert. Vieles andere noch müßte ich berichten, was ich jedoch unmöglich in einem kurzen Brief schildern kann. Erhalten blieben uns lediglich die geschnitzten Bilder, die Statuen, Gemälde hingegen sind mit den übrigen Sachen alle restlos verschwunden.

Auf dem Berge Unserer Lieben Frau hausten sie sogar noch viel schrecklicher. Dort fanden wir in der ganzen Kirche kein einziges Stück Holz mehr. Nicht einmal die Kanzel blieb verschont. Die Orgel und das Oratorium mußten mit allem Zubehör das Feuer nähren. Rein alles wurde verfeuert. So wurde auch die ganze Scheune nicht durch eine einmalige Feuersbrunst eingeäschert, sondern mußte, stückweise abgebrochen, zum Unterhalt der Lagerfeuer dienen. Den gleichen Weg der Vernichtung ging auch alles, was Holz und aus Holz hergestellt war, im Pfarrhof. Das Gnadenbild Unserer Lieben Frau haben die Schweden entdeckt und den Berg hinabgeworfen. Ich selbst habe den Rumpf und der Pfarrer den Kopf der Statue am Bergesabhang gefunden.*

In Elisabethszell sieht es gerade so aus wie hier im Kloster. Wie hier wurde auch dort alles verfeuert. Die Viehställe sind durch eine Feuersbrunst zerstört worden. Unser hochverehrter P. Propst befindet sich wohlauf hier bei mir im Kloster. Er wünscht wie ich auch, daß Euere Gnaden nicht eher in Ihr Kloster zurückkehren möchten, als bis wir es vom gröbsten Unrat etwas besser gereinigt haben.

Der größere Teil unserer Dienerschaft ist gestorben. Zu den Vätern ging auch unser Klosterrichter* samt seiner Frau und zwar erst in dieser Woche, in Straubing oben. Fr. Thaddä (Hartberger) wurde unterwegs von Soldaten ausgeraubt und ging bettelarm nach Straubing. Deshalb wollte er noch nicht zu Eueren Brüdern zurückkehren und er konnte in der Tat auch noch nicht. Unseren Gottesdienst halten wir einstweilen in Weidenhofen.*

All das Unsrige wäre uns unversehrt erhalten geblieben, wenn nicht ein einziger Schwätzer sein Maul zu weit aufgerissen hätte (nisi unus Garrulus os nimium dilatasset). Soviel einstweilen.

Fr. Ambrosius.

Bildnachweis:

Bildarchiv der Österreichischen Nationalbibliothek: Die Bilder von Werth, Aldringer und Piccolomini
Die Bilder von J. Callot entnahmen wir dem Band „J. Callot: Misères de la guerre" (1632/33) und aus dem Bildarchiv der Österreichischen National-bibliothek (3).
Die übrigen Bilder stammen aus dem Archiv des Autors.

Sicher ein Bild von Höser hat Alfons Huber im Clm 1049 der Bayer. Staatsbibliothek entdeckt. Der Ausschnitt zeigt ihn bei der Inthronisation von P. Andreas Pichler als Abt von Mallersdorf (1630).

Hæc quotiescunq; considero: si non lachrymor, certe suspire. Pol compulsione
ad Abbatiam regressus, quieti me committ: Tum longe ante auroram Stabularius
noster pulsibus et vociferijs me expergefacit. et iterum hostilis equitaturæ ad
uentum annuntiat, atq; a Monasterio citissime me abscedere commonet. Cessi, et ad Villam recessi.

SEPTIMO Nonemb: Die iam dilucalante; conuenit me in iam dicta Villa
Vnus ex nostro Bogenensi ascterio, meicans Omnes Fratres in Montem trans-
nisicos, fama aduenturi Hostis territos circa terham matutinam disparuisse et
diuisim discessisse; deesse plerisq; in suis sibi antea contraditis dimissorijs lit-
teris Abbatialis Sigilli appressione et subscriptione, quem desertum Supplo-
ri exorarent: Cuia uero recesserant iam omnes, oportebat id per occasione fieri.
Nunc et Ego longius a Monasterio recessurus (nondum desertturni) Fratribus Gra-
nario, et Cellerario cum Conuerso Raphaele, curæ Monastery relinquo et
camitte; munerent custodirent conseruarent illud, quamdiu sine suo periculo
possent ac valerent; et ita a Fremdorphiana Villa, cum Vno Frē et Duobus
Famulis ad Cellam D. Elizabetha, altero milliario a Monasterio disiuncta
migro, ibiq; nram Præpositura ædes incolo, ipso Frē Vito nunc teporis Præpo-
sito absente, nondum ex Austriacis vindemijs reuerso.

Hoc Die post meridiem insequitur nos fama, Strabingam in diuersis locis in
flammatam fumigare; pro quo explorando, gibbosos scandimg montes, et per
triu milliariorū distantes late in Ciuitatem transpicimus, eamq; fumo et fla-
mis adeo inuolutam cernimus, ut totum prorsus incendio perire arbitraremur.
Gomorrhæum spectaculum erat hoc: et iam certo nobis persuadebamq, Strabingam fuisse præterita nocte ab hoste occupatā (ueluti Vicedomini veredarij
retulerat) et hodie successam. Sed erroneum erat. Cuid arderet veru erat,
quod ab hoste occupata esset, comantū erat. Res ita se habet. Hesterno
noctescente Die, Weimariana equestri Legio, a Ratisbonensi obsidione, se
sequestrans, insidiose Strabingam suit adorsa, quartrionem in ea constituere
depostulans, sed repulsam passa, Suburbia occupauit, per noctem subsistit,
et postridie incendit, hocce misfortunio incitata. Conttigit, quenda mangonem
in Vrbe, puluerem tormentariū inter Selopetarios distribuere, incautamque
scintillam de fume fumigante in cadum pulueris insilire, quæ momento ci-
tius non tantum circumstantes Homines, sed etiam casu prætereuntes im-
petijt; ambusit, necauit, ipsamq; Domū cum duabus configuis ædibus horrendis
fragoribus discerpsit, et rapacisimo incendio concremauit; quod ut hostis in
suburbijs latens aduertit, seditione in Vrbe motâ, ratus, Vulcano intus Ciuitatem grassanti, terriculosas vires addere, Suburbana Tecta in diuersis locis incendere, hocq; confusa Stragemate ciuitate petiri attentauit: Sed incalsu
Interiore in tribq; illis ædibq Anima Viginti quatuor, inter quas nonnulli
Clerici et rurales Sacerdotes. In Suburbijs perierūt incendio supra Septagin-
ta fastigia, Hominum pauci, armentorū magnus numery, frumentaria ac
pabularia annona maxima. Sic hac incendiaria Clade Strabinganis insilicta
recessit Hostis eo adhuc uespere Ratisbonā uersus, fortior breui recursurus.

Eine Seite aus Veit Hösers Fluchtbericht in der Bayer. Staatsbibliothek
(clm 1328).

174

Caux que Mars entreyent de sa actes mescham̄s   Ils les font prisonniers ils bruslent leurs villages,   Sans que la peur des Loix, ny plus que la tousor,
Accommodent ainsi les pauures gens des champs   Et fur le bestail mesme exercent des rauages.   Ny les pleurs et les cris les puisent esmouuoir.

„Die Plünderung eines Dorfes" von Jacques Callot (1592 – 1635) zeigt den „realistischen Künstler," der die Wirklichkeit des Lebens seiner Zeit darstellte, und sich mit seinem Werk „Les Misères de la Guerre" verewigte.

175

„Der Dreißigjährige Krieg wurde für Jahrhunderte im Volksbewußtsein zum Inbegriff aller Schrecken des Krieges überhaupt" (H. Langer). Das Bild von den Gehängten schuf Jacques Callot für seinen Band „Die Schrecken des Krieges!" (1632/33)

Voyla les beaux exploicts de ces cœurs inhumains
Ils vont agent par tout ruen nachappe a leur mains

IfraelSy. Cum Priuil. Reg.

L'vn pour auoir de l'or, inuente des supplices,
L'autre a mil forfaicts anime ses complices ;

Et tous dũn mesme accord commettent meschamment
Le vol, le rapt, le meurtre, et le violement.

Wie einen Backofen ließen die Schweden das flache Land ausbrennen, sie verbrannten wie in Kötzting die Stadt samt allen Bewohnern. Unser Bild zeigt eine Szene aus J. Callots „Schrecken des Krieges".

Albrecht von Wallenstein rächte sich an Bayern, weil Kurfürst Maximilian 1630 seine Absetzung als Generalissimus der Kaiserlichen durchgesetzt hatte.

Das Rottenburger Schloß, vor der Zerstörung durch die Schweden (1632), nach Merians Topographia Bavariae vom Jahre 1627.

Thonaustauff.

Thonaw flu

Das bischöfliche Schloß und der Ort Donaustauf. Merianstich aus der Zeit des Dreißigjährigen Krieges. Das Schloß wurde 1634 von den Schweden in die Luft gesprengt.

Der WolEdle. geftrenge. Vefte. vnd Man:
haffte. Herz Iohann Aldringer. Römifcher
Keyßerlicher Maieftet. Kriegsraht. Oberfter vnd
Generall Quartier Zahlungs vnd Munfter Commiffar:
Godf. Muller exc:

Der Aldringer war der treueste Kampfgenosse Maximilians. Sein großes
Verdienst war die Organisation der Landfahnen zur Selbstverteidigung.

H. S. Beham schildert in seinem Holzschnitt einen Überfall auf Bauern und deren Familien und Dörfer.

IEAN LOVYS Comte d'Abisolani General de Croates

B. Moncornet excū

Graf Isolani, der gefürchtete Gegner der Schweden, wurde von Wallenstein „zurückgeblasen", als die Waldler mit Recht alle Hoffnungen auf seine Kroaten setzten.

Hermanstein.

Rhein.

HIC EST IOANNES DE WERTH, VIR CVIVS VIRTVS
NVLLOS TITVLOS AMBIT, OMNES MERETVR. MAR-
TI MILES, HOSTI TERROR EXEMPLVM MAGNIS DVCIBVS.

Pulchrior est miles duro in Certamine cæsus,
Quàm salvus, Voluit qui dare terga fugæ

Paulus Furst Excudit A. 1637

Jean de Werth erwarb sich durch seine kühnen Bravourstücke große Sympathien. Maximilian nannte ihn seinen „Liebling".

Das Zisterzienserstift Gotteszell, das unter den Schweden schwer zu leiden hatte, nach einem Stich von Wening (1644).

„Diese Notzeiten sind dem bayerischen Volke bis heute im Gedächtnis geblieben" (Dieter Albrecht) – „Die Rache der Bauern" von J. Callot.

185

Landshut nach einem Stich von Matthaeus Merian (1644).

„Soldaten terrorisieren die Bauern" betitelt B. A. Bolswert sein Bild, das er
nach D. Vinckbooms schuf und stellt (unten) die „Rache der Bauern" dar.

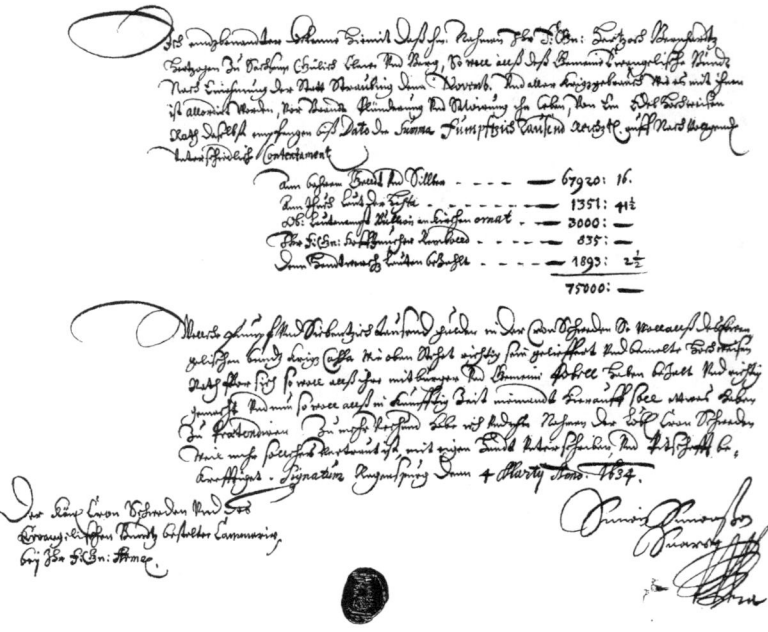

Der Armee-Kämmerer Bernhards von Weimar, Simon Simonsohn Snarr,
quittierte der Stadt Straubing die Brandschatzungssumme über 75 000
Gulden (50 000 Reichstaler). Das Original findet sich im Stadtarchiv
Straubing (Foto Prof. Hans Rohrmayr).

Eigentliche Contrafactur der Statt Landshut in Bayern sampt der Schwedisch- vnd Evangelischen Partei Belägerung A. 1634.

EXPVGNATIO LANDSHVTI

A. Iser Mühl.   C. Die Ysser Voß.   E. Die ander Porten so newlich geschaft.   G. HldMej Stat Heren Battorie vom pukker.   H. Schwedisch vnd Evangelischen Bundts Zusdruck.   K. Das Bayrischen flucht.
B. Das Schol.   D. Die Stat Poß.   F. 3 Battorie Heitrig Bernhaüth.   I. Reutterey so nach der Stat zogen.   L. Keys vnd Bayrische Reuterey

1639 erschien in Merians "Theatri Europaei oder Historischer Chronicken" dieser Kupferstich von Landshuts Belagerung 1634.

189

Chumb in der Obern Chur Pfaltz

Der Stadt Cham spielten die Schweden besonders 1641 unter ihrem General Banér schwer mit. Der Statthalter, der „nicht einen Schuß" zur Verteidigung abgab, wurde deshalb in Straubing mit dem Schwert hingerichtet (Merian-Stich).

Der Tod rechts erinnert an die Schrecken und die Pest des Dreißigjährigen Krieges. Ein Bild aus dem „Politischen Schatzkästlein" von Daniel Meißner.

Kloster Oberaltaich mit Bogenberg, der berühmte Sadeler-Kupferstich verkleinert (Original 60 cm breit). Mit diesem Stich beehrte Höser 1630 seine Kirchweih-Gäste.

Hösers Grabmal, das ihm sein Nachfolger durch den Straubinger Bild-
hauer Thomas Leutner setzen ließ. (Foto Scharf).

Bibliographie

ADB = Allgemeine Deutsche Biographie, 56 Bde. mit Registerband (1875-1912)
Albrecht Dieter, Zur Finanzierung d. 30 jg. Krieges, Ztschr. f. bayer. Landesgeschichte, 19 (1958)
–, Die auswärtige Politik Maximilians v. Bayern, 1618-35, in: Schriftenreihe d. Hist. Komm. bei der Bayer. Akademie d. Wissensch., 6, Göttingen 1962
Aretin Karl M. von, Bayerns auswärtige Verhältnisse seit dem Anfang des 16. Jh., Passau 1839.
Bosl Karl, Bayerische Geschichte, 1976.
Brohm Ernst, Johann v. Aldringen, Halle, 1882.
Brunner Joh., Ein verfolgter Prälat, Augsburger Abendztg. 1908, „Der Sammler", Nr. 60-62.
Buchberger Mich., 1200 Jahre Bistum Regensburg, 1939
Burckhardt Carl J., Richelieu, München 1966/1973.
Chemnitius Bogisl. Phil. von, Der könl. schwed. in Teutschland geführte Krieg. IV. Stockholm 1856.
–, Königlichen Schwedischen in Teutschland gef. Krieges Ander Theil, Stockholm, 1853.
Demmin Aug., Die Kriegswaffen in ihren gesch. Entwicklungen . . . Enzyklopädie d. Waffenkunde, Hildesheim, 1964, 2 Bde.
Diwald Hellmuth, Wallenstein. Eine Biographie, München 1969.
Eichmeyer, Feigl, Litschel, „Weiß gilt die Seel u. auch das Guet", Linz, 1976
Ernstberger Anton, Für u. wider Wallenstein. Stimmen u. Stimmungen in Franken u. d. Opf. zum Tode des Generalissimus. Hist. Jb 74 (1955), neu gedruckt bei: Rudolf, Der 30 jg. Krieg, 1977.
–, Hans de Witte, Finanzmann Wallensteins, Wiesbaden 1954.
Fendl Josef, Die Burg Donaustauf, 1982.
–, „Von der Bitterkeit schwedischer Trangsahlen", Der 30 jg. Krieg in Berichten aus d. Gebiet zw. Donau u. Laaber, in Festschr. „Der Schierlinger Gänshängebrunnen", 1980.
Ferchl G., Bayerische Behörden u. Beamte 1550-1804, in Oberbayer. Archiv Bd. 53 (1908/10).
Fink Leo, Straubings Schwedenzeit, Jber. d. hist. Ver. Straubing, 35. Jg. 1932, S. 19-60.
Fink P. Wilhelm, Vor 300 Jahren, in: Deggendorfer Donaubote, „Durch Gäu und Wald", 1932, Nr. 8-10; 1933 Nr. 18-20; 1934, Nr. 15.
Friedl Max, Als in Oberaltaich die Schweden waren. Bayer. Heimat, Beilage d. Münchner Ztg. v. 15. März 1922.
Friesenegger Maurus, Tagebuch aus d. 30 jg. Krieg, hg. v. P. Willibald Mathäser, München 1974
Gindely Anton, Geschichte des 30 jg. Krieges, I-III, 1869/78.
Gumpelzhaimer Christian Gottl., Regensburgs Geschichte . . . 4 Bde, 1830-38.
Hallwich H., Aldringens letzter Ritt, Schriften z. 6. dt. Archivtag, Prag 1906.
Haendcke Berthold, Deutsche Kultur im Zeitalter des 30 jg. Krieges, Leipzig 1906
Heilmann J., Kriegsgesch. v. Bayern, Bd. II (1868)
Hemmauer P. Ämilian, Hist. Entwurff . . . oder Kurtze Zeit-Schriften deß . . . Closters Ober-Alt-Aich, Straubing 1731

Höpfl Simon, Die Belagerungen Regensburgs in d. Jahren 1633 u. 1634 durch Bernhard von Weimar u. durch die Kaiserlichen und Ligisten, Diss. München 1913

Viti Hoeseri Abbatis Oberaltacensis Manuscribta Historica, Vol. I. Annales Oberaltacenses ab anno 1614 usque ad annum 1630, clm 1325 d. Bayer. Staatsbibliothek („Annalen" ist der falsche Bibliothekstitel, Höser betitel sie „Monomonastikon"!)

Viti Hoeseri Abbatis Hist. Miscella, clm 1326 d. Bayer. Staatsbibl.

Hubensteiner Benno, Maximilian I., Staat, Leben und Kultur um die Zeit des 30 jg. Krieges, München 1956.

Huber Alfons, Klöster u. Orden im Landkreis Straubing-Bogen, in „Der Landkreis Straubing-Bogen", hg. v. Landkreis, 1984.

Huch Ricarda, Der große Krieg in Deutschland, Leipzig 1914; 1937 u. d. Titel „Der 30 jg. Krieg".

Jedin Hubert, Die Relation Ottavio Piccolominis über Wallensteins Schuld u. Ende, Ztschr. d. Ver. f. Gesch. Schlesiens, Bd. 65, 1931

Jessen Hans, Der 30 jg. Krieg in Augenzeugenberichten, 2. Aufl. Düsseld. 1963

Keim Josef, Abt Vitus Höser von Oberaltaich. Ein gr. Bauherr und gejagter Flüchtling. Jber. d. hist. Ver., 58. Jg. 1955, S. 125-143.

–, Totenbuch = Die Jahre 1625 mit 1635 aus dem Totenbuch der Pfarrei St. Jakob in Straubing, Jber. d. hist. Ver. 58. Jg., 1961, S. 65-122.

–, Zur Geschichte Straubings im Zeitalter d. 30 jg. Krieges, dito, 60. Jg.

–, Die Hofmarken des Gerichts Mitterfels, dito, 58. Jg. 1955.

–, Ereignisse u. Denkmäler der Straub. Kriegsgesch., Straubing 1916.

Khevenhüller Franz Christoph, Annales Ferdinandei, Leipzig 1726.

Kraus Andreas. Kurf. Maximilian I. v. Bayern. Das neue Bild eines gr. Fürsten, Hist. Jb. 97/98 (1978). S. 505-526.

–, Geschichte Bayerns, München 1983

Lahrkamp H. Jan v. Werth, Veröffentlichungen d. Kölner Gesch. Ver. 24, 1962

Lammert Gottfried, Gesch. d. Seuchen, Hungers- u. Kriegsnoth zur Zeit d. 30 jg. Krieges, Wiesbaden 1890.

Lohbichler Fritz, Veit-Höser-Gymnasium, Festschrift zur Einweihung . . . am 28. Nov. 1977, S. 8-15

Lundkvist S., Schwedische Kriegsfinanzierung 1630-1635, bei H. U. Rudolf, Der 30 jg. Krieg.

Lütge F., Die wirtschaftliche Lage Deutschlands vor Ausbruch des 30 jg. Krieges, bei Rudolf: Der 30 jg. Krieg.

Mann Golo, Wallenstein, Frankfurt 1971.

Mathäser, P. Willibald, siehe Maurus Friesenegger

Meinhard W. P, Haunkenzell, Chronik u. Heimatkunde, 1976

Morawitzky Topor, Fragmente aus d. Zeit d. 30 jg. Krieges, Verh. d. hist. Ver. f. Ndb., Bd. 16, 3. und 4. Heft, 1871, S. 197-229.

Mundigl Josef, 1000 Jahre Schierling, 1953

Mußinan Josef v., Ueber das Schicksal Straubings u. d. baier. Waldes während d. dreyßig jährigen Krieges vom Okt. 1633 bis April 1634, Straubing 1813.

–, Befestigung und Belagerung der Haupt Stadt Straubing in den Jahren 1633, 1704 u. 1742, Straubing, 1816.

NDB = Neue Deutsche Biographie (erscheint seit 1953)

Oxenstierna, Rikskansleren Axel Oxenstiernas Skrifter och Brefvexling, II. 7; Stockholm 1896

196

Parnemann Friedr., Der Briefwechsel der Generale Gallas, Aldringen u. Piccolomini im Jan. u. Febr. 1634, ein Beitrag zum Untergang Wallensteins, Berlin 1911

Pekař J., Wallenstein 1630-34. Die Tragödie einer Verschwörung, Berlin 1937, 2 Bde (Übersetzung nach der 2. tschech. Ausgabe).

Pfister Kurt, Kurf. Maximilian I. v. Bayern u. sein Jahrhundert. München 1980 (2. Aufl. bearb. v. Gertrud Stetter).

Piendl M., Hist. Atlas v. Bayern, Heft 8, Gegenreformation in d. Opf.

Pohl Werner, Der Markt Viechtach im Bayer. Wald. Material zu einer Ortsgesch., Heimatkundl. Beiträge aus d. Viechtreich. H. 26. 1983.

Pufendorf Samuel von, Schwedische Geschichte, Utrecht 1686.

Pusch Matthias, Der 30 jg. Krieg, München 1978, Heyne Gesch. Bd. 16.

Rabb Theodore K., The Effects of the Thirty Year's War on German Economy. The Journal of Modern Hist. 34, 1962, p. 40-51.

–, The Thirty Year's War. Problems of motive, extent and effect, Boston 1967

Rieß Otmar, Die Abtei Weltenburg zw. 30 jg. Krieg u. Säkularisation, Beiträge zur Gesch. d. Bistums Regensburg, Bd. 9, 1975.

Riezler Sigmund, Gesch. Bayerns. Bd. V, Gotha 1878 (1903)

–, Der Aufstand d. baier. Bauern im Winter 1633 und 1634, in: Sitzungsber. d. Philos.-philolog. u. hist. Classe d. Akademie d. Wissensch. zu München, München 1901, S. 33-95.

–, Johann v. Werth 1647, in Hist. Ztschr. N. F. 46 (1899)

Ritter Moriz, Das Kontributionssystem Wallensteins, Hist. Ztschr. 90, 1903.

–, Deutsche Gesch. im Zeitalter d. Gegenreformation u. d. 30 jg. Krieges, Bd. III (1908)

–, Der Ursprung d. Restitutionsediktes (1896), neu bei: Rudolf, Der 30 jg. Krieg, S. 135-174.

Röttger Bernh. Herm., Kunstdenkmäler v. Bayern, Bezirksamt Bogen, 1929

Rudolf Hans Ulrich (Hrsg.), Der 30 jg. Krieg. Perspektiven u. Strukturen, Darmstadt 1977 (Wege d. Forschung Bd. 451).

Schuegraf Jos. Rud., Belagerung, Eroberung u. Zerstörung d. Veste Donaustauf durch d. Schweden, Regensburg 1831.

Schuster Franz, Die Schweden in Oberaltaich, Bayerland XXVIII, 1916-17. S. 248.

Sigl Rupert, „Wenn etwas größer ist als das Schicksal" – Veit Höser. „Der Landkreis Straubing-Bogen", S. 213-19

–, Veit Höser, ein Humanist der Gegenreformation. Zwei Festreden 1977 und 1984, Straubing 1984.

–, Oberaltaichs größter Abt, Bayer. Staatszeitung, Unser Bayern, Jg. 33, Nr. 8, Aug. 1984

Solleder Fridolin, Urkundenbuch d. Stadt Straubing, Bd. 1, Straubing, 1911

Spindler Max, Handbuch d. bayer. Geschichte, Bd. II, München 1969

Staber Josef, Kirchengesch. d. Bistums Regensburg, Regensburg 1966

Stadlbauer Karl, Die letzten Äbte des Kloster Oberalteich, VN XXII, 1882, S. 3-52.

Stadtmüller Georg/Pfister Bonifaz, Gesch. d. Abtei Niederaltaich, 1971.

Staudenraus Alois, Chronik d. Stadt Landshut, Landshut 1832.

Steinberg Sigfrid Henry, Der 30 jg. Krieg u. d. Kampf um die Vorherrschaft in Europa, 1600-1660, Göttingen 1967.

–, Der 30 jg. Krieg. Eine neue Interpretation. Bei Rudolf: „Der 30 jg. Krieg".

Sturm P. Angelus, Abt Hösers Schwedenflucht, Benedikt. Monatsschrift 1928, S. 457-66.

–, Eine Klosterreform z. Zeit d. 30 jg. Krieges. Bausteine z. Biographie des Abtes Veit Höser v. Oberaltaich, Bened. Monatsschr. 1923. S. 379-394.

–, Das Oberaltaicher Wirtschaftsbuch von 1754, Jber. d. hist. Ver. 1933, 36. Jg.

–, Kloster– und Kirchenbau zu Oberaltaich (1614-30), Ostbair. Grenzmarken XIII, 1924, S. 129 ff.

–, Eine Kirchweihfeier zur Zeit des 30 jg. Krieges, Ein Beitrag zur Gesch. Oberaltaichs, in „Der Bayerwald" XXI, H. 3 und 4. 1923

Theatrum Europaeum, 3. Teil. Frankfurt 1644 (Die Berichte stammen von d. protest. Theologen Heinrich Oräus).

Utz Hans J., Veit Höser zum 400. Geburtstag. Straubinger Kalender, 1977, S. 97-107.

Vervaux Johannes (=Joh. Adlzreiter), Annales Boicae gentis, III. Teil, 1662.

Wagner Georg, Wallenstein. Der böhmische Condottiere, Wien 1958.

Wenning Michael, Historisch-topograph. Beschreibung Ober- und Niederbayerns. 4. Teil: Rentamt Straubing, 1726.

Wedgwood Cicely Veronica, Der 30 jg. Krieg (mit Bibliographie v. D. Albrecht, S. 507 ff), München 1967.

Wimmer E., Sammelblätter z. Gesch. d. Stadt Straubing, Straubing 1881-85

Zacher Franz X., Gesch. d. Stadt Plattling, Plattling 1948

Zeeden Ernst Walter, Das Zeitalter d. Glaubenskämpfe, in: B. Gebhardt, Handbuch d. Deutschen Gesch. Bd. II, 1956

ANMERKUNGEN

Datumsangaben wie z. B. (5. Dez.) beziehen sich jeweils auf Hösers Tagebuchtext vom betreffenden Tage. Die Kurzangaben von Autoren und Titeln – die Seitenzahlen hinter den Namen (z. B. Pfister, 236) – verweisen auf die Bibliographie.

16 **ungleiche ordonanzen:** Gedruckt bei Aretin, Bayerns ausw. Verhältnisse, S. 337 ff. Vgl. Höpfl, S. 27 f.. Ein typisches Beispiel bietet General Gallas, der mit kaiserlichen Truppen bei Eger stand und am 2. Okt. 33 von Wallenstein nach Leitmeritz abkommandiert wurde, „unter dem Vorwand, der General werde bei der sächsischen Offensive benötigt, während in Wahrheit eine Unterstützung Maximilians dadurch von vornherein unmöglich gemacht werden sollte" (Pfister, 236). In einer Flugschrift „An expediat" (Ob es zweckmäßig sei, den Herzog abzuberufen) heißt es, Wallenstein ziehe aus purer Rachsucht wegen seiner Regensburger Absetzung den Krieg in die Länge (Pfister, 245). Nicht Österreich habe er gerettet, sondern die Länder seiner Feinde. Auch Pekař stellt Wallensteins Haß und Ehrgeiz ständig heraus. Dickmann (68) schließt sich Pekařs Ansicht an, daß nicht patriotische Motive, sondern Ehrgeiz und Rache Wallenstein trieben, wie auch schon Ritter wiederholt betont hatte (Vgl. Spindler, S. 402 Anm.)

17 **kaum betroffen worden:** S. H. Steinberg (Der Dreißigjähr. Krieg), dem deswegen A, Kraus (S. 253) mit Recht vorwirft, daß seine Feststellung alles ignoriert, was wir an Quellen kennen. Er zeige damit, wie wenig kompetent er sei. Steinberg scheint seine Ansicht für Regensburg und das Donautal etwas zu revidieren: Siehe Rudolf (S. 61), wie auch Steinbergs Titel des Beitrags „Eine neue Interpretation" andeutet.

zum Entsatz von Breisach: Aldringen war nur unter der Bedingung nach Breisach gezogen, daß der Kurfürst bei einem Einfall der Schweden von Wallenstein ausgiebig unterstützt würde (Hallwich II. Nr. 829).

18 **verständigt hätten:** So P. Wilh. Fink, Vor 300 Jahren, 1933, S. 70 Nr. 18; ähnlich Nr. 19, S. 74. Friedr. Herm. Schubert „Wallenstein u. der Staat des 17. Jh." kommt zu dem Ergebnis, daß die Antwort auf die Frage nach der Schuld „heute eindeutig" lautet, „daß Wallenstein den Kaiser verraten und das habsburgische Staatswesen aufs schwerste gefährdet habe, daß Ferdinand II. nichts anderes übrig blieb, als ihn so oder so unschädlich zu machen" (Bei Rudolf, S. 187)

19 **den größten deutschen Bruderkrieg:** Es wäre darum richtiger von „Weimarischen Feindzeiten" als von einem Schwedenkrieg zu sprechen.

20 **zu den Schweden über:** Bei der Rückeroberung Straubings traten von den 800 „Schweden" sogleich 300 als ehemalige Kaiserliche oder Ligistische auf die andere Seite über und weitere 300, nachdem sie völlig ausgeplündert, ihnen die Weiber von der Seite gerissen und diese genotzüchtigt worden und sie in eine Hungerkur genommen worden waren (Theatrum Europ. S. 207). Nur 200 blieben ihrem Fahneneid treu (Vgl. Chemnitius, S. 338; Leo Fink, S. 51). Was Per Sörensson, „Das Kriegswesen" für die letzte Periode des 30 jähr. Krieges feststellte, trifft auch für unsere Zeit zu: „Die Soldaten waren fast durchgehend, die Offiziere, einschließlich der Obersten, in überwiegendem Grade deutsch", die Feldtruppen „fast durchgängig deutsch" (Rudolf, S. 435, 450).

sondern Privatarmeen: „Diese Generale mußten nicht nur Strategen, sondern auch Finanzleute großen Stils sein . . . Wallensteins Aufstieg gründete sich darauf, daß er mit einer hohen strategischen Begabung nicht minder glänzende Fähigkeiten als Finanz- u. Wirtschaftsorganisator verband. So vermochte er in so großem Stil und mit solchem Erfolg wie kein anderer kaiserlicher Parteigänger als selbständiger Kriegsunternehmer aufzutreten und der Hofburg die Sorge für Aufstellung und Unterhalt der Armeen abzunehmen", stellt treffend Fr. H. Schubert (bei Rudolf, s. 192 f.) in seiner Untersuchung des Kondottieretums fest. „Ein Staat, der Krieg führen muß, schließt mit einem oder mehreren Unternehmern ein Abkommen wegen Lieferung der notwendigen Streitkräfte". Nach Ablauf des Übereinkommens kann ein neues getroffen werden, wenn beide Seiten zufrieden sind. „Wenn nicht, sind die Betreffenden vollkommen frei, unmittelbar sogar in den Dienst jenes Staates zu treten, gegen den sie bis jetzt im Auftrag ihres Arbeitgebers gekämpft haben, und dies findet auch ziemlich oft statt. Das Heer stand außerhalb der bürgerlichen Gesellschaft und bildete einen eigenen internationalen Verband." So Per Sörensson, bei Rudolf S. 423.

erpreßten die Zivilbevölkerung: Die mangelnde Soldzahlung war schuld daran, daß der Krieg so entartete. „Wenn der Sold nicht gezahlt wurde, hielten die Krieger sich schadlos bei den Bauern und Bürgern. Sie waren oft einfach dazu gezwungen, denn wovon sollten sie sonst leben? Geld hatten sie nicht; die Heeresleitung gab ihnen oft nicht einmal das trockene Brot; man konnte sich nicht wundern, daß sie sich dann selbst ihren Unterhalt verschafften, meint der Schwede Sörensson (Rudolf 446).

als den „größten Feind" an: So in einem Bauernmanifest an General Timon v. Lindelo in Wasserburg. Maximilian sah die Berechtigung der Anklagen ein (Pfister, 247, Vgl. S. Riezler, Der Aufstand, S. 33-95)

Axel Oxenstierna es formulierte: Der schwedische Kanzler ist nicht der Erfinder dieses Kontributionssystems. „Vor allem war es Wallenstein, der das System ausgearbeitet hatte, den Krieg sich selbst ernähren zu lassen, ohne den Finanzen und Gebieten des Feldherrn und des kriegführenden Landesfürsten Ausgaben aufzubürden" (Sven Lundkvist über die „Schwedische Kriegführung", bei Rudolf S. 301). Allerdings meint Lundkvist, das Beispiel des wallensteinischen Systems habe stark auf den König Gustav Adolf gewirkt, und so wurde der „deutsche Krieg" Schwedens mit deutschen Ressourcen geführt. 1630 betrug der schwedische Beitrag für die Kriegführung in Deutschland 2368022 Reichstaler, nachher sank der Betrag und betrug 1633 nur mehr 128573 (bei Rudolf, S. 299). Von Frankreich erhielt Schweden 1631 noch 400000 Reichstaler, 1634 nur noch 90080 (l. c. S. 109). Oxenstierna aber ging „rücksichtslos zur Taktik des kostenlosen Krieges über". Wahrlich ein Meister eines „sich eigengesetzlich verselbständigenden Krieges" (l. c. 12, 352). Über die Subsidien des Vatikans für Kaiser und Maximilians Liga legte D. Albrecht 1956 eine erschöpfende Untersuchung vor (Neu gedruckt bei Rudolf, S. 368-412). Eine beschämende Bilanz im Vergleich zu den Millionen Scudi, welche die Kurie für ihren Nepotismus hinauswarf.

21 **wie Arnim, Holk usw.:** So auch der spätere kurbaierische, dann kaiserliche Feldmarschall Johann Graf von Götz, der unter Mansfeld gegen den Kaiser kämpfte, um 1626 in die Dienste Wallensteins trat oder der schwedische Oberst Claus D. Sperreuter, der zu den Kaiserlichen übertrat; der schneidige General Hans Christ. Graf Königsmark, der nach Breitenfeld umschwenkte oder der berühmte Graf Josias von

Rantzau, der öfter den Kriegsherrn als die Schuhe wechselte (Mathäser, 183, 192 f, 197, 206). Sörensson, der das Problem des Frontwechsel speziell untersuchte, kam zu dem Ergebnis, daß wenigstens bei der Infanterie der ganz überwiegende Teil der Mannschaft ein oder mehrere Male den Kriegsherrn gewechselt hat, so auch Melander, Baudissin, Herzog Fr. Albert v. Sachsen-Lauenburg (bei Rudolf, S. 434 ff.)

23 **der Brand von Moskau:** Pfister, 190. Vgl. M. Pusch, 79. Über die Ausschreitungen der Armeen Wallensteins siehe auch Pfister, S. 178 f.!

25 **in sein weltliches Herzogtum Preußen verwandelte:** Dr. Johann B. Sigl sah darin die „Genesis des Preußenhasses". Vgl. meine Biographie: „Dr. Sigl – Ein Leben f. d. Bayrische Vaterland" S. 83.

26 **auch Habsburg:** Maximilian handelte folgerichtig nach dieser Einsicht und Überzeugung, schon als er nicht bloß auf eine Kandidatur zum Römischen König verzichtete, sondern dies strikte ablehnte, obwohl er sogar mit den 3 Stimmen der protestantischen Kurfürsten rechnen konnte, weil diese damit die Macht Habsburgs zurückdrängen wollten. So war ihm auch der Kaiser zum Dank verpflichtet.

27 **„Pfälzer Mission" beteiligt:** Worüber Höser in seinem „Monomonastikon" (meist als „Annalen" bezeichnet) 1627, p. 340 ss. und 1628 p. 370-78 berichtet.

Restitutionsedikt: Die beste Darstellung ist noch immer „Der Ursprung des R." von Moriz Ritter, 1896; wieder abgedruckt bei Rudolf S. 135-74.

28 **eius et religio:** Nicht das Gewissen der Person entscheidet über seine Konfession, sondern der Wille und Befehl des Landesfürsten. 1555 war im Augsburger Religionsfrieden das sog. Ius reformandi grundsätzlich anerkannt worden, wonach der Landesherr die Religion seiner Untertanen bestimmen konnte.

nicht des Glaubens wegen: Schon der Grundsatz „Wessen das Land, dessen die Religion" ist kein religiöser, sondern ein machtpolitischer Grundsatz! „Den Charakter des Krieges bestimmten feudale Zielsetzungen"! Die These vom „Religionskrieg" hat man „im großen Umfang aufgegeben", gibt auch Steinberg zu; Herbert Langer nennt sie „veraltet", von bürgerlichen Historikern anderer Länder, auch Schwedens, „entweder ganz oder teilweise über Bord geworfen", indes sie sich noch bei einigen Historikern, z. B. auch bei Dickmann hält (Rudolf, 59, 90, 117).

30 **Schiller:** Mit Recht rühmt F. H. Schubert, daß Schiller auch „bereits Wallensteins Eigenart mit hellem Scharfblick erfaßt und in enger Anlehnung an die historische Wirklichkeit die tragische Verwicklung eben aus dieser Eigenart heraus gefolgert hat: „Wär's möglich? Könnt ich nicht mehr, wie ich wollte? Nicht mehr zurück, wie mir's beliebt? Ich müßte Die Tat vollbringen, weil ich sie gedacht" („Wallenstein u. d. Staat des 17. Jh." bei Rudolf S. 187).

wenn militärische Macht sie dazu zwang: Durch das von Wallenstein ausgearbeitete und im großen durchgeführte Kontributionssystem, an das die Schweden dann „angeknüpft" haben, „erhob sich das Heer zu einer gleichzeitig steuerbewilligenden und steuereintreibenden Behörde und sicherte selbst seinen Unterhalt, eine Aufgabe, der die damalige schwache Staatsmacht nicht gewachsen war" (Sörensson, bei Rudolf S. 432). Bei dem geringen Anteil Schwedens mußte natürlich die aus „Kriegsrecht" abgeleiteten Methoden der Ausbeutung und Eintreibung in Deutschland an Bedeutung gewinnen, je weniger Schweden und Frankreich dazu aufbringen konnten (Vgl. Rudolf S. 109)

31 **König von Böhmen werden:** Josef Pekař sah Wallensteins Hauptziel darin, seine in dem Herzogtum Friedland ja schon vorhandene Territorialmacht auszubauen und zum König von Böhmen aufzusteigen. Mit dem Tode des Winterkönigs (29. 11. 1632), Friedrichs V. von der Pfalz, war wohl das größte Hindernis für Wallensteins Pläne gestorben. „Daß er um jeden Preis eine selbständige politische Potenz werden wollte, ist offensichtlich, und eben dieses Streben ist ein bisher wenig beachtetes, aber, wie ich meine, sehr wichtiges Kriterium dafür, daß er sich dem Königsprojekt über kurz oder lang nähern mußte, wenn er zunächst auch selbst noch vor solch hohem Einsatz zurückschrecken mochte" (F. H. Schubert, bei Rudolf, S. 188, 190; cf. S. 185 ff., 199, 202 und bei Kraus S. 248), der auf den Einfluß der böhmischen Exulanten auf Wallensteins Pläne hinweist, „die auch seine eigene Erhebung zum König von Böhmen nicht ausschlossen". Die Behauptung von P. Wilh. Fink (Nr. 15, S. 57), daß der Friedländer „bereits den Tag für seine Krönung zum böhmischen König festgesetzt hatte", kann ich nirgends finden. Ist dies eine „Antizipation" der Wünsche?

32 **die Stunde seiner Rache:** Einer der unzähligen Belege für Wallensteins Haß gegen Maximilian ist seine eigene Äußerung: „Der Bayernfürst hat das Spiel angefangen. Ich will ihm keine Assistenz leisten. Wollte gern, daß die Herren sein ganzes Land allbereit ruiniert hätten. Will er nit Fried machen, will ich ihn selbst bekriegen helfen" (Zitat bei A. Ernstberger, Für und wider W., in dem Rudolfband S. 80). Pekař sieht Wallenstein, richtig, wie ich meine, als „einen . . . von titanischen Rache-und Größenwahnplänen umgetriebenen Schwächling, einen furchtsamen Verräter und törichten Intriganten (bei Rudolf, S. 188). Gerade bei so veranlagten Menschen bricht nach den Gesetzen der Psychologie die Rache in den Augenblicken der Macht durch, die ihnen Sicherheit gibt.

33 **zu finden wäre:** Wallenstein wurde denn auch „ein Opfer des eigenen Widerspruches". Wäre nämlich Bernhard von Weimar sofort von Regensburg und Arnim von Prag aufgebrochen, so wäre seine letzte Rettung wohl möglich geworden (Rudolf, S. 70).

35 **über Bayern hereingebrochen war:** Für die folgenden kriegerischen Ereignisse, namentlich in Niederbayern habe ich die Darstellung v. P. W. Fink „Vor 300 Jahren" verwendet, der die bisher beste Übersicht über den Schwedenkrieg in Niederbayern bietet, wenn ich auch seiner Darstellung nicht immer folgen kann. Bedauerlich ist, daß er um der Leserlichkeit willen die Quellenangaben für seine umfangreichen archivalischen Forschungen wegließ. Hier haben wir Kärrner deshalb noch viel nachzuholen.

ein Doppelhaken: eine Hakenbüchse, Arkebuse etwa 1,4-1,9 m lang; auf ein dreibeiniges Gestell gelegt, war sie leicht beweglich und tragbar und konnte doch Kugeln bis zu 300 g schleudern.

5000 Reiter: Siehe folgende Seite! Wallenstein stand zu dieser Zeit mit 30 000 Mann gegen 12 000 Sachsen in Böhmen und verhielt sich dort zunächst nur passiv. „Wie im kommenden Jahr hat er bewußt Bayern, dessen Kurfürst ihm verhaßt war, den Schweden preisgegeben" (Pfister, 205 f.)

36 **Landfahnen organisiert:** Über die Landwehren oder Landfahnen vgl. Spindler, II, S. 591 und besonders „Gesch. d. bayer. Heeres", hgg vom Bayer. Kriegsarchiv, bearbeitet von K. Staudinger, Bd. I, 1901, s. 56-113. Siehe auch Stichwort „Landfahnen"!

Pharnspach: Oberst Graf Georg von Farensbach, ein Mann „von ungewöhnlichen

Geistesgaben und außerordentlicher Körperstärke" (Sammelblatt d. Hist. Ver. Ingolstadt XI./1886, S. 170. Er wird in der Literatur manchmal als Festungskommandant (Jos. Gerstner, Gesch. d. Stadt Ing. in Oberbayern, München 1852, S. 234), manchmal nur als Oberst (O.Kleemann, Gesch. d. Festung Ing. bis z. Jahre 1815, München 1883, S. 71 f.) niemals aber als Statthalter bezeichnet (Mitteilung d. Archivamtsrats Chr. Dittmar)

Kratz von Scharffenstein: General Joh. Phil. Graf Kratz v. Sch. war 1632 bis 1633 Statthalter von Ingolstadt (O. Kleemann, l. c. S. 119 f.) „Wenn er auch nicht, wie bald behauptet wurde, Ingolstadt den Schweden übergeben wollte, so wurde er doch fahnenflüchtig" (Willib. Mathäser, S. 177), wurde nach der Schlacht von Nördlingen als Gefangener in Wien zum Tode verurteilt, konnte entfliehen, wurde aber nach seiner erneuten Festnahme am 6. Juli 1635 im Rathaus zu Wien enthauptet (l. c.; vgl. Riezler, V, 441 f.)

37 **Kriegspropaganda:** Über das Thema „Kriegspropaganda" handelt eingehend D. Böttcher, Propaganda u. öffentl. Meinung im prot. Deutschland 1628-36. (1953-54). Neu gedruckt bei Rudolf, S. 325, 367.

Fr. Christoph Khevenhüller: Durch die Untersuchung von Jos. Seidler „Khevenhüllers Bericht über die Schlacht bei Lützen" (bei Rudolf, S. 33-50) sind die Annales Ferdinandei an Erkenntniswert an eine erste Stelle gerückt, da seine Berichte „infolge seiner Verarbeitung wertvollen Quellenmaterials der Feststellung des Tatbestandes nahe gekommen ist".

38 **Feuersbrunst von Schierling:** Vgl. J. Fendl „Von der Bitterkeit" u. Jos. Mundigl „1000 Jahre Schierling"

39 **Ranzionsregister der Stadt:** Das Brandschatzungsregister druckte Mußinan, „Befestigung u. Belagerung" (S.179-231) ab. Es findet sich übersichtlich, weil alphabetisch geordnet bei J. Keim, „Zur Gesch. Straubings", S. 19-36. Vgl. Leo Fink, S. 33 ff.

41 **„Himmel Landshut, tausend Landshut":** Für diese „Sage" gibt auch Staudenraus keinen Beleg an.

100000 Taler Ranzion: Dieser Freikauf von der Brandschatzung ließ 30 Millionen DM in die schwedische Kriegskasse fließen.

42 **auf die Schweden bauend:** Gustav Adolf hatte dem Abgesandten der obderennsischen Bauern, Thomas Ecklehner im Lager zu Nürnberg das Versprechen gegeben, mit 10 000 Mann in Oberösterreich einzufallen (Eichmeyer, S. 159). Seinen Plan, nach Österreich zu ziehen, mußte der König auch deshalb aufgeben, weil Generalwachtmeister de Suys mit etlichen Regimentern in Oberösterreich eingerückt war und Bernhard sich, infolge falscher Information, dem größten Teil der kaiserlichen Armee unter Gallas gegenüber glaubte (Höpfl, 31)

43 **Freising:** Die Stadt mußte 30000 fl Ranzion zahlen. Trotzdem wurde die fürstbischöfliche Residenz geplündert.

42 Geiseln: Die Namen der Geiseln, darunter 22 Geistliche, bei Mathäser, 175,

45 **führt der Bericht:** Das Gericht und die Quelle, auf die sich P. Wilhelm Fink stützt, konnte ich nicht ausfindig machen.

46 **an einem ungenannten Orte:** Eger, Tirschenreuth, Neumarkt? Golo Mann (S. 842) vermutet Tirschenreuth.

51 **wie man bisher annahm:** Vor allem auf Grund der Darstellung von M. Wening, To-
pographie, Bd. III, daß das Schloß von den Feinden angegriffen wurde, deren sich
die ins Schloß geflüchtete Bevölkerung durch „fleißiges Schießen" erwehrte. W.
Fink („Vor 300 Jahren, S. 70) basiert seine Darstellung auch auf die Angaben von
Martin Strumer, dem Nachfolger des erschossenen Pfarrers, der im Totenbuch
seinen Amtsvorgänger Leonhard Fleischmann nennt und als dessen Todestag den
24. Juni 33 angibt.

52 **im Mai gestorben:** Lorenz Fischaleck in einer Beilage zum Neufahrner Pfarrbrief
zum 24. Juni 1983: „Vor 350 Jahren: Mord an Pfarrer Reimann", der in einer muster-
gültigen lokalgeschichtlichen Forschung in Nr. 6 der Praesentationes 1577-1836,
im Diözesanarchiv, Pfarrei Asenkofen, Bd. I S. 484 als Nachfolger für den im Mai
1633 verstorbenen Pfr. Leonhard Fleischmann den Jeremias Reimann, vorher Pfr. in
Painten, ermittelte. Die Invesitur erfolgte am 18. Juni, sein Tod am 24.. Auch im Totenbuch der Pfarrei Asenkofen, zu der Neufahrn gehörte, findet sich der Überfall
auf das Schloß des Frhr. Hans Jakob zu Haunsperg vermerkt. Die häufige Verwechslung von Freund und Feind war dadurch begünstigt, daß das Militär keine
Uniformen trug und Feind wie Freund gleich brutal raubte und mordete.

55 **Akkord abgeschlossen:** Der Wortlaut des Vertrages bei Höpfl, s. 19 f..

als Bischof von Regensburg: O. Rieß, S. 33.

57 **von dem die Sage geht:** In drei Tagen 36 Schweden (Offiziere) erschießen!? Die Sage klingt wenig glaubwürdig. Auch Leo Fink (S. 29) meldet dagegen einige Bedenken an. Daß sich aber Höller die Stadt zum Dank verpflichtete, geht daraus hervor,
daß er kurz darauf in den Äußern und 1635 in den Innern Rat, 1651 zum Bürgermeister gewählt wurde, nachdem er 1641 geadelt worden war.

der Kapuzinerpater Thomas: Ein Artikel im Regensburger Sonntagsblatt vom 12.
Okt. 1930 (sic!) wollte den Guardian P. Peter von Buchau als den Helden vorstellen.
S. Anm. zu S. 73.

58 **300 „Gepreßte":** Gefangene Soldaten wurden auf beiden Seiten unter die eigenen
Truppen „gestoßen" oder „untergestreckt", d. h. man zwang sie zum Wechsel der
Fronten (Vgl. Mathäser, S. 36, 179).

59 **des Obersten Perkhover:** Wahrscheinlich Hans von Berckhoffer, der Reiterkom-
mandeur, der in Bernhards Briefen wiederholt erwähnt wird und identisch mit dem
Obersten Borchauer (bei Adlzreiter, S. 316; Pufendorf, V. S. 21) bezw. Berghauer
(Theatrum Europ. S. 207), wie Leo Fink meint (S. 49).

60 **Deggendorfer Knödel:** „Zum Andenken an die Beschießung am 24. Nov. 33 wurden am Rathaus einige Kanonenkugeln eingemauert, andere an Ketten aufgehängt.
Der Volkshumor nennt sie seit alters „Deggendorfer Knödel" (Ed. Stemplinger in einem Manuskript).

64 **nach Straubing zurück:** „Um vieler erheblicher Ursachen willen" mußte der Herzog
von dem Marsch auf Passau abstehen (Chemnitius, S. 262 Theatrum Europ. s. 141).
Eine Ursache war natürlich der verstärkte Widerstand de Werths, aber nicht „die
Hauptursache" (L. Fink, S. 44). Diese nennt vielmehr der Bruder des schwedischen
Agenten Chemnitius: „Als der Weimarer die Nachricht erhielt, daß Wallenstein
Böhmen mit seinem Heere verlassen und in vollem Anmarsche auf Bayern sei, war
sich Bernhard von Weimar klar, daß dieser Zug ihm und Regensburg galt. Sofort

machte er kehrt, um Wallenstein entgegen zu ziehen. Jener aber kehrte (nach der Further „Scheinoperation") in seine Winterquartiere zurück – gegen den Willen des Kaisers, der seine Lande von Einquartierungen verschont wissen wollte" (Chemnitz II. S. 262).

65 **überfiel er in Geltolfing:** Über diesen bedeutsamen Überfall berichten Vervaux-Adlzreiter, Chemnitius, Pufendorf, Theatrum Europaeum. Siehe Riezler S. 454, L. Fink S. 44 f.

67 **Lars Kagge:** Das Kommando in der Festung hatte Kagge inne, dem das Gelbe Leibregiment des Königs und das Schwarze Regiment des Grafen von Thurn zugeteilt war.

das Schnedersche Regiment: Legio Sneteriana, berichtet P. Ambros Wücht bei Höser unterm 14. April 1634. Ihm war der Major Liechtenau zugeteilt, der sich wie Troibreze wegen der Übergabe Regensburgs hatte verantworten müssen (Höpfl S. 24)

68 **sich zurückschrecken ließ:** Höser, Monomonastikon, p. 185 s.

der Stadt Straubing galten: Über die Rückeroberung der Stadt berichtet eingehend L. Fink, S. 49 ff.

69 **Jean de Werth:** baierischer u. kaiserlicher General der Kavallerie (1595-1652), berühmt wegen seiner blitzartigen, verwegenen Reiterattacken. War ein einfacher Bauernsohn, kämpfte schon am Weißen Berge mit. 1630 Oberstwachtmeister (Major) in einem kaiserl. Regiment, 1632 in Oberösterreich im Kampf gegen die rebellierenden Bauern, war entscheidend am Sieg bei Nördlingen beteiligt und setzte dann den Dragonern Oxenstiernas in der Oberpfalz schwer zu. Nach der Befreiung von Straubing, Regensburg und Nördlingen wurde er Feldmarschalleutnant. Als „Franzosenschreck" stieß er nach dem Prager Frieden bis Paris vor, wohin er als Gefangener geführt wurde, nachdem er 1638 am Oberrhein bei Rheinfelden geschlagen worden war. Erst 1642 wurde er gegen den schwed. General Horn und 60000 fl Lösegeld ausgetauscht. Werth geriet 1647, nach dem Ulmer Waffenstillstand, in Konflikt mit Maximilian und wollte die baierische Reiterei dem Kaiser zuführen. Nach der Kündigung dieses Separatwaffenstillstandes schlug er die Schweden bei München und Rain a. L. Der Andechser Abt Friesenegger nennt ihn den Liebling Maximilians, unsere Liebe und einzige Hoffnung. „Schade, daß es nur einen Johannes von Werth gab . . . O! der unnennbaren Untreue unserer Generale, ohne welche dem Übel schon längst ein End wäre" schrieb er 1638. J. de Werth starb 1652 auf seinen böhmischen Gütern, die ihm der Kaiser geschenkt hatte (ADB 42, 103 ff; Mathäser, 106 ff, 180 f.)

in Sicherheit bringen wollte: Oräus, der prot. Theologe, gibt im Theatrum Europ. S. 141, als Grund an, daß Bernhard sich „der Inwohner halber des Ortes Straubing nicht durchaus versichert hielt". Offenbar fürchtete er, daß die Bürger eines Tages in Verbindung mit den bayerischen Truppen über die 800 Mann starke schwed. Besatzung herfallen würden.

75 **Der tapfere Soldat Aldringer:** Johann Graf (bis 1624 Aldringer), Feldmarschall, 1588-1634. Der Luxemburger trat 1619 in baierische Dienste. Als Oberstleutnant leistete er Maximilian unschätzbare Dienste, besonders durch die Organisation der Landmiliz. 1623 kaiserlicher Oberst, 1631 Kommandeur, 1632 Feldmarschall. „Als

er Wallensteins Absichten durchschaut hatte, wurde er zum eifrigsten Verfechter seiner Absetzung beim Kaiser". Absolut kaisertreu war er in ständigem Gewissenskonflikt, weil er einerseits Wallensteins Oberbefehl unterstand, anderseits den Kurfürsten unterstützen mußte und wollte. „Gegen Wallenstein handelte er in der vollen Überzeugung von dessen Verrat am Kaiser und von seiner bewußten Sabotage am Sieg der katholischen Seite, gewiß nicht aus der Mentalität eines beleidigten und sich zurückgesetzt fühlenden Rivalen" (ADB I, 327 ff., NDB I, 188 f., Mathäser, 178 f. Ganz wichtig: Pannemann, Der Briefwechsel).

76 **Akkord abgeschlossen:** Der Wortlaut mit den Abänderungen bei Höpfl, 48-52.

78 **verscharrte Tierkadaver:** Noch furchtbarer war die Hungersnot, als die Schweden wiederkehrten. Nach einem Originalbericht von 1634 berichtet Morawitzky (S. 211), daß den Franziskanerbrüdern im Kloster sowohl als anderen (Bürgern) „die im Garten Todtgelegene stinkende Kühe, darvon die Vögel schon gefressen, ihre beßte Speis vnd vunterhaltung sein". A. Weitnauer berichtet in seiner Allgäuer Chronik (II, 229), daß tatsächlich, wie in vielen Chroniken der Zeit zu lesen, Leichen gegessen wurden. „Tatsächlich galten in Augsburg Leichen von Kindern im Säuglingsalter, auch wenn sie an der Pest gestorben waren, als Leckerbissen. Toten, die nicht sofort begraben wurden, schnitten die hungrigen Mitbürger Füße und Brüste und solche Stücke ab, an denen mehr Fleisch ist. Verhungernde schlachteten Verhungernde, um sie zu essen und zu überleben. Tote Kinder wurden von ihren eigenen Müttern verzehrt. In Agawang bei Augsburg aßen in einem einzigen Hause fünf Frauen menschliche Leichen auf. Eine dieser Frauen fraß ihren eigenen Gatten. Der Pfarrer konnte verhindern, daß drei weitere Leichen, die bereits ins Haus gebracht worden waren, ebenfalls gegessen wurden"(Mathäser, S. 189).

nur mehr wenige Menschen: Die von L. Fink (S. 55) irrtümlich angegebene Stelle „Höser S. 25" kann sich nicht bei Höser finden, der ja die Pest nicht überlebte, sie steht vielmehr bei Mußinan (p. XXV) in der Einleitung, der die zwei Sätze offensichtlich aus Hemmauer (S. 377) übernahm, wenn auch gefälscht. Hemmauer berichtet, daß die Schweden und die Pest so hausten, „daß schier im gantzen Land, wo sonst in einem Dorff 400. Personen gezehlet worden, kaum 20 mehr zu zehlen gewest, der Ursachen halber dann ein Gut oder Hof, welcher vorhero 2000. fl. werth gewesen, um 70. oder 80. hat mögen erkaufft werden". Mußinan machte aus den 24 Überlebenden „6". Ebenso falsch ist auch die Angabe Mußinans, daß die Pest in Oberaltaich „von den 40 Klostergeistlichen nur 4 übrig ließ"! – Zuverlässiger sind die Kirchenbücher: So wurden in Stallwang „laut Eintrag in die Kirchenbücher in den Tagen vom 1. Januar bis 20. April 1634 von den Schweden 128 Personen ermordet" (Eduard Stemplinger) Die Pfarrmatrikel von Mariaposching gibt für die Kriegsmonate von 1634 nicht weniger als 157 Tote an, die teils aus Schrecken, teils durch allerlei Torturen (cruciatibus) ums Leben kamen.

79 **am 9. August starb:** Ein Muster für die Ungenauigkeit geschichtlicher Angaben, wie ich es noch nie fand, sind die *acht* verschiedenen Todesdaten für Höser. Sogar das auf dem Grabmal, so oft falsch gelesen, ist unrichtig. Unzweifelhaft richtig ist einzig das Protokoll, das P. Sebastian Widmann als Senior und Konvent dem bischöflichen Ordinariat am 10. August 1634 einreichten. Darin heißt es, daß „Vatter Abbt Vitus, des 9. dieß, zwischen 10 und 11 Uhr mittendags, nach ausgestandener 17. däglicher Chrankheit, mit verwunderlicher gedult . . . ruhig in Gott entschlafen" sei. Nach dem römischen Kalender ist der 9. August der „V Idus Aug." Auf dem

herrlichen Grabmal Thomas Leutners, das ihm Abt Hieronymus Gäzin setzte, steht aber falsch „V Non. Aug.", ein Datum, das es für den Lateiner nicht gibt, weil der 5. Tag vor den Nonen (der 1. Aug.) „Kalendis Aug." heißt, weshalb auch der Kunstdenkmälerband (S. 279) den 1. Aug. als Todestag nennt. Folgenreicher war die Abschrift vom Mußinan (p. XXIX), der an das Todesjahr MDC.XXXIV. statt der (falschen!) „V" eine „IV" schrieb und diese falsch trennte, sodaß das „Non. Aug." in eine eigene Zeile kam und meist nicht als „IV Non. Aug." gelesen wurde, sondern modern als 9. August (Non. Aug.), weshalb durch diese falsche Trennung und Lesung sogar das richtige Datum herauskam, das sich auch in Hösers Liste der Flüchtlinge (Siehe 24. Nov., S. 24) von späterer Hand eingetragen findet. Andere Autoren gingen richtig vom römischen Kalender aus, übersahen aber, daß die Nonen (der 9. Tag vor den Iden) entweder auf den 7. oder den 5. Monatstag fallen; weil die Iden gewöhnlich am 15. eines Monats sind, aber im März, Mai, Juli und Oktober am 13. schon. So ergaben sich wieder zwei falsche Daten. Jene, die nur „Non. Aug." lasen, ließen also Höser am 5. oder 7. August sterben. Vier weitere falsche Angaben ergab die Rückrechnung um die „IV" Tage (nach Mußinans Text) bzw. die „V" vor den Non. Aug. auf dem Grabmal. Da die Römer bei dieser Rückrechnung immer den ersten und den letzten Tag mitzählten, kamen die einen auf den 3. August (= V Non. Aug.) oder auf den 4. (= IV Non. Aug.). Die anderen, welche die Nonen richtig auf den 5. August ansetzten, fanden den 2. August (= IV Nonas Aug.) bzw., wie gesagt, den 1. August. Wahrlich ein Hexenkessel. Wo aber Höser begraben liegt, wissen wir nicht, auch wenn das herrliche Epitaph kündet: „Hic VITUS iacet, hier ruht VITUS"!

80 **alles Zählen unmöglich:** S. H. Steinberg beruft sich vor allem auf die gewaltige (oft konfessionell bedingte!) Binnenwanderung (Rudolf, 64). Mit den Auswirkungen der Pest, dem einschneidenden Wandel des Wirtschaftslebens infolge der Pest befaßt sich Friedrich Lütge besonders: „Die wirtschaftliche Lage Deutschlands vor Ausbruch des 30 jhrg. Krieges" (bei Rudolf, l. c. S. 458-539. Übrigens hatte schon vor Steinberg Robert Hoeninger (Der 30 jhrg. Krieg u. d. deutsche Kultur) 1909 in den Preuß. Jahrbüchern, 138. Band die abwegige Ansicht vertreten, „daß ein wirklich erhebliches Minus der Volkszahl von 1648 gegenüber der von 1618 nicht wahrscheinlich ist". Die Zahlen der Kriegs- und Pestopfer in Ostbayern zeigen vielmehr, daß der Schwedenschreck und der Schwarze Tod dem Volk (mit einem Wort von Götz Frhr. v. Pölnitz gesagt) „biologisch das Rückgrat brachen" wie auch in Venedig 1630 und 31.

Regensburger Chronik: Die handgeschriebene Chronik der Priorin Ursula Clara Oetterlin des Klosters Hl. Kreuz berichtet von dem Pächter des sog. Kreuzhofes (Oberbarbing): „Als Er bey dem Mondschein während der Soldaten geschlaffen haben ist er zum Dach außgestiegen, hat die Felder angepaut" (Josef Fendl „Von der Bitterkeit . . ." S. 9,15).

81 **trat Frankreich offen in den Krieg ein:** Die letzte Phase des 30 Jahre währenden Mordens und Raubens, der Schwedisch-Französische Krieg, reicht über Hösers Tagebuch und Leben hinaus. Seine Darstellung würde den Rahmen unserer Einleitung sprengen. Eine vortreffliche Darstellung der französisch-schwedischen Zusammenarbeit bietet H. Kellerbenz (bei Rudolf, S. 267-297).
Der lateinische Titel des Kriegstagebuches lautet: „Peregrinationis durante per inferiorem Bavariam Weimariana persecutione 'apo tou ton Askäton altaichikon koinoubiarchou' exantlatae, periocha". Wörtlich übersetzt: „Bericht von der Flucht

durch Niederbayern, die der Abt der Altaicher Mönche während der Weimarischen Verfolgung erlitten hat". „Von dem Abt der Altaicher Mönche" schrieb Höser ebenso in griechischer Sprache wie er sonst Dinge, die sich unmittelbar auf seine Person beziehen oder ein Lob Hösers enthalten, griechisch angibt. So auch im Monomonastikon p. 191, wo er sich als Urheber des Kirchenbauplanes bekennt, „autòs Prostátäs hämôn", „unser Abt selbst"!

83 **Der heillose Krieg:** Nulla salus bello (Vergil, Aeneis, XI, 362; cf. II, 354: „una salus victis, nullam salutem sperare", frei nach Schiller: „Der Krieg kennt kein Erbarmen" (Wallensteins Lager, VI, 223)

der „zwölf Apostel": Mit den von Gustav Adolf 1632 in München erbeuteten „dikken Bertas" der Schwedenzeit, hatten die Bayern am 15. Sept. 1621 Cham belagert und am 20. zur Übergabe gezwungen, berichtet Höser (Monom. p. 185): Man hörte deren Krachen bis über die Donau. Auch bei der Belagerung von Straubing wurden vier „Apostelkanonen" eingesetzt (L. Fink, S. 27).

nach dem neuen Kalender: Der julianische Kalender war in Bayern und im katholischen Deutschland 1583 durch Übergang vom 4. zum 15. Oktober 1582 abgelöst worden, im protestantischen Teil, einschließlich der schwedischen Provinzen in Deutschland erst 1700, in Schweden selbst 1753 (Grotefend, Taschenb. d. Zeitrechnung, S. 26 f.). Der Einzug des Weimarers in Regensburg erfolgte am 4. Nov. = 14. Nov. 1633 (l. c. 155, 204).

Ranzionssumme: Ranzion, vom franzöz. rançon, lat. redemptio, Lösegeld, früher zum Loskauf von Gefangenen bestimmtes Geld. Die Ranzionssummen dienten im Krieg dazu, sich von der Brandschatzung freizukaufen. Die Schweden hatten zuerst 200 000 Taler Lösegeld von den Klöstern u. Geistlichen gefordert (Staber, 135) und vom Bischof, Albert von Törring, extra noch 40 000.

84 **der Vizedom von Straubing:** Der kurfürstliche Statthalter am Rentamt (= Regierung), vicedominus, mhd viztuom, der höchste Beamte von Niederbayern. Vizedom war seit 1628 Johann Warmund von Preysing zu Altenpreysing, genannt Kronwinkel, Herr zu Steinburg – wohin er sich wahrscheinlich geflüchtet hatte (Jber. hist. Ver. 58. Jg. S. 119 f.). Der Viztum war für die Gerichtsbarkeit, der Rentmeister für Geldangelegenheiten zuständig. Seine Frau Maria Magd., Gräfin von Pappenheim starb am 20. Dez. 1632 (Totenbuch der Pf. St. Jakob, Keim: „Zur Geschichte. S. 85) Preysing hatte zur Oberaltaicher Kirchenweihe als Geschenk des Kaisers einen Schrein mit kostbaren Ornaten im Werte von etwa 2000 Talern überreicht (Kirchweihe, p. 9; Sturm, Eine Kirchweihfeier, S. 6). Höser kann auch hier sein Schmunzeln über den so plötzlich geheilten Viztum nicht unterdrücken wie er sich über den Pfleger von Viechtach belustigt, der sich auf seiner Flucht in einer Sänfte (sella gestatoria) nach Regen tragen ließ (1. Dez.)

86 **Maierhof in Freundorf:** Der wegen seiner Abgelegenheit ideale Zufluchtsort war 1331 mit einer zweckgebundenen Spende des Vikars Andreas von Geyerstall gekauft worden, um eine „Infirmaria", „Hospitalität" zu errichten (Hemmauer, 210, 217; Kunstdenkmäler Bogen, 106). Höser hatte dort 1616 die drei Fischweiher räumen und einen vierten für 439 Gulden von einem Dutzend Graber ausheben lassen. Fischweiher waren für das klösterliche Fasten wichtig, zumal es ständig mit den Donaufischern Streit gab (Vgl. Ebenbeck K. Heimatbuch Parkstetten, S. 236 ff.)

zur Matutin: Das matutinum officium, die Mette, (mitter)nächtliches Chorgebet zum Beginn des neuen Tages.

87 **der Komplet:** Die Komplet, completorium officium, ist das Nachtgebet, mit dem das Tagewerk sein Ende findet, „vollendet" wird. Daher Hösers doppelsinniges Wortspiel „hora completorii compleverunt chorale opus", mit der Komplet endete das Chorgebet, das Jahrhunderte lang nicht mehr verstummt war und jetzt unterbrochen wurde.

stabilitas gelobt hatten: Das Gelübde der stabilitas loci, der Ortsbeständigkeit. Dadurch, daß Benedikt in seiner Regel die Mönche zur Beharrlichkeit, Standfestigkeit verpflichtete, hat er das Unwesen der gyrovagen, der Herumstreuner, bekämpft und mit dieser Treue zum Ort u. Kloster die kulturelle Stabilität seiner Abteien begründet.

übergebenen Pässen: dimissoriae litterae, Ausweise, Kennkarten. Im Mettener Stiftsarchiv sind solche Pässe erhalten geblieben (W. Fink, S. 79).

88 **dem Kastner und Kellermeister:** Schon im 1. Jahr seiner Regierung hat Höser einen cellerarius, Kellermeister und einen culinarius (Koch, Brauer) ernannt. Dazu kam 1618 als dritter Offiziale der Granarius, Kastner, Hauptverwalter (Annalen 1622, p. 208-17). Im 2. Band heißt der culinarius dann oeconomus. Ihre Funktionen sind(p. 18 ss und p. 4 ss) genau abgegrenzt. An die Stelle des Ökonoms tritt hier der Laienbruder Raphael als der Praktiker.

nach Elisabethszell: „vulgo sanct Elsbethenzell", früher Atzenzell, vom Straubinger Viztum Dietrich Haybeck 1346 als Propstei und Benediktinerkloster gestiftet (Monom. 182, vgl. Hemmauer, 227, 360 ff.) war 1498 dem Kloster von einem gewissen Paulstorffer weggenommen worden. Alle Mühe der Äbte, die den „Invasor und Räuber" (Höser) bei der Regierung „überschrieben" hatten, war verlorene Liebesmüh. Am 15. Juli 1621 befaßte sich das 14. Generalkapitel mit der Frage, ob das „Klösterl" nicht wieder hergestellt und von der Gräfin von Schwarzenberg auf Wiesenfelden zurückgekauft werden sollte (p. 46 ss.). Durch einen Prozeß, den Höser selbst führte – und mit Hilfe des Abtes Petrus Widmann von Frauenzell= Mariazell – konnte Oberaltaich die Propstei und Hofmark und den Verwaltungsbezirk (nomarchia) Atzenzell von der Schwarzenberger Erbin wiedererlangen (Generalia 1622, p. 220; Hemmauer 360-64, Keim: Abt Vitus, 126). Nun sollte es Hösers eigentliche Zuflucht werden.

P. Vitus, derzeit Propst: Ein Metzgersohn aus Landshut, geb. 15. 6. 1596, trat 1611 ins Kloster ein, 1621 zum Priester geweiht, starb er am 24. 8. 1634 an der Pest.

Weinlese in Österreich: Oberaltaich besaß Weinberge in der Wachau. So hatte Höser 1630 einen Pater mit einem Begleiter in die Weinernte nach Göttweig geschickt (Monom. p. 429). 1470 hatte das Kloster zwei Meilen außerhalb Wien einen Hof zu Prunn „samt etlichen Wein-Gärten" gekauft, von dem Oberaltaich aber später nur mehr den Weinzehent erhielt (Hemmauer S. 285). Der Abt selbst besichtigte die Weinberge bei Wien. Beim Tode von Hösers Nachfolger, Hieronymus Gäzin, 1674, weist das Inventar 96 Eimer (1 Eimer = 60 Maß) österreicher und 240 Eimer Bayerwein aus (Stadlbauer, 53). Dem Abt Roman Denys warfen seine Mönche 1757 vor, daß er an Festtagen Bayerwein unter den österreicher Wein habe mischen lassen (l. c. S. 54). Einheimische Weinberge besaß das Kloster in „Obern Jagstetten" (Conventus 27. 11. 1614, p. 6) und eine neue Anlage in Furth. 1616 in dem trockenen

Sommer geriet der Eigenbau so gut wie der rheinische, nihil deterius. Auf dem Kupferstich von Philipp Sadeler (1630) ist unter „z" eine „turricula in vinea Jagstetten" zu sehen. Meist wurde der Bayerwein zu Essig verarbeitet.

89 **Geistliche vom Lande:** Der Pfarrer von St. Jakob berichtet unterm 7. November im Totenbuch von einer Pulverexplosion, bei der 3 Straubinger sowie die Pfarrer von Pfakofen und Grafentraubach und 14 weitere Flüchtlinge von auswärts den Tod fanden (Keim, Totenbuch S. 93; L. Fink, 26).

60 Giebel: Diese Meldung Hösers wird von Oräus im Theatrum Europ. (S. 136) bestätigt (Vgl. L. Fink, 26).

90 **auf Österreich abgesehen hatten:** Höser war richtig informiert, daß Herzog Bernhard nach Österreich ziehen wollte, wo ihn die „aufständische Bauernbrut" (progenies) erwartete im Lande ob der Enns. Vgl. S. 47 und den berühmten Brief des Weimarer Nr. 83, oben S. 35. Die sozialen, wirtschaftlichen, politischen und konfessionellen Hintergründe der oberösterreichischen Bauernaufstände behandeln Eichmeyer, Feigl, Litschel: „Weilß gilt die Seel und auch das Guet, Linz 1976".

91 **hören werden:** Siehe unten s. 105 ff.

Maierhofers in Autsdorf: 1526 hatte der Hofrichter (Klosterrichter) Joh. Vischer seinen „Hof und Sitz Augstorf by Bogen" dem Kloster verkauft (Hemmauer, 316 f.). 1629 war auch der Hof von Weidenhofen vom Blitz eingeäschert worden (Monom. p. 401).

92 **die Festung Stauffen:** Donaustauf, auch Tumbstauf genannt, in der Nähe der heutigen Walhalla. Es handelt sich aber nicht um die Einäscherung des bischöflichen Schlosses, sondern vielmehr um den Ort. Höser nennt jeden Ort mit einer Burg „oppidum". Die Burg wurde erst 1634 in die Luft gesprengt (S. 54). „In diesem Schloß hatte sich nämlich auch nach dem Falle von Straubing noch eine bayerische Besatzung gehalten. Die Schweden hatten dem Nest keine Bedeutung beigemessen" (L. Fink, 48; vgl. Fendl, S. 26 ff.)
aus den hiesigen Schupfen: magalia sind Ställe ohne Wände, nur mit Dach, eine Art Freiluftställe.
im Kloster zurück: Höser gibt keine Zahlen über den Viehbestand an. Auf S. 5 des Cod. lat. mon. 1326 gegen Ende, fordert er vom Ökonom: 40 Kühe und Jungvieh, nicht weniger Schweine und Schafe zu halten. Einen Vergleich gibt das Inventarium von 1674 – obwohl sich das Kloster noch lange nicht vom Schwedenkrieg erholt hatte: „In den Ställen standen 37 Pferde, 32 Kühe, 60 Rinder (Ochsen u. Stiere), 18 Schafe und 64 Schweine" (Stadlbauer, 53)

93 **das Landfähnlein von Hengersberg:** milites populares, Volksmiliz, Landwehr, Volkssturm. Es war eines der größten Verdienste Aldringers, daß er die Landfahnen organisierte als Selbstschutztruppen. 1632 mußte jedes der 85 Landgerichte von neuem 85 Personen ausheben und einexerzieren. Die Fähnlein wurden wie in Straubing das „Teisbacher Fendl" zu den regulären Truppen als Hilfsvölker, Pikeniere, hinzugenommen, mußten oft Brücken bewachen u. dgl.. Die Stärke eines Fähnls schwankte zwischen 2-500 Bewaffneten, die von einem Leutnant exerziert wurden. Das Hengersberger Fähnlein mit 400-464 Mann gehörte zu den stärksten. Deggendorf hatte 1634 wie Osterhofen 200 Mann (Vgl. Zacher, 67 ff.). Besonders bemühte sich um die Hengersberger Abt Johann IV. Lutz aus Rißmannsdorf, der Sohn des Kanzlers Wolfgang Lutz bei der Regierung in Straubing. Vor allem wurden die „gar-

tenden", herumstreunenden Arbeitslosen und Arbeitsscheuen dazu eingezogen. Sie hatten ihren Troß bei sich, Weiber und Kinder. 1633 klagte der Oberst Has (s) = lang von Straubing, daß das Landvolk vielfach vom Fähnlein weglaufe. Über die Landfahnen siehe Spindler, II, S. 591; K. Staudinger, Gesch. d. bayer. Heeres, I, 56-113; G. Gilarone, Landfahnen und Landwehr in Altbayern (Bayerland 53) 1943, 1-32.

95 **die Zeit für meinen Heimgang:** transitus mei tempus adimpletum, ist wohl kaum als Todesahnung gemeint. Vielmehr war es Zeit, sich auf den Weg zu machen. Er kommt auch abends in Elisabethszell an.

Auf dem Weg ins Gebirge: Wohl eine biblische Assoziation, wie Maria „abiit in montana" (Luk. 1, 39), um Elisabeth zu besuchen.

Anwohner unserer Donauseite: cisdanubianos! Höser meint die Leute des Vorwaldes, nicht die transdanubianos. Dennoch übersetzte Stadlbauer: „über die Donau kommend" (S. 14).

96 **haßt das Licht:** omnis enim qui male agit, odit lucem (Joh. 3, 20).

nur etwa sechs Meilen: Mußinan (S. 18) übersetzte „mit ungefähr 6000 Mann". Seitdem ist immer von 6000 Schweden in Straubing die Rede, obwohl der lateinische Text „cum sex millibus circiter terra extant hae civitates" unverwechselbar von einem Abstand zwischen Straubing und Regensburg von etwa sechs Meilen auf dem Landweg (terra) spricht. Es handelt sich nicht um die Präposition „cum" = mit, sondern um ein cum explicativum, das eine Tatsache angibt. Daher kein Konjunktiv! Diese Entfernung dürfte auch der Grund sein, weshalb die Schweden immer erst am Abend in Straubing ankamen. Der Herzog soll in Alburger Pfarrhof Quartier bezogen haben, weshalb dieser von den Schweden verschont blieb.

97 **Kloster der Kapuziner:** Der Weimarer könnte es nicht besetzen, die Klostermauern nicht aufreißen usw., wenn das Kloster schon *vor* der Belagerung von den Bayern selbst geschleift worden wäre, wie alle Historiker meinen. Höser gibt unterm 22. Dez. (Nicht 23., wie er sebst angibt) wieder, was ihm die Kapuziner mitteilten und datiert den Abbruch, die totale Zerstörung auf das Drängen des Stadtkommandanten *nach* der Einnahme von Straubing – offensichtlich um den Bayern keine ähnliche Chance zu bieten bei einer Rückeroberung. Die Feststellung Hösers ist um so gewichtiger, wenn meine Überzeugung richtig ist, daß Höser sein Tagebuch in Landshut erst ins Reine schrieb oder niederschrieb!

zur Übergabe: Das Datum, das Höser angibt, stimmt mit dem auf dem Übergabevertrag (Solleder, Nr. 1317) überein: „12. November 1633", nach dem alten julianischen Kalender der Schweden, dem 22. November nach den neuen gregorianischen Kalender (Grotefend S. 204, 155). Die Übergabeverhandlungen müssen also am 22. November stattgefunden haben, wenn sie auch erst nachts um 2 Uhr (am 23. Nov.) unterzeichnet wurden. Fühlten sich die Kapuziner der Stadt gegenüber vielleicht gerade deshalb als Unterhändler verpflichtet und waren sie deswegen beim Herzog als Verhandlungspartner persona grata, weil das Klostergebäude den Schweden so gute Dienste geleistet hatte?

zu meinem Pferdestall: equile Abbatis. Der Prälat besaß einen eigenen Pferdestall und Kutscher.

98 **Not und Bedrängnis:** calamitatis et miseriae (Soph. 1,15), eines der unzähligen, unbewußten Bibelzitate Hösers.

2000 Mann Infanterie: Ähnlich äußerte sich der Kurfürst in einem Hilferuf an den Kaiser: „Wenn man mir sofort 3000 zu Fuß und 2000 Pferde zum Sukkurs gehabt oder zunächst hätte, des Feindes Einbruch und weiterer Progreß wohl verhütet werden könnte" (zitiert bei Pfister, 237). Die Schuld am Fall Regensburgs trägt die völlig unzureichende Stärke der bayer. Besatzung, letzten Endes aber die Passivität Wallensteins, der die Hilfe versagte (Riezler V., 448 ff; Spindler II., 401).

diesem so luderischen Feind: ludricum hostem. Ein beliebtes Wortspiel in Pamphleten der Gegenreformation: Luther = Luder.

99 **hart ist meine Rede:** (Joh. 6, 61). Die folgenden Worte schrieb Höser in Versalien.

im Interesse des Dorfes verschwinden: Höser bedrückte es schwer, daß die Dörfler und Hofmarksleute seinetwegen der ständigen Wiederkehr der Schweden und größten Lebensgefahr – „unius obiram" „unius obiram" – ausgesetzt waren. Am 5. Dez. nennt er sogar schon seine bloße Anwesenheit „Schuld" („me contigaram").

100 **des Seligen Englmar:** Der Einsiedler Englmar wurde am 14. 1. 1100 von einem Diener des Grafen von Bogen, der ihm das Essen bringen mußte, erschlagen. Über seiner steinernen Ruhestätte errichtete das Kloster Windberg eine Kapelle, um 1131 eine Kirche, welche 1634 mit dem Dorfe von den Schweden zerstört wurde, die auch zwei Patres der Propstei (P. Norbert Höcht u. Urban Mittelmayr) umbrachten. Der jetzige Bau geht auf Abt Michael Fuchs (1656) zurück (Jber. d. hist. Ver., 58 Jg. S. 103). Der Selige wurde vom Volke als Patron gegen Pest, Hunger, Krieg u. Unwetter verehrt. Heute wird am Pfingstmontag das Englmari-Suchen gefeiert. Seit 1. 6. 1959 heißt der Ort St. Englmar.

Ulrich Walchner: „nostrum architectum U. W.", der die von Höser selbst entworfenen Pläne für Kloster und Kirche ausführte. Im Monom. (p. 25) nennt ihn Höser einen Italus, gelehrigen Burschen, virunculus docilis, der das Dormitorium baute, nachdem sein Vorgänger mehr Geld erhalten als er Arbeit geleistet hatte (Clm 1325, p. 191). Dort nennt er ihn archimurarius. Polier, noch unverheiratet. Walchner heiratete 1624. Im Kirchenführer von Oberaltaich wird er dennoch als „Graubündner (?)" bezeichnet.

101 **eine Meile entfernt:** Höser sagt häufig „leuca" (keltisch) für Meilen (davon das französische „lieu"), gelegentlich auch „parasangis", persisch, farsang, griechisch parasaggäs = 5,5 km.

In Gotteszell: Zisterzienserkloster, von Aldersbach aus besiedelt, 1330 Abtei. Die Basilika wurde 1334 erbaut.

102 **Vom Herrn Prälaten:** Abt Michael II. Kößler wurde mit 38 Jahren zum Abt gewählt und in seinem Mutterkloster Aldersbach am 10. 2. 1613 von Abt Michael Kirchberger geweiht.

traf P. Ambros ein: P. Ambros Wücht, Kastner, Hauptverwalter des Klosters, am 30. 1. 1603 in Landshut geboren. Vater cultrarius. Profeß 1622, Priester 1627. Er zog (s. 25. Nov.) nach Österreich. Vgl. Liste 1. Gruppe! Kehrte aber sofort nach dem Abzug der Schweden zurück, wie sein Brief vom 14. April 1634 (s. dort!) an Höser beweist. Er starb am 18. Juli, noch vor dem Abte Höser.

in ihrem raschen Lauf: Bibelzitat: „Als lautlose Stille alles umfing . . ., da sprang dein allgewaltiges Wort vom Himmel her, vom Königsthron, ein grimmiger Krieger

212

mitten in das dem Verderben geweihte Land" (Weish. 18, 14 f.). Nach dem Satzanfang „Gestern . . ." bricht der Text ab.

Hurerei (graecando) und Extrinken: Hemmauer berichtet (S. 378 f.), daß Höser „bey nächtlicher Weil" selbst im Kloster einen Augenschein nahm, „weilen er aber nichts als den Greuel der Verwüstung vor Augen sahe, daß die feindlichen Schweden aus der neu = erbauten Kirchen ein s. v. Roß = Stall, aus dem Closter ein Zech = und s. v. Huren = Hauß gemacht, auch alles, was ihnen ihr Mutwillen eingespyen, dergestalten ruiniert hatten, ware es ihm freylich ein zweischneidendes Schwerd in seinem Hertzen, alleinig er mußte schon auß der Noth ein Tugend machen, die Sach GOTT allein und dem Heil. Petro dises Orths Schutz = Patronen empfelchen, wollte er anderst getröstet seyn. – Merckwürdig ist, was sich dazumahlen in unserem Closter zugetragen: „Ein Schwedischer Soldat hielte im Refectorio seinen Ehren = oder Hochzeit = Tag, bey welchen vil seiniger Camerathen sammt ihrem Weiber-Geschlepp sich eingefunden. Als man dann tapffer mit Gläsern und Kandeln herumgefochten, und alles in besten Muth, Sauß, und Prauß sich befunden, sehet! da hat ein schlaucher Hofmarchs = Baur vom nächst entlegenen Dorff Furth Georgius Kern mit Namen sovil Hertz gefasset, sich mit seiner Kugel = Büx in die durch das Closter rauschenden Bach verfügt, auß selben in der Stille in die Kuchel herauf gewischt, durch die Refectori-Winden (d. i. ein Aufzug) den Bräutigam von der Braut Seithen hinweg tod geschossen, und so fort dises Freuden = Fest in solches Trauer = Spil verwendet, daß sich sammentlich alles aufgehoben, und auß Forcht eines strärckeren Hinterhalts von dem Closter flüchtig gangen".

103 **die Orte der Donauniederung:** im Volksmund Heuwisch genannt. Die Dörfer und Schlösser in und um Schwarzach, Winkling, Welchenberg, Loham, Mariaposching, Offenberg usw.

104 **P. Sebastian Oberer:** Superior auf dem Bogenberg, Sohn eines Straubinger Bäkkers, geb. 17. 7. 1580. Profeß 1602, Priesterweihe 1606. Am 22. 12. von den Schweden in Konzell verschleppt, starb er am 5. 2. 34 in Gefangenschaft.

von Beruf Färber: Nach den Forschungen von OSTR Hans Neueder gab es nur einen Färber damals in Bogen, den 1629 eingebürgerten Andreas Dickhardt, der später „verordneter Bauverwalter" wurde.

105 **zweite unheilvolle Nacht:** Die erste war die vom 6. zum 7. November mit dem blinden Alarm, „die Versprengung in jener Nacht" (Brief v. 24. 2. 34, S. 83). Jetzt „die gewaltsame, jammervolle Trennung", wie es dort heißt.

faßt diese Liste zusammen: Die Sterbedaten der 24 Pestopfer (in eckigen Klammern!) sind von anderer Hand hinzugefügt. Ihre Namen auch bei Hemmauer (S. 381).

106 **P. Hieronymus Gäzin:** Sohn des Klosterrichters, geb. um Martini 1601 in Oberaltaich, trat 1617 ins Kloster ein. Priesterweihe 1627. War „Kuchlmeister", d. h. Ökonom, dann Prior auf dem Berg. Am 12. Sept. 34 zum Abt gewählt, zog er auf einem „mit Ochsen bespannten Wagen" vom Bogenberg in sein Kloster ein (Hemmauer, 380) und setzte Höser das herrliche Epitaph. Er starb am 13. 3. 1674.

107 **Abt von Prüfening:** Andreas Pichler (Piller, Pühler), Sohn eines Straubinger Lederers, geb. 1584, Profeß 1607, Priesterweihe 1609. 1621 als Militärkaplan nach Kötzting eingezogen (Monom. p. 185), wurde 1630 als Abt von Mallersdorf angefordert,

mußte 1631 die Abtei Prüfening übernehmen. + 20. Aug. 1634. S. Anm. zu S. 48 und S. 42 der Einleitung. Vgl. Alfons Huber, Klöster u. Orden, S. 368.

Abt zu Mallersdorf: P. Benedikt Wolf, Sohn eines Bauern aus Zeitlarn, geb. 1592 (Monom. p. 31), Eintritt ins Kloster 1613, Profeß 1614, Primiz 1621 (p. 171), Theologiestudium in Ingolstadt (p. 173). Am 23. Juli 1631 als Nachfolger von Abt Pichler nach Mallersdorf postuliert. Er starb am 21. Sept. 1661 (Nomenclator p. 8). Vgl. A. Huber, Klöster u. Orden, S. 368.

P. Dietrich Schiller: Gebürtig aus Landshut, Schulleiter, floh mit einer amasia und starb als „Apostat" in Preßburg in Ungarn. Nach Hösers Briefen ist Schiller eine „schielende" Figur, „Strabus", ein „falscher Dietrich". Ein Ausreißer ist auch P. Roman Gensmeth, aus Rottenburg/Tauber, Sohn eines Prädikanten. „Furtim ex monasterio elapsus", hielt er sich bei Linz auf (Conventus 12. 7. 1627). Beide waren schon vor dem Schwedeneinfall ausgesprungen.

oder in die Salzburger Alpen fortsetzen: Salzburg war bis 1805 bzw. 1816 noch bayerisch.

108 **in unserem Haus:** „Wahrscheinlich die heutige Alte Post, die ehemals mit dem dazugehörigen Garten dem Kloster Oberaltaich gehörte und hernach dem Staatsärar zufiel. Dieses Haus, ein Gasthaus, hieß früher die Oberaltaicher Taferne und war festes Eigentum des genannten Klosters" (Werner Pohl, Heimatkundl. Beiträge, S. 6). Dort zahlten auch die Viechtacher ihren Zehent in Geld (Monom. p. 292). Vgl. Hösers Tagebuch v. 26. Nov. und 3. Dez.

Deggendorf genommen: Die Stadt fiel am 24. November, am Tag nachdem der Herzog in Straubing eingezogen war.

109 **des Pfarrers von Geierstall:** Höser schreibt ständig Geyrstall, nie Geierstal. Die Beziehungen zu Geierstal datieren nicht erst von 1623, wo der Hilfsgeistliche Basilius Sterle ins Kloster eintrat (p. 234). Der Maierhof in Freundorf ist eine Stiftung des Vikars Andreas (S. oben S. 86)

110 **Herrn Pettenbeck:** Balthasar Pettenböck von 1617-37 Landrichter zu Viechtach. Vorher herzoglicher Regimentsrat in Straubing und Pfleger zu Donaustauf (W. Pohl, S. 6 f.). Der Pfleger war für die Verwaltung zuständig, der Landrichter für Recht und Polizei.

Niederaltaich: Von dieser Besetzung des Klosters findet sich nichts in Stadtmüllers erstklassiger Geschichte von Niederaltaich. Vgl. oben S. 110.

nach Vilshofen: Am 29. November verlegte Herzog Bernhard sein Hauptquartier ins Schloß zu Aholming.

Bauernbrut in Oberösterreich: Auf dem Kongreß zu Heilbronn hatten die aufrührerischen Bauern ob der Enns in der Umgebung Bernhards Hilfe begehrt zur Befreiung vom Katholizismus, berichtet z. B. Khevenhüller (S. 613 ff.). Auch in Deggendorf forderten Protestanten aus Österreich den Herzog auf, ihnen zu Hilfe zu ziehen (Röse, Bernhard d. Große von Weimar, I, S. 253)

112 **der Bauer Wurzer:** Mußinan hatte schon 1813 darauf hingewiesen (S. 41), daß der Schnitzhof noch im Besitze der Familie Wurzer sei. In der Tat ist dieser Hof beim Schnitzgadl nach einer Stammtafel (im Besitz von Pfr. Jos Wurzer von Schönau) seit 1642 ununterbrochen im Besitze der Wurzer: Georg 1642-1700, Matthias 1700-

1730, Georg 1730-1762, Michael 1762-1799, Michael 1799-1833, Josef 1833-1866, Josef 1866-1900, Franz Xaver 1900-1948, Josef 1948-. Der Hof wurde in die Altbesitzmatrikel des Bayer. Bauernstandes eingetragen.

Wirtshaus ganz nahe am Regen: Nach Mußinan (S. 41): Teisnach.

113 **Kötzting:** Die Exekution gegen die Stadt Kötzting stand unter dem Befehl des Dragonerobersten Georg Christian Taupadel, der am 18. November Cham ohne Widerstand genommen hatte. Dieser „Raubbartl" begegnet uns auch in Landshut, wo er die Öffnung des Tores bei der Freyung erzwang und als Führer der Vorhut in Regensburg (S. 53, 74). Nach Riezler (V. S. 455) erlitten auch Eschlkam und Furth i. W., dessen Schloß der Herr von Chamereck, der Grenzhauptmann Wolfg. Christoph Jettinger verteidigte, ein gleiches Schicksal wie Kötzting.

Feriebat aethera clamor: Wörtlich: Das Jammergeschrei verletzte den Äther. Höser verwendet hier den klassischen Ausdruck der antiken Vorstellung, daß der Äther der Wohnsitz der Götter sei. Dieser entpricht die christliche Form: Das Schreien dringt zum Himmel. Nicht wie Stadlbauer (S. 22) meint: „Die Luft erdröhnte vom Geschrei", weil damit der „Adressat" fehlt, an den sich das Schreien wendet. Eine noch heute lebendige Schaudermär erzählt, die Schweden hätten dabei einen Bürger zwischen zwei Brettern eingeklemmt und ihn wie einen Baum entzweigesägt (Vgl. L. Fink, S. 44).

Grausamkeiten der Geten: Die Geten waren ein thrazisches Nomaden- und Reitervolk an der unteren Donau, die wie die Vandalen hausten. Auf Befehl des Kaisers Augustus sollen angeblich 50000 Geten aus ihren bisherigen Wohnsitzen an das linke Donauufer umgesiedelt worden sein.

114 **uns überfallen und ausplündern:** Eine klare Bestätigung, daß Höser den Kaiserlichen genau so wie den Feinden Plünderungen zutraut, weil eben beide gleich brutal hausten. Die eigene Armee zu „konservieren", während der Feind gezwungen wird, „sich selbst zu konsumieren", das ist der Leitfaden fast aller Kriegführung zu dieser Zeit, stellte Per Sörensson „Das Kriegswesen", S. 456 bei Rudolf, l. c. fest.

Burg Weißenstein: Das „Fressende Haus" des Dichters S. v. Vegesack! Die ersten Besitzer der mit dem weißen Quarzfelsen des Pfahl „wie verwachsenen" Burg waren die Grafen von Bogen. Über die bayerischen Herzöge kam sie in den Besitz der Ritter von Degenberg und wurde wie deren andere Burgen im Böcklerkrieg zerstört, aber dann wieder aufgebaut. Unter Kurfürst Maximilian I. wurde Weißenstein Sitz des kurfürstlichen Pflegers. Höser kannte Viktor Steckl als Pfleger von Mitterfels, der zusammen mit Christoph v. Lerchenfeld vom Vizedom als Nachlaßwalter beim Tode des Abtes Glöckler delegiert worden war. (Mon. S. 3)

116 **im Gebiete von Cham:** Gemeint ist die Scheinoperation Wallensteins, sein Zug in die Further Senke.

am folgenden Tage: postridie! Hösers Text sagt eindeutig, daß er mit der künftigen Möglichkeit rechnet, daß Isolanis Reiter „am folgenden Tage" bis Oberaltaich verstoßen könnten. Mußinan aber stellt den Wunsch Hösers als Vergangenheit dar: „Sie kamen sogar bis zum Kloster O., dessen Lage und Beschaffenheit die Abt ihrem Anführer deutlich beschrieben hatte (wann, beschrieben hatte? SR) und verjagten die weimarische Besatzung aus demselben" (S. 48). Infolge dieser Textfälschung konnte dann O. Döring (S. 24) phantasieren: „Am Abend hörte man, daß die kroatischen Reiter . . . die Schweden bis nach Straubing zurückgetrieben hätten". Bei Höser steht kein Wort, daß die Kroaten die ganze, verstreute weimarische Armee *jenseits* der Donau verjagten, töteten usw. (Mußinan, 53).

in die Heimat zurückzukehren: Sehnsucht und Mut fielen bei Höser in die gleiche Wagschale. Damit ging er, irregeführt von der Hoffnung, die Wallenstein geweckt hatte, den Schweden in die Falle.

117 **Klosterbrand vor einigen Jahren:** 1629 brannte das Kloster mit den magalia (Schupfen) ab. Nur das hölzerne Bild der hl. Anna blieb erhalten. Oberaltaich spendete den Abbrandlern Gerste und Hopfen zum Bierbrauen (Monom., Generalia 1629, p. 402; Hemmauer, 374).

untere, hintere Klostertor: Auf einer Zeichnung aus d. J. 1786 (1780?) im Bayer. Hauptstaatsarchiv Plan Nr. 5598 sieht man gegenüber der Kirche das „obere" Tor und beim Ostausgang das „untere". Dieser Torbogen zwischen der heutigen Brauerei Hacker und der Bäckerei Kraus, wurde, nach einer frdl. Mitteilung von Fritz Schosser, abgerissen.

119 **in unserem Hause speiste:** Die Tatsache, daß der kaiserliche Verpflegungskommissar, annonariae provisionis commissarius, in dem Hause des Klosters einkehrte, bestätigt die Ansicht von W. Pohl, daß es sich bei Hösers Absteigequartier um die Altaicher Taferne, die heutige Alte Post handelt (W. Pohl, S. 6 f.).

60 000 Kommißbrote: Für die Armee Wallensteins wären „600 Portionen" (Mußinan, 52) wohl etwas wenig. 1½ bis 2 Pfund Brot machten die gewöhnliche einfache Tagesportion aus (Rudolf, S. 443). Diese geforderten Proviantlieferungen, die befohlene Verstärkung der Brücken usw. bestätigten die Aussagen der Kroaten, daß der Friedländer einen Schlag gegen die Schweden führe. Die Tatsache, daß die Waldler cum omni promptitudine, „erzbereit" waren, den Proviant zu liefern, wird für Höser ein Beweis, daß Wallensteins Klagen über schlechte Lieferungen unberechtigt, eine faule Ausrede waren (Vgl. 4. Dez., S. 121)

So brannte die Brücke ab: Sie hatte kurz vorher auf Befehl des Obersten Perkhovers von den Zimmerleuten unter Androhung der Todesstrafe wiederhergestellt werden müssen. Die Deggendorfer hatten nämlich beim Herannahen der Schweden fünf Joche abgetragen, die Straubinger nur das Mitteljoch. Die Brücke war für die Schweden wichtig, weil sie die Verbindung mit ihren in Plattling stehenden Truppen herstellte (W. Fink, 73).

auf der preisgegebenen Seite der Donau: „ex opposito Danubii latere" bedeutet gewiß „jenseits der Donau", wie auch Mußinan übersetzte. Es kann hier aber nur das „davorliegende", preisgegebene nördliche Ufer meinen, da die Kroaten die Schweden nicht über die abgebrannte Brücke nachsetzen und sie auch nicht auf der Südseite bis Straubing zurücktreiben konnten. Die Donau war in diesem harten Winter doch nicht wie 1641 zugefroren! „Daß die Kroaten ihnen aber doch nacheilten" (Stadlbauer, 26), grenzt an eine Unmöglichkeit, da die Weimaraner in Plattling standen, wo am 2. Dez. die Herstellungsarbeiten an der Isarbrücke abgeschlossen wurden, über die der Weimarer am folgenden Tag von Aholming nach Straubing zog, also gerade an diesem Tage, da die Kroaten sie aus Deggendorf verjagten!

120 **General der Kroaten, Isolani:** Joh. Ludwig Graf von Isolano, geb. 1586 in Görz, der in der Schlacht um die Dessauer Brücke (1626) mit Aldringer den entscheidenden

Flankenangriff gegen Mansfeld führte, wurde 1632 General der Kroaten, d. h. der Soldaten aus den Ländern der ungarischen Krone. Diese leichte Kavallerie – sie trugen nämlich keinen Küraß – war der Schrecken der Schweden und sicherte auch bei Lützen den unentschiedenen Ausgang der Schlacht.

121 **unterm 3. Dezember gesehen:** weil die Waldler „erzbereit" waren, genügend Proviant für die Armee Wallensteins zu liefern (Vgl. S. 119!)

den Weg bereitet hätte: Dieses Argument wird bestätigt durch ein Schreiben des Landrichters von Regen vom 7. Dezember: „Daß der Succurs so eilends wieder zurück sei (nach Böhmen), soll die Ursache sein, wie die Boten sagen, weil von ihrer Kurfürstlichen Durchlaucht kein Kommissär, der den Fürsten aus Friedland empfangen hätte, vorhanden gewesen oder zu ihm gekommen" (Bayer. Staatsarchiv, 30 jährige Kriegsakten. Tom 201, eine Stelle, auf die auch Höpfl (S. 27) hinweist.

schon zehn Tage: 10 ist eine Übertreibung Wallensteins; denn er erklärte dem Grafen Trauttmannsdorff in Pilsen, er wolle am 28. Nov. den Marsch nach Bayern fortsetzen, begann aber schon am 4. Dez. den Rückmarsch, obwohl die Offiziere bei dem Kriegsrat in Furth sich für den Angriff auf Cham ausgesprochen hatten (Mann, 992-94). Kötzting war am 29. November in Glut und Asche versunken.

122 **auf den Frühjahrsmärkten:** Dies ist wohl der überzeugendste Beweis, daß die Reinschrift das Tagebuchs erst im Frühjahr 1634 in Landshut erfolgte. Offensichtlich weist hier Höser auf die im Frühjahr zu den Messezeiten in Frankfurt herausgegebenen „Messerelation" hin, die immer noch unter dem Namen Jacobus Francus erschienen und „als gut informierte Nachrichtenquelle wie als besonnen urteilendes Meinungsblatt überall gerne gelesen wurden. Auch in Nürnberg und Regensburg waren sie daheim". Nach einer solchen Messerelation (Regensburg, Kreisbibliothek Nr. 359) wollte Wallenstein von Eger aus zu Markgraf Christian von Brandenburg-Kulmbach, den er bereits davon verständigt hatte, auf die Plassenburg kommen, sich offenbar hier, falls es nicht schon vorher geschehen wäre, mit den Schweden . . . und den Sachsen . . . vereinigen und so sein bisher geheim vorbereitetes Bündnis mit den Gegnern des Kaisers offen erklären" (A. Ernstberger, „Für und wider Wallenstein", bei Rudolf, S. 68 f., 87 f.; vgl. Mann, 1108 und 1115).

und abgesetzt wurde: Golo Mann versucht wohl vergebens seinen Helden von dieser Rache rein zu waschen: „Nahezu alle Geschichtsschreiber wollen, seit jenem 6. oder 7. Sept. 1630 (als Wallenstein die offizielle Mitteilung von seiner Absetzung erhielt), habe er auf Rache gesonnen. In Wirklichkeit nahm man das schon vorher an. Die Nachwelt, leichtgläubig wie sie ist, blieb dabei. Man traute es ihm zu, man erkannte es später in seinem Tun, weil man es ihm zutraute" (Mann, 719).

diesen vom Kaiser verordneten Gideon: Gideon befreite mit nur 300 Mann die Israeliten von dem siebenjährigen Joche der Madianiter, wie durch ein Wunder (Richter 6 ff.)

heimreiten kann: Aus dem Folgenden geht nicht hervor, ob Höser für den beschwerlichen Weg im Winter das Pferd erhielt.

Schuld auf mich geladen hatte: me contigaram, „mit Schuld beladen hatte" – allein durch seine Anwesenheit, weil er der Sündenbock war, dessentwegen die Schweden das Dorf Elisabethszell so oft und schwer heimsuchten.

123 **der Prüfstein der Taten sein:** Der Wahlspruch exitus acta probat (bei Ovid, Heroiden 2, 85), „Der Ausgang gibt den Taten ihren Titel" (Goethe). Der Satz „Wer so etwas vermutet, vermutet richtig" kann erst nach dem 25. Februar 1634 geschrieben sein!

verborgen gehalten hatten: nämlich sich „in ein Geheimnis hüllten", in Erwartung von Walllensteins Großoffensive. Es ist erstaunlich, wie seismographisch Höser „diese drei Tage Ruhe" registriert, wo die Schweden keine Zeit und Lust zum Rauben und Plündern hatten, sondern sich für den Zug nach Cham-Furth vorbereiteten. Am 2. Dez. entschloß sich Herzog Bernhard in Aholming, gegen Wallenstein zu ziehen, der aber am 4. seine „Scheinoperation" plötzlich abbrach.

die Stechmücken Ägyptens: Die Mückenplage – aller Staub wurde in Mücken verwandelt – eine der Plagen, mit denen der Herr Ägypten schlug, weil man die Israeliten nicht ziehen ließ, damit sie dem Herrn dienen könnten. (Exod. 8, 16 ff.)

2000 Urnen Wein: 20 000 Liter! Eine Urne ist ein Krug mit 10 Liter Inhalt, also eine halbe Amphora (= 20 l). „2000 Eimer" (Mußinan, 60) bzw. „2000 Maß", wie Stadlbauer (S. 28) und Prof. Keim (S. 138) übersetzen, sind zu viel bzw. zu wenig; denn ein Eimer mißt 60 Maß. 2000 Maß sind aber im Vergleich zur Weinernte von 1674 (s. oben S. 88) viel zu wenig: die dort genannten 240 Eimer Bayerwein und 96 Eimer österreicher, also 20160 Liter, entsprechen den Angaben Hösers: 2000 Krüge = 20000 Maß. Die genannten 600 Scheffel Korn ergeben rund 135500 Liter oder 2000 Zentner. Über den Viehbestand vgl. das Inventar von 1674! Wenn die Schweden bei ihrem ersten Überfall schon mehr als 25 Rosse wegführten – und die besten nach Elisabethszell gebracht worden waren – und wenn sie auf einmal 60 Schweine nach Straubing trieben, dann dürfte die „Unzahl" viel höher liegen als das Inventar (40 Jahre später!) angibt.

125 **Sie zogen die Kukullen an:** cuculla = Flocke, ein faltenreicher weitärmeliger Mantelumhang, Festgewand der Mönche, das sie nach Hösers Anordnung auch bei Tische tragen mußten.

und zwar im Dreischritt: tripudium hieß früher der dreischrittige Waffentanz der germanischen Barden, besonders der Salischen Priester.

nicht mehr zu erkennen war: Diese Angabe findet sich im Briefe von P. Ambros Wücht vom 14. April 34.

126 **beim Ölberg:** Dieser, eine Darstellung der Ölbergszelle, war 1630 beim Bau der neuen Abteikirche errichtet worden (Monom. p. 411). Auf dem Stiche von Sadeler und auf Wenings „Kopie" findet sich eine Ölberg-Kapelle vorne in der Mitte vor dem Oberen Tor.

sog. Kopfschraube: capitis prensatio, auch Kopfzwinge, „Raiteln" genannt. Grimmelshausen berichtet: „Einem anderen machten sie ein Seil um den Kopf und reitelten es mit einem Bengel (Stock) zusammen, daß ihm das Blut zu Mund, Nas und Ohren heraussprang" (Simplicissimus, 1. B, 4. Kap.) Siehe unterm 9. und 19. Dezember bei Höser und in der Einführung S. 75, wo Staudenraus (S. 86 Anm.) das Raiteln in Landshut schildert.

besetzten sie erneut: Die Schweden waren am 3. Dez. von den Kroaten verjagt und in Richtung Straubing getrieben worden. Die erneute Besetzung ist auch eine Folge von Wallensteins Rückzug nach Böhmen.

127 „**Schwedentrunk**": haustum suecicum. „Einigen dieser armen Schlachtopfer gaben sie den sog. Schwedentrunk. Man goß ihnen nämlich ein solche Menge Wasser ein, daß die Gemarterten hätten zerplatzen mögen, und dann sprangen die Soldaten lachend auf ihnen herum, um durch Fußtritt das Wasser wieder heraus zu pumpen" (Staudenraus, 86).

Frater Raphael (Agricola): Der Brandenburger Bernhard Bawer (Bauer), von Beruf Hafner, trat 1619 ins Kloster ein. Der Schwedentrunk, den er aller Wahrscheinlichkeit nach am 8. Dezember, dem Tag des großen Überfalls auf das Kloster, erlitten hat, beweist hinterdrein, wie groß Hösers Menschenkenntnis, daß er diesen Laienbruder und Praktikus als Ökonom betraute, weil dieser sich foltern ließ statt den Aufenthalt des Abtes und die bei Elisabethszell vergrabenen Klosterkleinodien zu verraten, die sein Mitbruder „Fr. N." den Schweden aus freien Stücken, ungezwungen verriet (s. S. 142). Fr. Raphael starb am 20. August 1634, überlebte also die Tortur.

128 **mit einer dicken Jauchebrühe:** stercoreis f(a)ecibus mit „Hefe" zu übersetzen, scheint mir ebenso falsch wie lotium (Lauge, Waschwasser) mit „Urin", wie Mußinan (S. 65) tat. Hösers Bericht entspricht auch der Schilderung Grimmelshausens: „Den Knecht legten sie gebunden auf die Erde, steckten ihm ein Sperrholz ins Maul und schütteten ihm einen Melkkübel voll garstig Mistlachenwasser in Leib; das nannten sie einen schwedischen Trunk, der ihm aber gar nicht schmeckte, sondern in seinem Gesicht sehr wunderliche Mienen verursachte; wodurch sie ihn zwungen, eine Partei (eine kleine Abteilung, die auf Rekognoszierung oder Beute ausgeht) anderwärts zu führen, allda sie Menschen und Viehe hinwegnahmen und in unsern Hof brachten, unter welchen mein Knän, meine Meuder und unsere Ursule auch waren" (Simplicissimus, 1. B. 4. Kap.)

mit der Fingerschraube: Ähnlich die Schilderung Grimmelshausens (l. c.): „Da fing man erst an, die Steine von den Pistolen und hingegen anstatt deren der Bauern Daumen aufzuschrauben und die armen Schelmen so zu foltern, als wann man hätte Hexen brennen wollen; maßen sie auch einen von den gefangenen Bauern bereits in Backofen steckten und mit Feuer hinter ihm her waren, unangesehen er noch nichts bekannt (gestanden) hatte".

130 **den Schneider Hartberger:** Im Nomenclator gibt Höser als Vater von Fr. Thaddä Hartberger den Schneider H. in Furth an.

Auf die gleiche Weise auch: . . .: Hier bricht der Text ab. Die Fortsetzung scheint S. 143 zu bringen: „Auf diese Weise . . . usw."

der Abt von Prüfening: Vgl. Anm. S. 107! Andreas Pichler: „Dieser mußte zur allgemeinen Belustigung der Soldaten mit dem Propst von St. Mang und einem Dritten zu Stadtamhof um sein Leben laufen, ein makabres Schauspiel, in welchem der Verlierer durch den Strang sein Leben verwirkt haben sollte. Das Unglückslos traf zwar den Propst von St. Mang, der dann begnadigt wurde, doch starb Abt Andreas von Prüfening, von der Pest angesteckt, in der Gefangenschaft am 20. August 1634" (Rieß, 33). Der Ortsname Prüfening dürfte kaum auf das keltische „Briva" = Übergang, Überfahrt, zurückzuführen sein, sondern, wie auch Prof. Karl Bosl meint, auf einen lateinischen Namen Probinus.

132 **unseres Köhlers:** Im Oberaltaicher Wirtschaftsbuch von 1754 heißt es, die „8-10 Fuder Kohlen . . . mögen wie vor alters zu Elisabethszell gebrannt werden" (A. Sturm, Das Oberaltaicher Wirtschaftsbuch, S. 30)

der Pfarrer von Steinach: Magister Simon Steingräber war von 1612-34 Pfarrer von Steinach (L. Fink, 40; Jos. Schlicht, Die Gesch. v. Steinach, S. 56 f.. Siehe später unterm 22. Dez., s. 76 f.)

134 **nur dürftige Beute:** Dürftig im Vergleich zu den dort vergrabenen „vielen Kostbarkeiten", Paramente usw., die ihnen entgangen waren, aber später (s. 19. Dez.) verraten wurden.

135 **schlüpften wir beide:** Höser und der Schneider Veit. Einige Zeilen später ist aber von dreien die Rede!?

jener bekannte Romanus: Als Benedikt von Rom in die Einsamkeit ging, wurde er von einem Mönch Romanus in einer Höhle entdeckt, der im nahen Kloster wohnte. Dieser verriet den Einsiedler niemandem, entschloß sich aber, St. Benedikt laufend mit Lebensmitteln zu versorgen, die er sich selbst vom Munde absparte und ließ sie ihm an einer Schnur in seine Höhle hinab (Vita S. Patris Benedicti, ex libro 2 Dialogorum S. Gregorii Magni Papae, cap. I.)

„Götterpolster": Ironische Bezeichnung für das Granitbett. Das Pulvinar(ium) war der Polstersitz der Götter in ihrem Tempel.

Not macht erfinderisch: Dazu ist von späterer Hand als Fußnote vermerkt: „ut varias usus meditando extunderet artis" (Virg. Gg. I, 134), daß der Mensch sich die Künste erdachte. Das gleiche Wort „paupertas excitat artes" bei Höser (Monom. p. 205), als er 1621 notgedrungen vier Ochsenpaare abrichten lassen mußte, weil die Pferde für den Krieg requiriert wurden, die den Bausand und die Steine von der Donau zum Kloster zogen.

136 **Baron Poißl:** Die Angabe von Prof. Keim (Abt Vitus Höser, S. 139) „der Baron Poissel von Haunkenzell" ist unrichtig, da damals die Keck auf Haunkenzell saßen, die Poyßl (Poißl) erst ab 1756. Warum Höser die Gegenwart des Poyßl lästig fand, dürfte darin seinen Grund haben, daß die Schweden die Freiherrn von P. die Schweden unterstützten. Eustach v. P. führte den berüchtigten Taupadel, der Kötzting und die Kötztinger verbrannte, mit seinen Dragonern durch den Bayerischen Wald nach Cham. Er wurde zum Lohn dafür als Pflegskommissär im Amt Wetterfeld eingesetzt. Als Kriegsgewinnler kaufte er den Schweden das zusammengeraubte Vieh um einen Spottpreis ab und verschacherte es mit hohem Gewinn nach Nürnberg. Stammsitz derer von Poyßl war das Schloß Loifling bei Cham. Ein Kaspar v. P., Pfleger in Werdenfels folterte um 1590 insgesamt 32 Frauen u. Mädchen grausam und ließ sie als Hexen verbrennen. Nach der Verbrennung feierte er mit seinem Gefolge die Vernichtung der Hexe mit einem üppigen Mahl (Joh. Brunner, Das Geschlecht d. Poyßl. „Der Bayerwald", 1933, 31 Jg.Nr. 9/10, S. 138 ff. W. P. Meinhard, Haunkenzell, S. 161 ff)

137 **die Barone von Neuhaus und Au:** Au vorm Wald (nicht zu verwechseln mit dem Donnersbergischen Au im Wald) gehörte den Heurnussen-Heuraß; später kam das Schloß mit der Hofmark, vermutlich durch Heirat, an die Ammon (Kunstdenkmäler Bogen S. 20; Keim, Die Hofmarken S. 105). Ein Regimentsrat Hans Veit von Neuhaus erhielt im Dez. 1633 das Oberrichteramt (Keim J., Zur Geschichte . . . S. 36; cf. S. 50!)

140 **und dem Weber –:** Höser ließ einen Raum offen für den längeren Namen.

142 **reihte sich Fr. N. ein:** Unter den 46 namentlich genannten Mönchen findet sich nur einer mit einem „N": Fr. Nikolaus Frey, der im Nomenclator denn auch fehlt(!!). Daß

dieser N. dem Fr. Raphael den freiwilligen Verrat gestand, ist der stärkste Kontrast zu dem verschwiegenen Raphael. Auf Fr. Frey dürfte sich der letzte Satz (S. 171) beziehen von dem „einzigen Schwätzer, der sein Maul zu weit aufgerissen hat".

entfloh ihnen aber bald: Höser strich hier eine Zeile durch. Wenn mich nicht alles täuscht, kann man noch „ob poeniteniam" und „inductus", also „von Reue erfaßt" lesen.

143 **nach Feuerstellen:** opaca busta! Stellen, wo etwas vergraben wurde, tarnte man, in dem man darüber ein Feuer machte, weil sonst die Grabstellen als solche in der Erde aufgefallen wären. Lagerfeuerstellen gab es aber unzählige. Mußinan übersetzt „finstere Höhlen" (S. 87), Stadlbauer (S. 37) „unzugängliche Stellen". Von den Lagerfeuerplätzen konnten auch Spuren zu den Verstecken der Menschen führen.

P. Georg Zetl(ius): Im Nomenclator Zettel geschrieben, Sohn eines Taglöhners aus Aiterhofen, legte 1599 die Profeß ab, starb am 26. 1. 1634, während Höser in Landshut weilte. Zetl war 1621 als Militärkaplan eingezogen worden (Monom. 185), von Radstatt zurückberufen (p. 311 s.) und an der Pfälzer Mission beteiligt (p. 344, 370)

P. Thomas Cantor: eigentlich Singer, Sohn des Pflegers von Mitterfels, geb. 1581, Profeß 1602, Priester 1606. War vom Abt Glöckler verbannt, nach Lambach gegangen und dort Prior geworden (Monom. p. 31). Er starb am 15. März 1634.

P. Jakob Gahr: Sohn eines Landauer Lederers, geb. 5. 11. 1606, Noviziat 1628, Profeß 1629, Priester 1631. Gest. 28. Okt. 1634

Über diese Fälle weiter unten –: Er kommt aber nicht mehr darauf zurück.

mit ihren schnellen Rennern: Mit dem griech. Wort keläs, kelátos (hippos), Rennpferd, von Höser als „celetes" latinisiert (im Unterschied von celeres) kennzeichnet er die flinken leichten Reiter, die Dragoner.

Fr. Thaddä Hartberger: Sohn des ermordeten Schneiders Hartberger aus FURTH (S. 130), geb. 1613, Novize, Profeß u. niedere Weihen 1631. „Seiner Priesterweihe kam die Pest zuvor" (Nomenclator). Er starb am 25. 8. 34.

144 **Fortsetzung der Flucht vom 18. Dezember an:** Warum hier Höser einen Zwischentitel einfügt, ist unklar. Handelt es sich beim Bisherigen um eine Reinschrift und dem Folgenden, das mit ganz schwacher, kaum leserlicher Tinte geschrieben ist, um die Urschrift? Einige Historiker, auch P. Sturm und Dr. Utz bewog diese Tatsache zu der Ansicht, „eines Pestkranken fieberzittrige Hände haben die (letzten) 25 Blätter beschrieben" (Sturm, Schwedenflucht S. 457; Hans J. Utz, S. 103)

146 **Wir ließen den Chirurgen . . .:** So hieß der Wundarzt, Bader. Leider hat uns Höser seinen Namen nicht überliefert.

148 **Brustkreuz mit seinen hl. Reliquien:** „exuviae" sind keine „Edelsteine" wie Döring (S. 36) meint, sondern Reliquien, Andenken an große Menschen, die den Träger magisch schützen sollen.

149 **„Maister Börgn":** Alle nannten wir ihn bisher Meister Jörgn (Brunner, Nr. 62 S. 3, Mußinan (96) folgend, ebenso Stadlbauer (S. 40), Döring (37), Dr. Keim (140) und auch ich, von diesem consensus verführt, in meinem Höser-Porträt im Landkreisbuch S. 217. Es findet sich aber weder in Hösers Kriegstagebuch noch in seinem Monomonastikon ein „J", das auch nur annähernd dem „B" hier ähnlich wäre.

150 **ausgeweidet hatten:** evisceratos homines, denen sie schon wie einem Hasen das Fell über die Ohren gezogen hatten.

prügelten und . . .: Hier sind zwei Wörter unleserlich gemacht.

151 **Diese Tortur:** Vgl. oben „Kopfzwinge", „Raiteln". Mundartlich ist das Raiteln noch heute als „zsammroalln" im Sinne von „schwaibeln" gebräuchlich. Siehe Stichwortverzeichnis!

152 **desertieren muß:** Für einen Benediktiner, der stabilitas, Orts- und Klostertreue, gelobt hat, war ein freiwilliges Verlassen, nicht bloß eine Fahnenflucht, sondern Sünde, weil das Gelübde ein Akt der Gottesverehrung und Selbsthingabe ist. Ein Gedanke, den Höser in ergreifenden Briefen an Ausgerissene in die Wagschale wirft.

Elend sage ich, weil ich: Elend, elilenti bedeutet ursprünglich „in der Fremde, in einem anderen Lande", so wie es bei Goethe und Schiller noch gemeint ist: „Streifen nicht herrliche Männer von hoher Geburt im Elend" (Hermann u. Dorothea, V.); „irrten ferne ihrer Heimat im Elend umher", „welche bisher im Elend herumgeirrt waren" (Gesch. d. 30 jähr. Krieges, 195, 198)

mit der bemäntelten Kunst übereinstimmte: palliatae facultati. Hösers Humor: Der griechische Ärztemantel als todsicherer Beweis seiner chirurgischen Kunstfertigkeit.

Mitterfels, wo er im Schloß: Das Schloß der Grafen von Bogen war seit 1442, als die Grafschaft und damit das Bogener Rautenwappen an die bayerischen Herzöge überging, Sitz der Pfleger und Landrichter. Es war eines der größten der 85 Landgerichte. Bis zum Schwedeneinfall saß dort der Vater von P. Thomas Singer (Cantor), jetzt aber ein schwedischer Hauptmann.

und ganz erschöpft: fesssis pedibus et defatigatis cruribus.

153 **zur zweiten Schanze:** im Gestüt. Ein Relikt ist heute noch der Flurname „Schwedenschanze" für die dortigen Schrebergärten.

des mir gut bekannten Apothekers: Es ist unbestreitbar, daß der Apotheker Höller hieß, mehr aber nicht!! Denn es gab 1633 zwei Apotheken, die beide im Besitz der Brüder Simon und Thomas Höller waren. Dieser saß auf der heutigen Löwenapotheke von 1621-48, damals die „untere Stadtapotheke" genannt. Die „obere", nachweisbar älteste Apotheke Straubings, befand sich ursprünglich auf dem Ludwigsplatz Nr. 8 und war vom Vorgänger Simon Höllers auf den Käsmarkt (heute Simon-Höller-Straße) verlegt worden, wie Prof. Rohrmayr (S. 113 f. und 84) nachgewiesen hat. Die dritte Stadtapotheke entstand erst 1829 als Ludwigsapotheke (l. c. 98). Da Simon Höller der „geistliche Vater", d. h. der weltliche Verwalter der Kapuziner war, in deren Gruft er dann auch begraben wurde, ist es naheliegend, daß Höser sich an ihn wandte. Und nicht zuletzt vermittelte er auch die Unterkunft gerade bei seinen Kapuzinern!

154 **die ungläubigen Feinde:** hostilis perfidia, Treulosigkeit. Das protestantische Bekenntnis galt den Katholiken als Treuebruch, Unglauben.

dem P. Guardian: Peter von Buchenau (Kapuzineradel!)

Zustimmung des Besitzers: Die Kapuziner wohnten nicht mehr in ihrem Kloster, das nach der Einnahme der Stadt von den Schweden zerstört worden war. Von der Genehmigung des Besitzers, Frhr. v. Tabertshofen, der geflohen war, ist im folgenden nicht mehr die Rede.

155 **diesen Jüngern der heiligen Armut:** Das Wort assecla, assecula = Anhänger, hat einen verächtlichen Nebensinn und wurde von den alten Orden mit ihrer Autarkie und Selbstversorung gerne gegenüber den Bettelorden gebraucht.

des P. Thomas geführt: d. h. nicht, daß er als „Zimmergenosse" mit ihm die Zelle teilte, wie Döring meint (S. 40). P. Thomas war der „Held" der Straubinger, weil er mit dem Herzog von Weimar in Alburg den Akkord ausgehandelt und ihn um die Schonung der Stadt gebeten hatte, wodurch des Feindes „Unwillen in etwas besänftigt wurde" (M. Wening in seiner Hist.-topographischen Beschreibung Ober- und Niederbayerns, 4. T. Rentamt Straubing, S. 3). Im Regensburger Sonntagsblatt v. 12. 11. 1930 wurde eine wirklich „unkontrollierbare Überlieferung" (L. Fink) laut, daß der Guardian sich beim Einzug der Schweden dem Herzog Bernhard zu Füßen geworfen und um Schonung der Stadt gebeten habe. Der Herzog soll das große Wort gesprochen haben: „Ich schenke den Kapuzinern das Leben der Straubinger" (Vgl. L. Fink, S. 30).

156 **mit den drei Männern:** Wohl der Apotheker Höller, der Hausmeister u. Herbergswirt (pandochäus) des Oberaltaicher Kasten. Meint er mit dem Dritten den Geiselhöringer?

er (P. Guardian) hätte sich bei ihm (dem Geiselhöringer) erkundigt: se a quodam Geislheringanc Cive sciscitatum esse, si possit, d. h. unbestreitbar, daß der Guardian den Geiselhöringer fragte. Mußinan (S. 105) und Döring (S. 40) drehen den Sachverhalt um, als ob sich der Geiselhöringer beim Guardian erkundigt hätte, ob er nicht eine verborgene Person mit sich hinausführen könnte. Der Satz, „wenn er sich das zutraue", eine Person ohne Lebensgefahr mitnehmen zu können, hätte dann gar keinen Sinn. Obendrein hätte in diesem Falle der Geiselhöringer erst informiert werden müssen, daß eine versteckte Person vorhanden sei. Zuerst collegium logicum!

des Herrn v. Tabertshofen: Das Haus der Degenberger, die wie alle Adeligen des Waldes eine Stadtresidenz, eine Zweitwohnung, hatten, war ein „gefreites" Haus, d. h. die Besitzer unterstanden nicht der Jurisdiktion der Stadt und waren von allen städtischen Lasten befreit (Feudalismus!!), weshalb uns auch Urkunden für den Verkauf an Hans Ulrich von Tabertshofen fehlen. Nach Keim (S. 140) liegt das Degenbergische Haus „in der Nähe des Donauschlosses". Vgl. Rohrmayr (S. 91): Haus Nr. 19 in der Fraunhoferstraße.

157 **sehr gut eingerichtet:** Rebus oppidò instructum, heißt nicht „aus der Stadt besorgt" (Stadlbauer, 44). Oppido bedeutet „von Grund aus, gar sehr"!

einen tragbaren Altar: Der Tragaltar muß aus einer geweihten, mit einem Reliquiengrab ausgestatteten Steinplatte bestehen und durfte nur mit bischöflicher Genehmigung benutzt werden.

vertrieben worden: Ein eindeutiger Beweis, daß das Kloster der Kapuziner an der Südwestecke der Stadtbefestigung (etwa in Höhe des Hotels Wittelsbach) nicht schon *vor* der Belagerung zerstört wurde. (Siehe oben Anm. zu. S. 97) über „Schuld" der Kapuziner und „Dank" des Weimarers!

auf Befehl der Kommandanten: capitaneis demandantibus, auf Drängen der Kommandanten, vermutlich nicht des schwedischen Stadtkommandanten, Oberstleutnant Bullion, sondern der zwei Regimentskommandanten vom Herzog Bernhardschen Gelben Regiment und des sog. „Schwarzen Regiments", des Grafen von Thurn u. Vallesassina, die für die Kriegsoperationen zuständig waren. Das Kloster wurde an der gleichen Stelle, 1638 wieder errichtet, aber 1644 auf kurfürstlichen Befehl zum zweiten Mal geschleift. Darauf bauten die Patres ihr Kloster am heutigen Platzl auf, wo vordem der Baustadl gestanden hatte (Rohrmayr, S. 43).

158 **Standhaftigkeit des Stadtkämmerers:** des Bürgermeisters Christof Dürnitzl zum Hienhart u. d. Azlburg, der deswegen unnachgiebig war, weil man vom Kurfürsten oder von Wallenstein, der nur zwei Tagesmärsche entfernt in Böhmen stand, sichere Hilfe erwarten konnte (L. Fink 31).

den der Stadthauptmann verübte: Oberst Georg Rudolf von Haslang zu Haslangskreuth und Großhausen, kurfürstl. Kämmerer und Erbhofmeister von Ober- und Niederbayern, der bayerischerseits die Kapitulation unterzeichnete, zielte darauf, seine Soldaten frei zu bekommen. Er beurteilte die militärische Lage richtig, weil keine Hilfe zu erwarten war – und auch keine kam. Von der riesigen Brandschatzungssumme der Stadt, findet sich im Akkord kein Wort. 1636 wurde Haslang Hauptpfleger von Abensberg (Ferchl, 8)

beim Aufbringen der Schätzsumme: Die Kapuziner brachten 63 $\frac{1}{2}$ Lot Silber, etwas mehr als 2 Pfund zusammen. Bei dem Betteln der Kapuziner dürfte es sich nicht um ihre eigene Schätzsumme, sondern die der ganzen Stadt handeln, weil von P. Thomas gerühmt wird, daß er selbst die größten Geizhälse bekniete (L. Fink, 34).

in eine Blutstätte verwandelten: carnificina (carnifex, der Henker) könnte die Henkersstätte bedeuten. Die Italiener nennen ein Blutbad, ein Gefecht eine carneficina. Mußinan dürfte mit seinem „Marterplatz" den Sinn besser getroffen haben als Stadlbauers „Fleischbank".

den ketzerischen Prädikanten übertragen: „Man erfährt hier zum ersten Male, daß in dieser Kirche Protestanten gepredigt haben" (Mußinan, 109). Dr. Fink (S. 40) vermutet, daß sie den Schweden als Garnisonskirche diente.

159 **mit Schlägen traktiert wird:** Abt Matthias Abelin (1590-1659), ein gebürtiger Augsburger, 1626 zum Abte gewählt, wurde von dem Nürnberger Rittmeister Paul Oxenfelder im Hienheimer Forst überfallen, beraubt, im Hemd ins Hauptquartier des Herzogs gebracht und in Ketten gelegt, so daß er keinen Fuß mehr bewegen konnte und, wie P. Räll berichtet, „spöttlich traktiert, prigelt, geschlagen, gestossen, abgehungert, geplagt und peinigt, daß es zu erbarmen" (Rieß, 32-34).

den Pfarrer von Steinach: Simon Steingräber. Siehe oben S. 132! Von ihm stammt das älteste Sal- und Urbarbuch der Pfarrei. „Er ist im Porträtbuch bei St. Veit zu schauen: eine Pfarrergestalt von hohem Wuchs, einnehmend, vollbärtig, im blühenden Mannesalter". So Schlicht in seiner Gesch. v. Steinach, S. 56 f. Schon 1616 war Steingräber durch einen Blitzschlag gelähmt worden. Erst allmählich hatten sich damals seine Muskeln und Nerven wieder bewegt. „Sein baldiges Ende war eine Folge jener Tage" in Straubing. Er kehrte nicht mehr nach Steinach zurück. Er starb schon 1634.

phrygische Goldstickerei: Da Höser 1614, 1616, 1618 und besonders 1623 von Paramenten berichtet, die z. T. von einem Augsburger „phrygione" gekauft wurden oder einer Mitra, die in Wien für 100 Taler beschafft wurde und da der Kaiser zur Kirchenweihe Paramente im Werte von 2000 Taler stiftete, läßt es sich nicht entscheiden, um welche Goldstickereien es sich handelt.

160 **der unseren Kasten verwaltet:** Der Oberaltaicher Kasten befand sich in der Fraunhoferstraße bzw. in der Fürstenstraße Nr. 14 (Rohrmayr S. 21 u. 94). Ähnliche Kästen, wo die Bauern ihr Zehentgetreide ablieferten, besaßen Windberg, das Augsburger Stiftskapitel, St. Emmeram. Hemmauer (S. 252) spricht von „unsers Closter
Behausung, bey der goldenen Sonnen benannt", mit einer schön gewölbten
Andreaskapelle. „Dieses Hauß stehet auf dem alten Rindermarkt, anjetzo bey der
goldenen Sonnen benannt" (S. 272; der Rindermarkt ist die heutige Fraunhoferstraße. Im Kapitelbericht vom 13. Nov. 1625 (p. 90) erbittet ein Balthasar Reytter ein
„vitalicium" (Leibgeding) im Hause des Klosters in Straubing. Da sich im Ranzionsregister ein Gastgeb Balthasar Reither findet, der 50 fl, 30 flaaus der Aumerischen
Vormundschaft. 36 Lot und 18 ½ Lot Silber ablieferte (Keim, Zur Geschichte, s. 29),
dürfte die Identität dieses „unseres Balthasar, des Herbergswirts" gesichert sein, der
am 26. Dez. 34 als (Mitglied) „des Rats" Trauzeuge ist (Keim, Zur Geschichte, S. 104).

161 **andere ungewaschene Kleidungsstücke:** Ich lese nicht „illata", hereingebrachte,
sondern „illota, illauta", ungewaschene Kleider.

unverzüglich auf den Weg machen: Der Zeitpunkt ist durch den Abgang der Salva
Guardia bestimmt.

meinen Talar auszuziehen: Höser schrieb „exeunda" (hinauszuziehen). Darüber
steht richtig „exuenda" (auszuziehen).

162 **einen zweijährigen Bummerl:** Das baierische Wort kommt von dem lateinischen
„bimulus" taurus, zweijähriger Stier.

lange Kreuzgasse: oder Straßenkreuzung (compita)!? Mußinan (S. 114) meint die
frühere Kreuzgasse, damals wegen des Salzstadels Salzgasse, heute Rosengasse genannt. Compita meint aber auch die Straßenkreuzungen, den Stadtplatz. Das Steinertor (beim heutigen Bilka-Kaufhaus), so benannt nach der ersten überhaupt bekannten gepflasterten Gasse, der Steinergasse.

163 **ihren Zähnen zur Beute gegeben:** Ps. 123, der täglich vom Dienstag bis Samstag bei
der Sext gebetet wurde.

sonst ziehen müssen: Durch das Steinertor ging der Weg nach Landshut, durch das
„Obere Tor" nicht wie heute nach Regensburg, sondern auf der Augstenstraße, im
Volksmund Ochsenstraße, in Richtung Bergstorf, nach Augsburg, Augusta Vinde-
licorum. Die Straße nach Regensburg führt durch das Spitaltor.

Zimmerleute: abietarii, was Stadlbauer (S. 48) mißverstand: „Mehrere von meiner
Abtei sah ich hier, wie sie jene Öffnung der Stadtmauer verstopfen halfen".

164 **Neben der vorbeifließenden:** iuxta praeterfluentem. Höser erkannte offenbar das
vorbeifließende Wasser nicht als die Kleine Laaber und ließ den Namen weg. Mußinan (S. 116) nennt die Stelle „Bibing bey Perkam", meint aber wohl Pilling. Bei Radl-
dorf zweigte der Weg nach Geiselhöring von der Ochsenstraße ab, die nach Sün-
ching weiterläuft. An dieser Kreuzung löste sich also der Geleitzug auf. So der Bericht Hösers, nüchtern, realistisch. Hemmauer, der nicht einmal die dramatische
Flucht in die Hölle, nach Straubing, berichtet, läßt die Flucht mit einer Pointe enden:
„Unser Abbt Vitus hat bey so unruhig-verderblichen Zeiten, und Kriegs-Läuffen
von seinem Closter in weltlich ⹀ und Baurens-KLeidung müssen flüchtig gehen,
wie er dann also unerkannter dem Feind selbsten in Abführung der Pferd, Kühe,

Ochsen, und dergleichen einen Ochsen-Treiber vast bis nach Landshut abgeben, wurde aber unter Weegs durch einen arglistigen Fund eines Burgers von Bogen von disem Ochsen-Dienst erlöst, welcher ihme Vito eilends nachlauffend die freudige Zeitung überbracht, vorgebend, sein (deß verstellten Abbten, den er seinen Nachbarn genennt) Eheweib wäre Kinds-Mutter worden, er also nach Hauß eilen solte, einen Gevattern zu gewinnen etc. Nachdem es etwelche Schweden vernommen, entliessen sie ihne. Und auf so artige Weis hat sich Vitus aus diesen rauberischen Klauen herausgewunden. Es hat diser sorgfältige Abbt in wehrender Flucht sein Closter öffters besucht, und wie es in selben hergienge, in weltlicher Kleydung bey nächtlicher Weil den Augen-Schein selbsten einzunehmen sich bemühet" (Hemmauer, S. 378).

des abwesenden Herrn Reindl: Einen Georg Reindl des Rats von Geiselhöring finden wir wieder im Straubinger Ranzionsregister, der zusammen mit einem Adam Rodauner 267 Lot Silber ablieferte (Keim, Zur Geschichte . . . S. 29). Reindl war also offensichtlich wie so viele andere in die Festung Straubing geflüchtet und durfte hier 8$\frac{1}{2}$ Pfund Silber opfern. Reindl fungiert (l. c. 87, 83) auch als Zeuge bei Eheschließungen. Ebenso findet sich ein Johann Reindl des Rats, Bürger von Geiselhöring (S. 42)

165 **und um 2 Fuß länger:** 1 Fuß oder Schuh = 29,185 cm; also 4,67 m lang und 4 m breit.

Versprengung in jener Nacht: am 6. Nov. 1633 infolge des blinden Alarms. Die zweite „gewaltsame jammervolle Trennung" war am 24. November. „Diese zweite unheilvolle Nacht" schrieb Höser damals (S. 105), als die ganze Kommunitas in alle Richtungen versprengt wurde.

166 **und bin mit mir allein beschäftigt:** Meint er damit, wie ich glaube, die Niederschrift seines Kriegstagebuches?

bis zur Erschöpfung herumgejagt: discursiones exantlatas. Dieses „erlittene, erschöpfende" Herumgejagtwerden findet sich schon im Titel ausgesprochen „Peregrinationis . . . exantlatae periocha", Bericht über die ausgestandene Flucht, und griff er auch am 18. Dez. (S. 145) auf dem Höhepunkt seiner Ausweglosigkeit auf, als er in keiner Richtung der Windrose mehr eine Fluchtmöglichkeit sah: „Gegen Norden aber müßte ich drei Meilen weit mich mühsam durch die Feinde durchschlagen, leucas exantlandas.

als einen Halt am Stabe: Das lateinische Wortspiel „sustentationem" (Lebensunterhalt) und „sustentaculum" (Halt am Stabe) zeigt einmal mehr, daß Höser lateinisch denkt und spricht und nicht erst aus dem Deutschen übersetzt.

167 **die tägliche Barmherzigkeit:** die täglichen Erweise von Barmherzigkeit (misericordiae, Mehrzahl!), mit der er uns heimgesucht hat (Lk. I, 78)

Fuggersche Infanterie: Ottheinrich Graf Fugger hatte schon an der Schlacht am Weißen Berg teilgenommen, trat 1627 in Maximilians Dienste. 1632 wurde er Artilleriegeneral und 1634 Aldringers Nachfolger im Oberbefehl der baierischen Truppen (ADB 8, 184 f.; NDB 5, 722, Mathäser S. 177).

168 **sogar verscharrte Tierkadaver ausgruben:** Ein Muster für eine Blechschmiede, wenn Döring phantasiert: „Endlich mußte sogar beim Galgen eine Wache aufgestellt werden, damit nicht auch noch Stücke von den Leichnamen der Gehängten weggeholt wurden" (Der Abt, S. 47). Höser sagt nur, daß sich die Schindergrube in

der Nähe des Galgens befinde, cespitosam deglubatoris officinam proxime patibulum.

169 **flohen die Schweden:** Der schwedische Kommandant, Generalmajor Lars Kagge ergab sich erst am 26. Juli 34.

des Schnederschen Regiments: Legionis Sneterianae, das damals in Deggendorf stand. Siehe Stichwort „Liechtenau"!

Frater Raphael: Agricola (Bauer). Daß er den Schwedentrunk vom 8. Dez. überlebte, ist doppelt belegt: durch diesen Bericht hier und durch sein Todesdatum, den 20. August 1634.

der schon so viele Jahre: Johannes Wücht war schon 1621 ins Kloster eingetreten.

170 **sei ein Katholik gewesen:** Mit Recht meinte mein Lehrer P. Angelus Sturm: „Wie gerne wüßten wir den Namen des Hauptmannes, der sich mit Erfolg bemüht hat, die blindwütenden Weimaraner von der Vernichtung des Münsters zurückzuhalten", verdanken wir es ihm doch, daß die Skulpturen wenigstens erhalten blieben (Kloster- u. Kirchenbau, S. 168)

doch alle Reliquiengräber auf den Altären: „sepulcra" bedeutet hier nicht „alle Grabstätten" (Mußinan, 126), sondern die im sog. Sepulcrum des Altarsteines eingeschlossenen Reliquien, das seit dem 4. Jh. wesentlich zur Weihe des Altares gehörte und mit dessen Öffnung der Altar entweiht wurde.

Das Grab des seligen Albert: Das Grabmal Alberts von Oberaltach wurde beim Neubau der Kirche (1627) mit dem Sarkophag neu errichtet (Monom. p. 336 s.). Vgl. Angelus Sturm „Das Leben d. sel. Mönches u. Pfr. Albert zu Oberaltach" (Jber. d. hist. Ver., 33. Jg., 1930, S. 35-57).

171 **am Bergesabhang gefunden:** So der realistische Bericht des Augenzeugen! Als köstliches Muster für eine Legendenbildung dürfen wir Hemmauers Schilderung (S. 381 f.) nicht verschweigen: „Das wunderthätige Mariae Bild, welches die ketzerische Schweden und Bilder Feind nach ruinierter Kirchen auß ihren Gnaden-Thron heraußgerissen, und über den Berg hinabgestürzet, daß das Heil. Haubt von dem Leib gesprungen, und lange Zeit nit mögen gefunden werden, hat Hieronymus noch als Prior (massen vil Nächt hindurch an jenem Orth, wo es hingesprungen, ein übernatürlicher Glantz von der Nachbarschafft observiert worden) endlich nach viel, und sorgfältigen Herumkleppen in den Stein-Felsen mit höchster Ehrenbietigkeit erhebet, und dem Leib, welchen P. Ambrosius Wicht Cooperator daselbsten gefunden, widerum vereiniget".

auch unser Klosterrichter: Die Meldung des P. Ambros vom Tode des Hofrichters wird bestätigt durch die Eintragung im Totenbuch der Pfarrei St. Jakob/Straubing unterm 11. April: „N. Pihler Klosterrichter zu Obernaltach" (Keim, Totenbuch. S. 101). Die Schreibung „Obernaltach" hier wie auch der Name „Albert von Oberaltach" und heute noch das mundartliche „Altah" widerlegen sprachgeschichtlich die Eichen-Legende und die heutige offizielle falsche Schreibung Oberaltaich. Das mhd „altahe', Altach bedeutet Altwasser. Bei der Erhebung des sel. Albert fand sich auf der Schedula im Grab des Abtes Gallus der Name „Altah" (Monom. p. 338). Die Funktion des Klosterrichters oder Hofrichters definiert sehr gut das Oberaltaicher Wirtschaftsbuch: „Besonders muß selber den Nutzen des Klosters befördern, dessen Rechte beschützen, die Untertanen handhaben, die Zehenten und den Getreidedienst zur rechten Zeit beitreiben, die kleineren Streithändel ausrichten, die Landesherrliche Interzession besorgen . . ." (Sturm, Das Oberalt. Wirtschaftsbuch., S. 19).

einstweilen in Weidenhofen: 1385 waren Sitz und Hof zu Weydenhofen gekauft (Hemmauer, 248), als Infirmaria u. eine Kapelle errichtet worden. 1629 sind Stadl und Stallungen „abgebrunnen" (Hemmauer, 374). Höser gibt im Monom. p. 401 als Ursache Blitzschlag an. Über die Stiftung und Kapelle siehe auch Monom. p. 289 u. 356.

ein einziger Schwätzer: Fr. Nikolaus Frey! Siehe oben S. 142!

REGISTER

(A = Anmerkung)

229